复杂装备主制造商-供应商协同合作决策理论与方法

程永波　陈洪转　著

科学出版社

北京

内 容 简 介

复杂装备制造业是知识密集、技术密集、资本密集的高技术、高附加值、高风险的战略性产业，在国家经济发展和国家安全方面有着举足轻重的地位。本书以复杂装备各利益主体协同合作的经济规律为基石，以复杂装备主制造商-供应商协同研制过程为主线，以各类系统决策建模和实证研究为依托，以路径设计和政策供给为落脚点，分别构建了复杂装备主制造商-供应商协同研制供应商参与模式决策模型、复杂装备主制造商-供应商协同研制最优资源整合决策模型、复杂装备主制造商-供应商协同研制利益分配决策模型、复杂装备主制造商-供应商协同研制定价博弈决策模型和复杂装备主制造商-供应商协同研制风险控制决策模型。本著作系统研究了复杂装备主制造商-供应商协同研制运行机制、协商机制和控制机制，从不同角度提出了复杂装备主制造商-供应商协同研制管理决策的实践途径和对策建议。

本书可供复杂装备相关企业和政府相关部分决策者参阅，还可以作为高等学校和科研机构的学者、硕士研究生、博士研究生的参考书。

图书在版编目（CIP）数据

复杂装备主制造商-供应商协同合作决策理论与方法/程永波，陈洪转著. —北京：科学出版社，2021.3

ISBN 978-7-03-064122-9

Ⅰ. ①复⋯ Ⅱ. ①程⋯ ②陈⋯ Ⅲ. ①装备制造业–决策学

Ⅳ. ①F407

中国版本图书馆 CIP 数据核字（2020）第 002461 号

责任编辑：陈会迎 / 责任校对：贾娜娜
责任印制：张 伟 / 封面设计：蓝正设计

科 学 出 版 社 出版
北京东黄城根北街 16 号
邮政编码：100717
http://www.sciencep.com

北京虎彩文化传播有限公司 印刷
科学出版社发行 各地新华书店经销

*

2021 年 3 月第 一 版 开本：720×1000 B5
2021 年 3 月第一次印刷 印张：15 1/4
字数：308 000
定价：**156.00 元**
（如有印装质量问题，我社负责调换）

前　　言

　　复杂装备体现了现代高科技工业的发展水准,是国家科技竞争力的显著标志。当前,为实现制造业强国的目标,我国非常重视复杂装备的研制。近几年来,我国先后出台了支撑大型复杂装备制造业大力发展的系列政策,例如,《国家中长期科学和技术发展规划纲要(2006—2020年)》确定了大型飞机、载人航天与探月工程等16个重大科技专项。国务院提出做强做大装备制造业的战略部署,并基于大力培育战略性新兴产业和推动传统产业优化升级对大型复杂装备提出新要求。

　　复杂装备具有系统结构复杂、技术领域广泛、研制生产过程复杂等特征,主要包括大型飞机、轮船、高速列车、重型机械等。它是一类高附加值、高成本、高科技含量、客户定制化的产品和系统,其研制是一项庞大的系统工程。因此,传统的制造商与供应商的供应关系已不能满足其研制的需求,伴随而来的主制造商-供应商的战略协同模式成为其主流研制模式。例如,20世纪末以来,世界航空市场竞争日趋激烈,顶尖的飞机制造商不断地将某些非核心业务外包;与此同时,飞机配套的采购也逐渐由单个产品向完整系统交付方式转换,越来越多的生产商家转变为系统级供应商,转变成主制造商-供应商模式。波音、空客公司不仅依然处于同类产品的霸主地位,同时也是主制造商-供应商模式的积极推进者,波音777、空客A380的研制生产可以说是采用这一模式的良好开端,而波音787、空客A350则是在这种模式的磨合下诞生的第一代产品,这一实践进一步发展和完善了这种新模式的构架。我国大型客机项目成立之初也确定选用主制造商-供应商模式,据《第一财经日报》报道,目前,哈尔滨哈飞汽车工业集团有限公司、中航工业陕西飞机工业(集团)有限公司、西安飞机工业(集团)有限责任公司、沈阳飞机工业(集团)有限公司、成都飞机工业(集团)有限责任公司将并肩成为飞机五大核心供应商,其候选的国内外各级供应商多于500家。

　　在主制造商-供应商协同模式的生产系统中,主制造商和供应商的关系已从传统交易关系中变革出来,由竞争转为合作。在主制造商-供应商这一新的供应链管理模式下，主制造商处于核心地位，对各级供应商具有一定的控制权利，能够调节各供应商的活动，同时，主制造商具有信息、地位等优势，因此，区别于传统的供应链合作决策问题，如何有效决策主制造商−供应商协同研制下的关键合作问题便成为当下的研究热点。本书作者认真梳理了复杂装备协同研制体系理论，结合传统供应链的特点，总结梳理并界定了复杂装备主制造商−供应商协同研制的各阶段流程，以及协同研制的动因和演化机理。作者在对已有的国内有关复杂装备主制造商−供应商协同研制运行机制模式、发展机理等内容进行总结剖析的基础上，通过构建复杂装备主制造商−供应商协同研制过程中各类管理决策模型，进而研究给出复杂装备主制造商−供应商协同研制的供应商参与模式决策机制、最优资源整合决策机制、利益分配决策机制、定价博弈决策机制、风险控制决策机制，并进行实证或仿真研究，为复杂装备主制造商−供应商协同合作运行问题提供了决策借鉴。

　　本书共分为 6 章，第 1 章界定协同合作利益主体的合作关系、合作模式以及相关概念，并梳理出协同合作的内部动因、外部动因和演化机理；第 2 章建立复杂装备主制造商−供应商协同研制的供应商参与模式决策策略，提出不同参与模式下供应商最优参与时间和参与次数；第 3 章建立复杂装备主制造商−供应商协同研制的最优资源整合决策模型，揭示多主体资源贡献者协同共生行为对其收益的影响程度；第 4 章建立复杂装备主制造商−供应商协同研制的利益分配决策模型，提出采用各主体合作贡献系数和主体间的协同度来进行利益分配；第 5 章建立复杂装备主制造商−供应商协同研制的定价博弈决策模型，提出采用混沌分析方法来确定复杂装备的定量和定价问题；第 6 章建立复杂装备主制造商−供应商协同研制的风险控制决策模型，揭示风险传递的过程，并提出通过风险敏感度和承担风险的比例来进行风险控制优化激励。

　　本书得到国家自然科学基金项目（71573115、72072080）的资助，融合了课题组及作者的相关研究成果，是江苏省社会科学基金重点项目（17GLA005）、教育部人文社会科学研究规划基金项目（18YJA630008）、国家社会科学基金项目（19BJY094）的阶段性研究成果。其中，程永波负责了第 2 章和第 3 章内容及第 4 章部分内容的撰写，陈洪转负责了第 1 章内容、第 4 章部分内容、第 5 章和第 6 章内容的撰写，另外，庄雪松参与了第 2 章的撰写与编校工作，宋露露参与了第 3 章的撰写与编校工作，胡海东参与了第 4 章的撰写与编校工作，王玥参与了第 5 章的撰写与编校工作，李婷参与了第 6 章的撰写与编校工作，闫飞、赵爱佳、汪金洲、张巧可参与了本书的编校工作，他们细致认真的工作减少了本书的疏漏。因此，在本书出版之际，作者对他们的辛勤付出特表谢忱！

　　虽然作者力求本书的研究成果在复杂装备主制造商−供应商协同研制领域能有所助益，但是囿于学识，书中不当之处在所难免，欢迎广大读者批评指正。

目　　录

第1章 复杂装备主制造商–供应商协同合作理论分析

1.1 复杂装备主制造商–供应商协同研制概述

1.1.1 供应链协同研制的形式与类型

供应链中成员之间的关系发展经历了合作、协调到如今先进的协同模式，每次发展都是供应链管理上的一次进步。然而供应链中的协同与供应链合作、协调之间既有相同的特性，又有本质的区别。

1. 供应链合作关系的发展

供应链成员之间的最初合作关系是源自成员单方的利益驱动，为了实现自身的既定目标采取合作方式，各成员方还不存在组织意识，成员之间没有组织目标。简单的合作关系下的供应链系统的边界很模糊，在整个供应链中，有限的几个关键供应链成员之间进行基本信息的交换，系统成员间大多不存在明确的控制和被控制关系，只是存在业务上的往来，业务关系是基于权利的谈判，进行简单的讨价还价，当交易完后合作关系也随之终止，因此成员之间也是简单的买卖关系，它是一种很松散的合作关系。

供应链的协调是在同一条供应链上不同合作成员通过信息技术对关键信息进行的连续的交换，为了实现共同的组织目标而产生一个协调市场、销售、生产、采购、物流的有效的管理机制。从定义上看，协调下的供应链系统存在着明确的、统一的组织目标，同时，通过滚动和整合的计划方法进行市场目标、财务目标、库存目标、服务目标和生产目标的适时和合理调整，从而提高企业整体的运营效率。这种合作关系已经摆脱简单的买卖关系，不仅在业务上有深层次的交流，同时期望共同开发新的市场，是一种紧密的协作关系。协调模式中供应链上的成员大多是以某个或者某几个大型企业为核心，以中小型企业为合作辅助单元而组成的合作网络，大型企业发挥着盟主的作用，控制着整个供应链的运营，中小企业可以承接大型企业的开发和制造功能，甚至可以作为大型企业的"加工车间"和"销售代表"。

而供应链的协同则是凌驾于合作和协调之上的更高层次的联合运作。供应链的协同模式是借助于信息技术和各种管理方法将供应链上各种资源集成起来，对供应链各节点进行协调同步运作和实施动态无缝对接管理，根据系统自身的演化规律实现供应链的价值创新。供应链协同的基本思想认为企业面对激烈的信息资源的竞争和高层次的客户需求，仅靠单方的力量无法在市场上取得成功，这种外在的约束力迫使供应链中的各节点企业为了提高供应链的整体竞争力而进行协同研制。通常情况下采取协同研制模式的供应链，面对的是非常庞大的业务群体和高层次的市场需求，在这种激烈的竞争环境和高端的客户需求下，单靠供应链成员的一方或者两方是根本无法实现目标的。协同供应链要求各成员必须拥有共同的组织目标，既包括长期目标也包括短期目标；既有战略层次的目标又共同拥有技术层次的目标。从组织主体的关系上看，一般大型企业占据着核心地位，并对供应链上各种层次的合作者拥有一定的控制能力。从业务合作领域上看，大型企业从初始产品的设计与研发到原材料的采购及产品配送，再到库存销售都起到控制与管理的作用。通过与"领导者"的广泛交流，供应链上其他的关键成员根据项目计划安排下属的职能部门开展相关作业。这种拥有共同目标、共享合作伙伴的资源与能力、广泛的信息交流协同研制模式可以有效降低交易成本，减少库存成本，提高企业的影响能力。

2. 供应链协同研制的表现形式

根据供应链的性质不同和成员之间的合作层次不同，已有的研究将供应链协同研制的表现形式主要分为以下几种。

1）战略层协同

战略层协同处于供应链协同的最高层次，通常可以通过科学的概念模型和以精粹的协同管理思想为指导，对供应链协同进行定性或定量分析。

定性分析主要是从战略的高度，根据科学、明确的供应链协同管理思想，通过寻找、实施再改进等一系列步骤提炼供应链协同管理的策略和方法，这些策略和方法最终可能会成为供应链协同研制的制度与协议制定的依据，并依此来增强整条供应链的整体竞争能力，最优化解决供应链协同实际操作的各类问题。此类问题主要有成员的价值融合、发展目标统一、供应商的选择、厂址的选择、仓库的分布、产品的设计等内容。

定量分析指通过数学方法、运筹规划等模型方法解决供应链协同管理的关键要素、预期协同价值收益、协同机制等方面的问题，此类问题的具体表现形式主要有合作伙伴的选择、生产计划管理、动态调度管理、资金投入、风险承担、企业交易成本、利益分配等特定环节问题。这些问题的数学方法和运筹规划模型的构建并非在理想状态下，还要充分考虑从组织、环境、技术三大角度实现供应链战略协同柔性，同时还要考虑基于顾客-供应商、制造商-供应商关系因素在与其利益相关的联合体间创造出一种供应链最大化效应的协同。

从战略角度建立协同合作关系是战略层协同的核心。伴随着计算机等电子技术的发展，电子黑板、电子供应链等虚拟环境解决了供应链战略协同中出现的瓶颈问题，充分共享的信息环境提高了供应链上各个系统、各个节点的快速反应能力。针对整体性、长期性、基本性问题提出建设性的指导方针，规定着战术层协同和操作层协同的范围和程度。

2）策略层协同

策略层协同是供应链协同管理研究的中心问题，也称作战术层协同，包括具有直接供需关系的上下游企业间的需求协同策略、产品设计协同策略、库存协同策略、生产协同策略、物流协同策略、采购协同策略等。

从定义上看，策略层协同是供应链上相关企业之间的相互协调与同步运行的合作方式。协同模式是指将供应链上的资源有效集成起来，再通过策略层的协同将资源进行重新配置，充分发挥各节点企业的核心业务能力，通过企业之间的业务重组与再造及自我啮合功能，以求企业之间合作的最优契合点，并寻找资源配置与市场需求的最佳结合点。供应链策略层协同很好地衔接了供应链上下游节点，促进了上下游节点之间的互动关系，保证了从供应商到制造商再到客户及其他合作伙伴的整个供应链系统网络上的物流、资金流、市场流、信息流、管理流的畅通，进而形成网络式联合体。在协同网络中，供应商、制造商、经销商和客户可动态地共享信息，紧密合作，向着共同的目标发展。不难发现，策略层协同针对的是合作中局部性、短期性和具体性的问题，目的就是要通过组织制度安排和管理运作协调来增强供应链的整体竞争优势，提高客户服务水平和企业盈利水平。

对于策略层协同的分类，有的研究将其分为定义中提到的几种类型；有的研究系统性地把策略层协同分为三大类：生产-库存系统的协同、库存-配送系统的协同、生产-分销系统的协同。

3）技术层协同

技术层协同处于供应链协同的最底层，但是技术层协同供应链是实现协同的关键与基础，也是实现战略层协同和战术层协同的基础和前提，后两者皆依赖于操作层协同。在技术层协同的研究中，对供应链中信息系统的设计研究已成为重点。电子技术和信息技术（information technology，IT）的应用，以及计算机、人工智能和自动控制等技术的飞速发展为供应链技术层协同提供了条件，可以利用各种技术手段实现技术层协同。它研究的主要内容包括供应链同步运作、信息采集、存储与传输等的标准化，实时共享与沟通平台的构建，以及智能处理和保密制度的建立等，主要集中在基于不同信息技术环境下的企业内部供应链系统的体系结构、集成模型或集成框架、多智能体技术、工作流管理技术以及应用软件技术等决策支持系统方面。技术层协同的目的是实现供应链节点企业的同步运作与信息协同，保证决策的快速性和有效性。

从整体上看，供应链协同就是利用各个节点上企业的技术资源，实现企业的仓储能力、原材料等资源的合理配置，借助信息系统的支持来支持战略层、战术层供应链的协同管理，使供应链协同管理达到预定目标。

3. 供应链协同研制的类型

根据协同的性质与时空关系，可以将供应链协同划分为供应链内部协同和供应链外部协同。

1）供应链内部协同

供应链内部协同是指企业内部不同职能部门之间、不同层次之间的协同，是一种纵向协同。尤其对于制造型企业，不同制造执行部门使用配套的管理系统，如生产管理系统、质量管理系统、仓库管理系统、设备维修管理系统，由于采用不同的系统完成不同的功能，随着企业的发展，各系统之间的互通性要求越来越高，各部门之间的协同性要求也越来越高，这就要求各系统之间能保证很好的信息传递。例如，如果采用生产管理系统和仓库管理系统来分别进行生产管理和仓储管理，则生产管理系统需要知道在什么时候开始某个生产工单的生产以及开始生产时每个工位所需的物料，如果仓库管理系统和生产管理系统不能协同，生产所需要的物料信息不能反馈给仓库管理系统，仓库管理系统就不能得到生产所需要物料的需求信息。为了弥补信息的断层，不得不打印物料需求信息，并使用大量人员巡查各个工位的物料需求信息，并通知仓库发送相应的物料到相应的工位。在其他部门也存在着类似的问题，这种信息孤岛无疑增加了企业的生产成本。

因此，供应链内部协同的主要目标是将分散的职能部门、处于不同价值增值环节的部门联合起来，通过广泛的深入合作，整合企业内部的各种资源，以技术为支撑，以信息共享为基础，消除信息孤岛，从而有效地缩短供应链的提前期，降低安全库存水平，节约库存投资，提高服务水平，很好地满足供应链在时间上的竞争要求，使企业沿着既定的战略目标迈进。供应链内部协同是供应链外部协同的前提条件。

2）供应链外部协同

供应链外部协同是多企业之间的协同，是基于整个供应链的协同，是一种横向协同。面对客户逐渐提升的服务需求，某单个企业仅靠自身能力无法应对，即使存在合作伙伴，但往往又被追逐最大利益的本性所驱使，当企业实体的目标各自分离而缺少共赢的利益协同管理时，就无法形成竞争优势，更缺乏能力提供优质服务。这就要求多个企业之间进行协同研制，以市场为导向充分发挥各自的优势，企业之间通过沟通（communication）、协调（coordination）、合作（cooperation）、妥协（compromise）、承诺（commitment）、一致（coherence）和连续（continuance），即"7C"手段达到供应链整体效益最佳，并实现各节点企业与整个供应链的共赢，从而提高竞争力，满足不断变化的市场需求和多样化的个性化客户需求，使企业达到共赢。当供应链上的企业由于相互协作共享业务行为和特定资源时，就可以获得比作为一个单独运作的企业更高的盈利能力，即实现"1+1>2"。供应链外部协同是供应链协同中最重要也是最核心的内容。供应链协同有效，则供应链的竞争力就强，就可以实现供应链企业共同的目标。

1.1.2　复杂装备协同研制特点

1. 复杂装备特点

以大型飞机、轮船等为代表的复杂装备不仅体现了现代高科技工业的发展水平，而且是当今国家科技竞争力的显著标志。作为国家列入重点发展产业之一的复杂装备具有以下特点。

（1）复杂装备是高度综合的高技术产品，是多学科、多领域集成生产的产品，所涉及的学科领域包括力学、热学、光学、电学、声学、流体学等。同时复杂装备的研制需要通过各方面严格的质量体系认证，例如，波音公司进行飞机研制时，其质量必须达到美国食品药品监督管理局（Food and Drug Administration，FDA）及欧盟相关机构认定标准才能进入市场。

（2）复杂装备具有技术创新度高的特点。复杂装备的研发过程几乎融入整个研制过程之中，研发人员在产品的工艺、功能、材料等方面不断创新，以期研发出具有市场竞争力的产品。同时，为了实现不断创新的目标，复杂装备研制通常会耗费大量的资源，造成其研制成本非常之高。

（3）复杂装备以单件和小批量生产为主。复杂装备一般是基于客户定制的模式，先与客户签订合同，然后按照订单进行生产制造。由于复杂装备的这种特点，其研制过程按照客户的需求进行，往往造成研制流程无先例可循，研制的过程中会出现很多的不确定性，研制风险将会高于一般产品的研制。

（4）复杂装备具有分布式管理的特点。由于复杂装备技术高度综合的特点，其研发人员一般分布在不同地理位置，包括多个部门、多种学科的专业人员、管理人员。各参与主体通过统一的协同研制平台进行产品的研制，例如，波音公司进行波音777研制时，组建了238个研发小组，分布在几十个国家区域。当前，复杂装备的研制一般采用主制造商-供应商战略协同模式，主制造商处于核心地位，对分布在各个区域的供应商进行分布式管理，形成了一个庞大的供应链体系。

复杂装备的特点总结如表1.1所示。

表1.1　复杂装备的特点总结表

类别	特点
研制类型	采用基于客户定制的模式，先与客户签订合同再进行研制
研制数量	以单件和小批量生产为主
产品	集成度高、技术创新度高、多学科多领域知识融合、零部件标准化水平低、质量要求严格
组织	主制造商-供应商战略协同模式
风险	研制时间的不确定性、技术要求的不确定性、成本高、风险大

2. 复杂装备协同研制特点分析

协同研制的前范式包括了协同合作制造与开放式创新。作为协同研制的先前基础，协同合作制造是指利用网络技术、信息技术等手段实现供应链内部与供应链之间企业的合作，该协同合作制造利用互联网技术解决了各合作方之间的地域约束问题，使得整个供应链上的主体以并行的工作方式进行产品的研发，从而缩短了产品的整个生产周期。开放式创新是指企业或组织通过获取其外部和内部具有价值的创意及其他可利用资源，结合自身研发优势，将这些资源转化为商业成果并从中获利。这也就意味着，在开放式创新模式下，所有企业或组织均可利用外部资源进行有效的整合，以实现自身的创新活动。

在新兴技术和新兴产业不断发展的今天，复杂装备的结构复杂、研制周期漫长、研制技术难度大，且技术新、资源投入高、风险大。因此，相对于协同合作制造和开放式创新，复杂装备的协同研制过程要求更为复杂，同时，复杂装备的协同研制涉及多个主体的合作行为，通常主体之间呈现出地域性的分布特点，因此，相对于普通产品的研制，复杂装备的协同研制主要存在以下特点。

（1）强调跨地域、跨组织间的合作，弱化地理位置的重要性。基于交易成本原理，地理位置相邻的企业间的合作更为密切，因而，地理位置在企业合作中发挥着重要作用。但是，在以技术提升为首要目标的科技时代，复杂装备协同研制活动强调各合作主体资源的重要性，弱化地理位置的重要性，因此，也促成了更多的跨地域、跨组织间的合作。

（2）强调跨专业、跨领域间的资源互补，注重知识的互补性。在协同研制过程中，主制造商对某一项目进行任务分解，并交由不同的供应商主体协同合作完成。任务分解并不是简单的任务等分，而是依据不同的专业以及技术层次进行划分，参与合作的主体间存在着明显的资源互补。

（3）强调合作行为的一致性与同步性，注重合作的同一性。由于协同研制是一个多专业领域、多企业主体间相互配合的连贯性活动，因此，复杂装备的协同研制更加强调合作目标的统一性、合作进度的一致性，也更加强调各项管理活动在该合作中的重要性。

结合上述分析可知，在复杂装备协同研制过程中，各合作主体在共同研制目标的基础上，更加突出强调分散、异质且互补知识的重要性，且强调了主体的地域分散性，同时，在这种协同研制过程中，复杂装备合作主体之间是一种长期合作、相互信任、信息透明、业务协同合作、风险共担、利润共享的协同合作伙伴关系。

1.1.3　主制造商-供应商协同研制主要内容

大型复杂装备的制造是一个庞大的系统工程，必须采用主制造商与供应商联合研制的方案（图 1.1），多企业协同研制是大型复杂装备制造业发展的必然趋势。主制造商-供应商协同研制的主要内容有协同设计、协同研发、协同制造、协同采购、协同管理和协同商务。

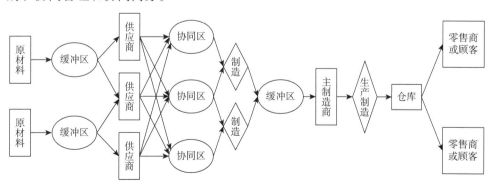

图 1.1　主制造商-供应商协同研制产品示意图

1. 协同设计

协同设计是由美国国防部分析研究所于 1988 年提出的，它是一种以集成、并行方式开发产品及相关过程的系统工程方法。在复杂装备设计过程中，由主制造商组织协调各个部件及相关设备的设计工作，主制造商主动与供应商发起战略对话，组织一个业务水平很高、市场竞争力较强的供应商团队辅助主制造商进行产品设计。以共享的设计数据中心为基础，进行交互协作。由于复杂装备的工艺复杂性，主制造商与供应商之间的信息交涉量非常巨大，因此，主制造商与供应商之间通常会建立设计平台，以便双方进行设计修改时的交互。协同设计过程是一个分阶段不断迭代的过程，一般具有很长的周期，所以协同设计要求所有参与设计的人员从开始就要考虑产品生命周期（从概念到报废）的所有因素，包括功能、质量、成本、进度和用户要求等，最大限度地保证产品设计、工艺设计等环节一次成功。

2. 协同研发

主制造商在资源与能力方面存在不足，但从专业分工与节约时间和物质成本的角度出发，供应商能为主制造商研发体系提供更为广阔的研究视角以及更为便利的研发条件，主制造商通过市场调研后进行产品立项，并选择可以参与研发的供应商。主制造商确定设计要求和主要参数，供应商确认能否满足主制造商提出的设计要求和主要参数，以及提供满足主制造商成本要求的零部件，确定是否有最新的科技可以运用到新产品中，在零件和总成本预算的基础上给出解决方案，并帮助判断最适合生产的材料和零部件。供应商企业通过参与关键技术的研发，提升自己产品的技术含量，巩固自己在供应链中的地位。

3. 协同制造

由于大型复杂装备的制造需要大量多样化的部件与备件，如果主制造商采用一体化生产制造方式，将存在生产品种杂、生产规模大、需求不稳定的风险，因此主制造商完全将下属的核心部件的制造出售给有竞争优势的供应商进行专门化经营，而主制造商只需要从其中选择物美价廉的组装件来生产，以此降低生产成本和经营风险。协同制造就是综合运用了原始制造和生产装配模块化思想，建立了统一的协同制造平台，主制造商负责任务的分派、建立统一的制造数据中心，供应商则按照设计要求，融合主制造商提供的技术支持进行生产制造，这种模式充分利用了主、供各方的制造资源，实现了制造资源的共享，提高了资源利用率，缩短了生产交付周期，提高了大型复杂装备开发研制的敏捷度。据统计，通用汽车公司的 Pontiac Le Mans 车型的生产，只有占总成本 40%的生产制造成本发生在美国本土，其余部分在韩国、日本、西班牙等国家分别实现。

4. 协同采购

协同采购的基本思想是在恰当的时间、恰当的地点，以恰当的数量、恰当的质量提供恰当的物品。由于生产与销售计划的变更，主制造商对零部件的未来需求可能发生变化，未来产品的属性（包括规格、数量、型号、功能、外观、内部结构等方面）都会发生变化，那么供应商对提供的部件生产计划都要做出调整，若调整不及时则会浪费供应商前期投入的资源与精力。因此主制造商与供应商应以技术作为支撑搭建高效的协同采购平台，实现供应链整体同步性。做好协同采购可以通过以下三点实现。

（1）预测的协同。主制造商把最终产品的中长期预测和期望的服务水平传达给相关供应商，供应商根据自己的能力将自己能做的承诺反馈给主制造商，使得主制造商有很好的可视性，并做出相应调整。

（2）产品设计的协同。主制造商内部研发设计个性化产品的同时，将新产品的零部件信息及时与相关供应商分享，保证供应商在第一时间进行产品开发或者直接采购。

（3）采购计划的协同。主制造商将近期的采购计划定期下达给供应商，供应商会根据采购计划调节生产计划；同时协同采购不仅需要完成本身事务性工作，更重要的是完成其增值性工作，即采购环节与设计、研发、生产、销售等环节进行更密切主动的互动，真正实现主制造商与供应商合作同步。

5. 协同管理

协同管理是指通过对供应链上战略层、战术层、技术层的协同管理来实现主制造商与供应商的协同管理，主要以主制造商为核心，借助对供应链上信息流、物流、资金流的控制，降低供应链风险，达成供应链利益目标的一致性。从战略层来讲，主制造商与供应商通过战略相互适应，使战略目标尽量与供应链及合作伙伴的目标协调，减少战略实施中的不确定因素，增强与合作伙伴之间目标的一致性。从战术层来讲，主制造商通过控制措施来明确其他合作伙伴的权利和义务，制订相关柔性合同以规范各方的行为，保证合作的顺利进行。从技术层来讲，主制造商利用信息技术，构建具有统一标准数据库的、高效快捷的信息传递网络，建立一套稳定可靠、及时反馈信息的沟通和传播机制，完成与供应商不同业务之间的日常管理协同，包括在财务、法律、会计和人力资源等企业基础设施和管理活动方面的协同。

6. 协同商务

协同商务的概念是由 Bruce Bond 于 1999 年在其研究报告 *C-Commerce：The New Arena for Business Application* 中提出来的，其核心思想是将具有共同商业利益的合作伙伴整合起来，通过对整个商业周期中的信息进行共享，整合整体优势，满足不断增长的客户需要及实现企业本身的活力能力，实现商业价值最大化。主制造商–供应商模式下的协同商务是指主制造商与供应商从战略、商务、技术、基础设施四个层面入手，以实现整条供应链商务流程的整合、优化、一体化为前提，以信息管理技术、流程再造技术、生产管理技术、物流管理技术等科学技术为指导，借助协同商务平台进行商务模式的创新、重整或再造。主制造商通过信息共享、柔性制造及先进的物流管理技术，协调优化与供应商相关联的业务，跟踪协调业务过程的物流、信息流、资金流及进行相关决策制订，集成管理供应链内、外部资源，实现供应链上的价值链增值。

1.2　复杂装备主制造商–供应商合作关系概述

1.2.1　主制造商–供应商合作关系界定

根据复杂装备主制造商和供应商的合作紧密程度，可将主制造商和供应商的合作关系分为以下四种：一般买卖关系、稳定供求关系、风险合作伙伴关系和战略联盟关系。

一般买卖关系是指主制造商与供应商间提供和购买的简单买卖关系，供应商向主制造商提供产品。这些供应商呈现出可替代性强、不稳定的特点，其提供的产品也较为简单。

稳定供求关系是指供应商较为稳定地、长期地向主制造商提供产品，但双方涉及的合作关系仅限于供求零部件的合作，不涉及其他合作，如技术合作等。

风险合作伙伴关系是指供应商与主制造商保持了长期稳定的合作，供应商在项目初期就参与复杂装备项目的研制，为复杂装备提供特定的零部件。但是供应商需承担一定比例的研发费用，主制造商将向供应商提供一定比例的利益，以保证与供应商的联合开发。

战略联盟关系是指供应商与主制造商保持了非常紧密的合作关系，双方签订了超长期甚至无限期的合作合同，供应商与主制造商一起承担项目风险，共同开发市场，以股份合作、捆绑销售等形式分享项目收益。主制造商和供应商合作关系的发展变化如图 1.2 所示。

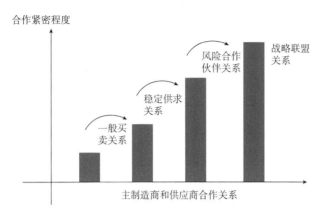

图 1.2　主制造商和供应商合作关系的发展变化

1.2.2　主制造商–供应商主体关系分析

协同研制是一种长期的基于共同研制目标的合作过程。对复杂装备而言，协同研制实质上是对多个主体的优势资源进行有效利用并实现产品技术突破和成功研制的过程。因此，复杂装备协同合作行为主体即协同合作的所有主体：主制造商与供应商。在主制造商–供应商的主流研发模式下，主制造商和所有供应商通过交易关系相互关联。主制造商一般是全价值链中实力强劲的制造企业，其利用领先优势覆盖从产品创意直至产品交付和服务的完整价值链过程，因此，其处于核心地位；而数量众多的供应商则处在研制生产这一价值链中间环节，属于项目研发的协助者，在协同研制过程中处于从属地位。复杂装备协同研制的组织架构如图 1.3 所示。

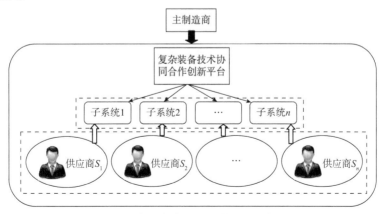

图 1.3　复杂装备协同研制的组织架构

作为复杂装备协同研制的核心主体，一般来说主制造商是唯一的，全权负责产品研制过程中的项目管控，是研制活动的主要推动者与执行者。在复杂装备协同合作过程中，供应商是一个庞大而复杂的企业群体。根据供应商在合作中的重要程度，各类供应商可以被分为不同等级的供应商，一级供应商（一级从属主体）是指与主制造商建立了重要合作关系的供应商，一级供应商又根据贡献度和重要度的不同分为战略供应商、核心供应商、一般供应商。其中，战略供应商是主制造商密不可分的合作伙伴，两者之间的关系遵循着"风险共担、资源共享、技术共享、利益共享"的原则；核心供应商可选择的数目较多，主制造商一般根据其本身的技术水平以及企业信誉程度，按照鼓励竞争的方式进行选择；而一般供应商通常按照招标方式进行选择。一级供应商在分管复杂装备部分核心研制工作的同时，也承担下一级各类供应商（i级从属主体）的研制活动管理工作。简而言之，复杂装备协同研制过程中的主体是一个多主体结构，如图 1.4 所示。

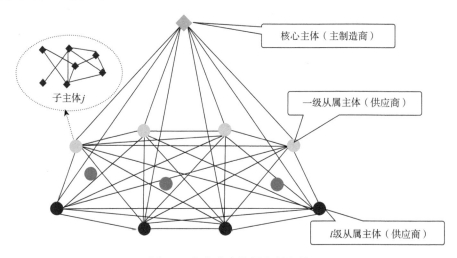

图 1.4　复杂装备协同研制主体

根据上述分析可知，在众多的供应商中，战略供应商作为主制造商的重要合作伙伴，与主制造商有着直接的任务对接和协同合作交流，对协同研制任务起着决定性的作用，主制造商对战略供应商的依赖程度也大于其他供应商，因此，战略供应商的风险控制行为对整个研制活动的成功也有着更为重要的意义。

1.2.3　主制造商-供应商主体关系特征分析

1. 主制造商的主体特征

主制造商是从传统的以制造为主的领域中脱离出来的,"拉细"或者直接抛弃制造环节,将制造环节下放给供应商完成,以此为代价获得更多与市场、客户直接对接的机会,调整力量加快拓宽产业链,延伸、开辟和巩固新工作领域。这种变化意味着以制造为主的企业摆脱了"制造生产"这一投资大、柔性小、成本高且需要高负荷才能出效益的"负重"环节,集中资源和精力投入与市场和客户对接的关键环节,从而增强企业应对市场变化的实力,增强企业对产品、技术创新的资源保障、支撑能力,以更"轻盈"的身态保持企业在"金字塔"产业供应链中的塔尖领头地位,以便在品牌战略竞争中继续领先于其他同行业的制造企业。或者说,主制造商以牺牲大部分的生产"硬式"能力为代价,换取企业在服务市场客户"软式"能力方面的大幅提升,把传统的"制造业"企业打造成"制造服务业"的新型企业,通过改变企业的内在元素和增长方式,构建新的产品集成和商务模式,实现企业竞争力的提高。从广泛的制造业领域和范围来看,这种制造企业角色的转换其实已经屡见不鲜,在汽车业、IT和电信业早已实施,而且可以说已经相当成熟了。由于复杂装备涵盖产业链更宽、更长,涉及技术领域更多,管理协调更复杂,而且这种模式变化出现较晚,目前还属于探索磨合阶段。在这一阶段中,必然会付出相当大的成本,这也是一个长期的甚至是痛苦的磨合过程。主制造商不仅要有传统意义上的项目牵头和经营能力,还要具有以下更重要的特性。

（1）项目领导者。主制造商有目的地削弱了自身的制造能力,在项目管理上投入了更多的精力,统筹资源,调整力量,加快拓宽产业链,延伸、开辟和巩固新工作领域;把目光集中在项目/产品的顶层设计及管理技能和经验上,把已有的管理经验与国内外先进的管理经验结合起来,制订更适合整体的发展战略目标;更偏重于项目/产品的经营与运筹,如项目前期的资金融资、管理资本运作、销售策略探寻;更偏重于开拓广泛的业务关系,如开拓市场潜在客户、巩固原有的客户关系、加深与供应商的联络、深层次地与政府沟通;更偏重于开拓服务领域的能力,如开拓物流、租赁、客户服务等业务能力。主制造商已经不单纯是一个制造部门,它更偏向于以项目领导者的身份融入合作中。

（2）管理供应商。传统的制造商与供应商之间是为了互利而自发形成一种市场交易,他们的地位是平等的,不存在领导与被领导、支配与被支配的关系,在主制造商-供应商模式中,主制造商担当着领导者的角色。首先,主制造商要建设一支有能力的供应商队伍，将其培养成市场和客户认同的队伍，这样才能保证项目成功。其次，主制造商以管理者的身份管理庞大的供应商队伍以及管理项目整体的各个环节，从提出合作伙伴能接受的合作框架到给供应商全方位的支持再到保持良好的后续服务能力，主制造商必须为能营造出良好的合作氛围做出努力。最后，主制造商根据合作经验提炼出适合自身的企业文化，建设企业品牌，开拓更广泛的市场，实现更多社会价值。

（3）处于供应链的核心地位。在主制造商-供应商模式的生产系统中，系统环境或者主制造商处于核心地位，对各级供应商具有一定的控制权利，能够调节各个节点的活动，主制造商的主导地位对供应链及其物流等活动具有更大的控制权利，可以控制优势资源，对非核心业务外包、重组、控制整个供应链的一体化整合，具备详尽的计划安排和科学管理决策的主导权，其决策结果和方案相较其他类型的供应链更具有实施的可行性。

2. 供应商的主体特性

供应商除要有传统的材料、配件供应能力外，还需要与主制造商一起构成产品完整的生产链条，共同完成产品研发、生产和使用全过程，或者说由细节设计开始的工程设计和从材料采购开始的产品零件制造、部件装配等，都转变为由供应商承担。主制造商-供应商模式下主制造商生产能力的转移是"分离"，是主制造商"抛弃"了零部件的制造能力。因此要求有一个与其原有能力相似的商家来弥补这部分能力的缺失，而不是像转包生产那样只是找一个自身生产能力外延的补充者，这就要求供应商必须具备以下特性才能在这种合作模式中生存下去。

（1）战略性合作伙伴。既然承接了主制造商制造环节，供应商从项目立项开始就应主动参与到合作中，依照与主制造商签订的有关产权、投资、成本和分配等契约规定的分工原则，以战略合作为原则、以全程合作为要求、以资源互济为依托、以利益共赢为目标，双方形成以产品为纽带的、高层次的、深层次的、联系紧密的、"集成"式的战略性合作伙伴关系，而不像转包生产那样从主制造商产能的低端进入、采取单线式的"外补"式合作。

（2）认同自身的从属地位。主制造商牺牲自己的部分能力，要换取的是能真正承担这部分工作的长期合作的牢靠伙伴。这必然要求合作者对合作理念的认同，承认和接受因为项目分工层次的不同而带来的业务上的主从地位。供应商除在项目品牌上名分降低和项目管理上处于从属地位之外，还需要在成本、质量、标准等方面接受主制造商的审核批准，甚至工作园区的网络都可能需要接受主制造商的介入。供应商不再拥有传统合作中的平等地位，这种地位上的落差会影响供应商的合作心态及自身文化建设，合作过程中与主制造商产生叛逆心理都是难免的，如果供应商不能以积极心态去应对挑战，则会影响项目的顺利开展。

（3）专业的业务能力。供应商承接了主制造商下放的制造部分，供应商就必须具备强劲的技术业务水平，提供专业化的技术服务，如信息软件技术服务、物流设施服务、大型专用设备供应服务等，有专责机构队伍和工作程序，有相应资源的投入和快速响应机制。专业的业务能力还包括与主制造商对话和互动的能力，这就要求供应商能运用现代化的手段和工具以保持覆盖全球的、准确及时的信息交换能力、快速反应能力、高效的对话机制，以与主制造商相互呼应，把信息管理和交流能力提高一个水平。

1.3　复杂装备主制造商-供应商合作模式概述

1.3.1　复杂装备主制造商-供应商合作模式界定

面临竞争日益激烈的市场，大型复杂装备制造商面临着产品设计难度不断加大、研制周期不断变长、项目风险不断增加等多种问题。为了控制研制成本、加快技术创新、缩短产品上市时间，主制造商逐渐将非核心的生产环节外包，将有限的资源集中于培养核心生产环节。当复杂装备由单个产品的采购向完整交付方式转变，越来越多的供应商集成为系统供应商，主制造商承担越来越少的生产制造单元时，就逐渐形成了主制造商-供应商模式。这种模式在竞争异常激烈的航空市场中运用得最为普遍，例如，波音公司、空客公司等世界顶级飞机制造商正尝试并积极推广这一全新的供应商管理模式，这也使其产品在保持领先发展和运营模式不断创新之间形成了相互促进的良性循环。

以波音公司的供应链多项制造单元的外移来反映主制造商-供应商模式的形成过程。1999～2000 年，供应商只供应原材料，订购生产以后的单元都由波音公司完成；2001～2002 年，波音公司将竞争力重点放在装配、系统组合和系统测试上，主要进行装配和装运，而在这之前的活动都由供应商来完成；从 2004 年至今，波音公司将精力主要投入到装配和组合这两个单元，进一步优化了供应链。

2004 年以前，波音公司的一级供应商主要生产分系统的零部件和组装件，承担的风险较小，参与设计和研发过程较少。而 2004 年以后，波音公司的一级供应商承担的责任越来越多，主要包括项目管理服务、指导综合产品工程和开发、参与开发产品生命周期、参与商业管理活动、提出财务管理解决方案以及与波音公司建立合作的组织结构。另外，二级和三级供应商也逐步发生了转变，更注重与其他供应商的合作并实现了卓越的制造。波音公司供应链演变的情况如图 1.5 所示。

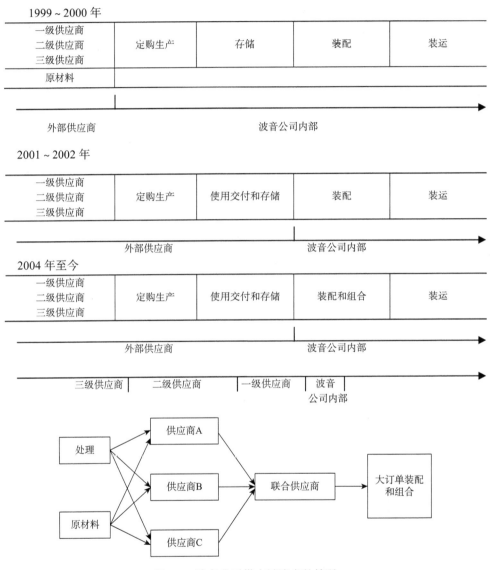

图 1.5　波音公司供应链演变的情况

主制造商–供应商模式是具有投入大、周期长、资金密集和风险高等特点的大型复杂装备（特别是飞机）制造中最新也是最常使用的供应商管理模式，在这种管理模式下供应商与主制造商形成了风险共担、利益共享的研制模式。而主制造商则不再是传统的产品制造商，变成"大规模供应链的集成商"，将分散的零部件和半成品整合成一个高度复杂、严密的系统。在这种管理模式下，供应商必须在项目启动时就参与，与主制造商共同设计研制产品，依照合同规定，以高端进入、资源互补、风险共担、集成合作的姿态，成为以产品为纽带的、关系密切的主制造商的战略合作者。

这种新的供应商管理模式在国际航空工业界中已被广泛采用，波音公司、空客公司、庞巴迪公司等国际知名飞机制造商的一些大型飞机项目都采用过这个模式。例如，波音公司利用最先进的信息技术和合作方式，将来自 6 个国家的 100 多家供应商紧密集成起来，与其一起参与制造万众期盼的波音"梦幻"787 飞机。空客 A380 的研制也将欧洲各国的研制力量有机地结合在一起，充分利用各国的资源优势，放大各国的创新能力，共享技术成果，保障了各国的合作有效性，大幅度降低了研制成本、缩短了 A380 的上市时间。波音公司与其供应商、空客公司与其合作国的合作关系是一种真正意义上的合作，相对于转包仅仅负责生产部件有很大的区别，在新模式下供应商从一开始就参与项目，与主制造商共同承担研制风险，共同分享获得的利润。

首先，主制造商-供应商协同研制管理模式有利于研发成本和研制资金风险同时降低。关键设备的采购面向国际，在产品的研制阶段，供应商需等到产品销售出去之后方可回收提供成品的费用，并不立即收取费用，有效地将研发费用和研制资金风险分解到供应商中。当进行国际招标采购时，可以有足够的空间挑选最新、最成熟的技术和设备供应商，从而避免从零开始的原创研发所需的高昂研发成本。其次，主制造商-供应商协同研制管理模式实现了供应商和主制造商共担技术风险，这将帮助主制造商把内部风险降到最低。

1.3.2　复杂装备主制造商-供应商合作模式特点

主制造商与各级供应商共同借助信息技术和各种管理方法，集成供应链上分布的各种资源，对供应链上各节点的协调同步运作和无缝对接实施动态管理，并运用系统的自组织演化规律抑制和衰减供应链上的不良涨落，激励和放大其良性涨落，实现供应链的价值创新。从合作的战略层面上看，主制造商与供应商的协同研制主要有以下优势特征。

（1）摆脱各自独立角色，形成合作联盟。主制造商强调与供应商之间保持长期的、多领域的、稳定的合作关系。主制造商不仅完成自己的生产制造，而且在产品或项目开始生产时就号召相关供应商参与到产品或项目的设计、开发、研制等环节中。对供应商在每个环节中遇到的问题和瓶颈提供相应的技术支持和管理指导。供应商同样不再只是拥有单一的供应功能，还要积极地参与到产品或项目的设计、研发环节中，既要满足主制造商所需要的量，更重要的是要满足主制造商所需要的质。这种合作关系满足了主制造商与供应商在业务层面的合作关系，加强了各节点企业及部门的内外联系，实现了"你中有我，我中有你"的紧密联系局面，将整个供应链上的节点企业看成一个有机联系的整体，也促进了每个企业集中精力去巩固和发展自己的核心能力和核心业务，利用自己的资源优势，提升自己的竞争优势。

（2）对供应链失调反应灵敏。主制造商对各级供应商有着牵头引领的导向性作用，对供应商有辅助性的管理作用，避免供应链只实现阶段性的目标最大化，避免忽略对整条供应链带来的供应链失调问题。对于成员企业依据各自独立的预测和需求信息确定运营策略而导致的供应链"牛鞭效应"问题，主制造商能够在较短时间内发挥协调、控制作用，减少或否定不必要的设计和开发，对资源和技术重新进行合理的分配和调控，保持各个环节的同步性，最大化降低因供应链失调而带来的不利影响和损失。

（3）充分共享各成员信息。在共享库存、需求、销售等方面信息的基础上，主制造商根据供应商的合作完成程度和需求情况实时在线地调整自己的计划和执行交付的过程；同时供应商根据自身的供应水平、主制造商的需求水平和市场需求等信息实时地调整自己的计划，可以在不牺牲服务水平的基础上降低库存、提高效益。

（4）更强调系统整体的融合性。主制造商不仅关注协同研制成本，更关注与供应商在生产制造各环节的信息共享、管理同步、服务妥当；协同研制不仅是简单地把生产、采购、营销系统进行集成，更强调的是合作双方商务系统的融合，形成以协同制造为核心的商务大系统，使物流、信息流、市场流、资金流、管理流"五流合一"，例如，协同物流的采购与营销不仅仅是单向的买卖与配送关系，更强调的是多方协作；协同管理与决策不仅仅是简单的订单采购与加工制造，更注重同步与协调，协调入厂物流商与销售物流商的关系，考虑入厂物流商与销售物流商的利益，做到双向、互动、公平，做到科研、计划、开发、供给与市场的高度协同，共创双赢。

1.3.3 复杂装备协同研制阶段分析

复杂装备协同研制的整个生命周期主要包括三个阶段：决策阶段、技术和生产阶段、市场阶段。其中，决策阶段的活动包括预先研究、立项论证、方案论证；技术和生产阶段的活动包括工程研制、定型试用；市场阶段包括使用和维修保障、退役和后评价，如图 1.6 所示。

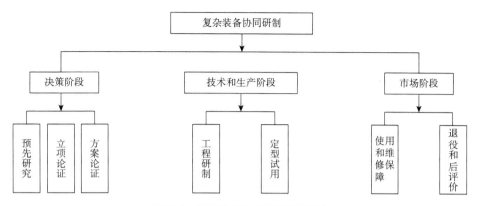

图 1.6 复杂装备协同研制阶段图

关于各阶段内容的主要介绍如下。

1. 预先研究

预先研究活动的目的是为协同研制活动提供强硬的技术基础支撑，根据现有的技术成果和技术储备，缩短复杂装备协同研制活动的周期、降低研制活动的风险。该预先研究过程必须利用科技推动将需求与实际结合，同时，不断地与国外技术进行融合，整个预先研究活动还须考虑近期发展与中远期发展的平衡，以及重点技术发展与该技术领域发展的平衡。

2. 立项论证

立项论证活动的目的主要是对列入复杂装备建设计划中的新项目进行综合论证。在该活动下还包括了许多的子活动，如该研制活动的最终目标、该复杂装备的技术性能、该研制活动的初步方案、整个活动的生命周期、活动经费预算、关键技术的提高改善以及研制产品的效能分析等。

3. 方案论证

方案论证活动的内容主要是根据上述批准的综合论证报告，对研制活动的技术指标、技术方案、配套设备方案等进行论证，以确保研制产品的质量可靠性、维修性，同时确定设计定型状态和定型时间，并以此编成复杂装备协同研制活动的总要求，该要求是后续活动进行设计、试制和试验的依据，同样也是合同签订的依据。

4. 工程研制

工程研制活动主要是根据活动任务书进行协同研制项目的设计、研制、试验以及样机的鉴定。各协同研制主体从该阶段进入正式全面合作的阶段。

5. 定型试用

在上述工程研制活动顺利结束后，主制造商通过任务的划分，将复杂装备不同部分的研制交由不同的供应商进行生产试制和定型鉴定，试制完成后通过组织进行相应的试验，对研制产品的性能和生产条件进行考核，以判断产品是否达到预期要求，是否具备生产能力。

6. 使用和维修保障

在使用和维修保障活动中，主要是确保整个研制活动的适度规模和较好的技术状态，高效地保障产品在使用过程中的性能及各项指标都能保持稳定。

7. 退役和后评价

作为整个研制活动的最后一个环节，退役和后评价活动的内容主要是使达到使用寿命期的产品退出使用环境，或者根据实时情况对产品进行进一步改进，后评价则是对整个研制活动及研制产品进行全面的总结评价。

1.3.4 复杂装备协同研制任务流程分析

在复杂装备的研制活动进入技术和生产阶段时，战略供应商一旦确定，主制造商首先根据研制任务和目标制订相关的计划，将任务分解后交由其进行研制，在研制过程中，合作双方必须严格按照事先制订的项目计划和签订的协同合作合同进行合作，以确保整个研制活动的顺利进行。在项目活动收尾时，交付客户使用并实时跟踪完善。从协同研制的角度看，随着项目的开展，在不同阶段对应着主制造商和战略供应商不同的协同合作需求，研制活动的顺利实施需要各合作主体不仅在战略层达到协同合作，同时需要各主体在管理层和操作层都能达到协同合作。因此，在复杂装备协同研制过程中，主制造商与战略供应商的主要协同合作流程如图 1.7 所示。复杂装备主制造商在确定研制的总体目标和任务后，将整个复杂装备系统的研制任务按照部件类属和技术属性划分为相对独立的子任务，交由战略供应商，战略供应商针对自己的任务进行活动的设计，复杂装备设计完成后，双方合作主体进行部件或子系统的技术研发和制造，最后由主制造商将各部件进行总装。在该协同研制的过程中，需要主制造商和战略供应商进行各方面的统一协同合作，在风险共担的基础上，承担各自的技术开发和研制任务，其中任何一方的行为变动都会对另一方的计划和进度产生影响，因此，这种协同研制基于的是双方合作主体的相互信任和相互支持。

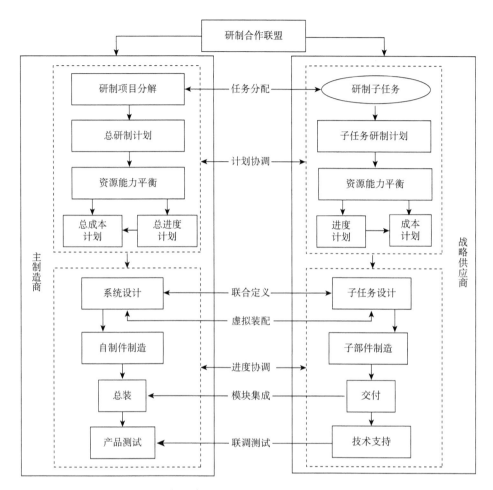

图 1.7　主制造商与战略供应商协同研制任务流程图

1. 任务分配

复杂装备的主制造商按照部件类属和技术属性将整个协同研制活动划分为相对独立的子任务，根据战略供应商的资源优势和技术条件，决定由战略供应商完成的部分和其自身完成的部分。这种任务的划分只需分解到战略供应商的子任务层次即可，每一项子任务在战略供应商的系统内部又可根据实际情况进行进一步的划分。战略供应商在接受分配任务后，通过自身的技术情况和资源供给决定是否独立进行研发或者与子供应商合作，如此一来，协同研制的任务通过分解、分配，再分解和再分配，可以构成一个多层次的任务结构。

2. 计划协调

主制造商负责制订协同研制活动的总计划以及各分段目标的总计划，战略供应商根据负责的子任务和自身的实际情况制订子任务的计划以及相应分段目标的计划。通过发挥各自的条件优势和资源互补，以求在协同研制过程中达到资源能力平衡，并在此基础上对研制活动的进展进行协调，确保研制活动的顺利开展和实施。

主制造商和战略供应商在共同目标下属于两个相对独立的个体，战略供应商有其自身的技术和资源优势，同时也存在相应的利益诉求，在制订计划时也都是以自身利益最大化为出发点，主制造商作为整个创新活动的领导者，处于核心地位，其对整个研制活动目标的控制和把握都站在整体的角度上，因此，主制造商通过与战略供应商不断地协调、沟通，以期在满足各方利益的基础上，实现对优势资源的最大化利用，保障整个协同研制活动取得成功。

3. 联合定义

复杂装备各子系统之间存在较强的关联性，主制造商和战略供应商需要对研制产品的整体性能、各子系统的性能，以及相关的技术和规格进行协同合作共商，以达成共识。在达成共识的基础上，主制造商利用主导地位对复杂装备进行整体把握，战略供应商在研制产品整体性能的基础上负责子系统的技术开发和研制任务。

4. 虚拟装配

复杂装备作为一个特殊的系统，其对每一个零部件的要求都必须做到准确无误，在战略供应商完成模块的对接之前，部件的尺寸或功能都需要进行匹配试验，及早发现产品集装有可能出现的问题，降低由此带来的风险。

5. 进度协调

在复杂装备协同研制过程中，战略供应商的进度对整个研制活动的总体进度有着至关重要的影响，因此，从协同研制活动的开始到结束，主制造商对战略供应商的进度就必须进行协调和控制，根据战略供应商的进度情况，及时发现并解决协同研制过程中可能影响进度的问题，同时根据战略供应商的进度及时协调整个活动的进展，以确保研制活动能在规定的时间内完成。

6. 模块集成

模块集成并不等同于虚拟装配，在战略供应商技术开发和研制活动结束后，将其研制的产品交由主制造商，并由主制造商对所有的子系统进行总装，在总装过程中，战略供应商提供相应的资源支持，与主制造商协同合作完成模块集成。

7. 联调测试

在复杂装备整体总装完成后，需要对其进行功能调试和试验，测试其整体性能和指标以及子系统的性能和指标是否达到预定目标。同样，在测试的过程中，战略供应商需要对主制造商提供对应的资源支持，解决测试过程中可能出现的问题，以确保复杂装备可以顺利交付。

1.4　复杂装备主制造商–供应商协同合作动因分析

从进化的角度看，任何一种物种的进化都受到两个方面的影响：一是主体的个人行为；二是主体以外的外部环境。从主体的个人行为角度看，主体的个人行为受到主体内在需求的影响，根据马斯洛的需求层次理论，当主体某一层次的需求相对满足后，就会向高一层次发展，追求更高层次的需求就成为驱使行为的动力。在经济社会中，每一种行为、每一项经济活动、每一种决策的选择，都是由主体的自我需求满意程度决定的。主制造商与供应商在经济社会中作为理性的个体，其行为也受自我需求的影响。能够生存是主制造商与供应商最基本的生理需求，而寻求更多利益则是两者高层次的需求。从主体以外的外部环境角度看，如果主体所处的环境很适合主体的成长，能满足主体的基本需求，外部环境与主体的内部结构就达到某种"均衡"，主体的个人行为不会发生变化。如果外部环境变化或者外部环境已经无法满足主体需求，主体便会自发打破原来的内部结构，通过内部变革来寻求一种新的有序结构以适应外部环境。主制造商与供应商作为经济体置身于复杂的市场环境中，当外界政治、技术、市场、文化等环境条件发生变化时，就会打破原有的平衡状态，激发主制造商与供应商寻求新平衡的欲望和行为。由此可见，促使两者协同合作的动因有二：一是内部动因；二是外部动因，即主制造商与供应商自身内部的趋利性与外部环境变化共同推动了主制造商与供应商协同合作模式的形成。因此，本节从内部动因与外部动因这两个方面分析主制造商与供应商协同合作的动因（图 1.8）。

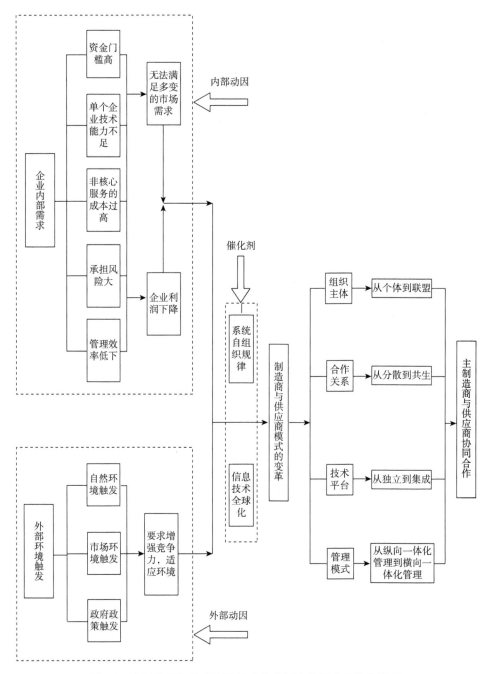

图 1.8　主制造商与供应商协同合作动因与协同合作演化机理

1.4.1　主制造商-供应商协同合作内部动因

（1）从资金角度分析，由于大型复杂装备生命周期长，整个生命周期所需资金数目庞大，若由主制造商单独承担这笔费用，是无法实现的。主制造商-供应商协同合作模式下，主制造商与供应商共同研发降低了自身研发所需的资金，即供应商为项目开展所需的资金资源提供了有效保证，降低了主制造商的资金门槛。

（2）从技术角度分析，大型复杂装备一般涉及众多生产制造领域，涵盖着几百种技术，每个领域都强调专业性。而主制造商不可能都具备一流的人才、技术和设施，尤其是制造环节，不仅涉及材质不同、形式各样的产品结构，而且涉及多专业和品种繁多的系统，这些由主制造商单个主体完成是不可能的。主制造商-供应商协同合作模式下，主制造商主要负责价值链中知识密集、利润高端和具有品牌效应的研发、总装、销售和售后服务工作，而将劳动密集、利润低端，以及较少或不涉及知识产权的制造环节中的大部分交给供应商负责，削弱了大型复杂装备所需的技术壁垒，使项目的实施成为可能。

（3）从成本角度分析，主制造商-供应商协同合作，能够降低产品生产的总成本。如果因为以上问题而导致项目的生产计划不断更改，就会增加供应商的库存和成本。而主制造商对供应商的管理及生产技术的支持可以帮助供应商突破技术困难从而降低库存和成本。例如，在采购环节，对于核心部件的采购，由于其采购集中度高，主制造商可以享受较大的折扣；同时，较高的采购集中度有助于增加供应商对主制造商的信任，使供应商乐于为主制造商做出较大的初始投资，但对于标准部件的采购，如果过于依赖一个供应商，会提升供应商的议价能力。

（4）从风险角度分析，主制造商与供应商协同合作研发出的任何一项新产品或新技术进入市场后都会面临未知的风险，如果要靠某一方承担，需要付出很大的代价，或者只依靠自身资源内部调试的方法往往难以保证成功，还要承担较高的开发成本。主制造商与供应商为了降低承担的风险，通过组织内的学习、知识共享与技术交流，不仅能缩短开发周期，而且可共享技术成果，从而降低开发成本和投资风险，使得市场风险在各个企业间得到了重新分配，在一定程度上可以分散企业的经营风险。

（5）从管理角度分析，主制造商与供应商之间通过资源的协同合作，带来企业文化上的交流与融合，从而改变主制造商与供应商本身的管理模式，或者从根本上产生一套符合供应链系统发展的新的管理模式，从而带来管理的变革，促进节点企业间彼此的学习，取长补短，带来效率上的提高。

此外，还有其他一些导致主制造商与供应商协同合作的内部动因，如取得中间组织效应、构造竞争优势群、增强市场开拓能力等，这些动因都可以归纳到上述五种动因中。

1.4.2　主制造商-供应商协同合作外部动因

（1）从自然环境角度上看，主制造商与供应商研发新项目或者新产品所需的一切资源都从自然环境中得到，自然环境系统同主制造商与供应商合作的系统一样，都是开放的系统，并且后者依存于前者。自然环境系统包罗万象，瞬息万变，它对主制造商与供应商合作系统的进化起到决定性作用，而主制造商与供应商又不断利用自身的自组织原理与演化规律，通过与自然环境的能量转化、物质交换，对自然环境进行补偿，使自然环境保持一定的物质储备，保证资源的延续，此两者长期的相互作用是主制造商与供应商协同合作的一大外因。

（2）从市场环境角度上看，信息的全球化和科学技术水平的日新月异带来了产品的生命周期越来越短、技术开发难度增加、资金投入规模增大等诸多难题，随之对应的则是市场环境对供应链联盟反应能力的要求进一步提高，瞬息万变的市场环境下的各种不确定因素促使主制造商与供应商以信息共享为基础发挥各自的优势，协同合作开发和生产，把产品迅速推向市场。主制造商-供应商协同合作模式是一种综合性的、适应全球化的经营模式，是新时代竞争的迫切要求。

（3）从政府政策角度上看，各种政策通过对主制造商系统外部环境和系统本身的作用，触发系统协同合作进化。主制造商与供应商处于市场经济环境中，各种经济活动都会受到政府政策的影响，政府政策的变化触发主制造商与供应商增加相互之间的合作交流，推进两者建立相互信任、互利共赢的长期合作机制，促进产品的体系化建设，加快技术进步、推进技术改造，提升核心竞争力，在不断提高产品质量的同时，降低能耗和生产成本，加快信息化进程，提升企业的管理水平和运营效率，以适应政策环境的变化，使整个供应链联盟实现协同合作进化。

1.4.3　主制造商-供应商协同合作演化机理

采取主制造商-供应商模式的供应链一般皆为大型复杂装备的供应链，这种供应链系统时刻与外界环境中的信息、能量、资源进行交换着，外界环境具有天然的不确定性，有很高的振荡或波动概率，当不确定因素发生变化时，供应链系统的结构、功能、运动状态也随之改变，此时的供应链系统处于无规则运动状态，控制参量变化的幅度受不确定因素改变大小的影响，当控制参量达到临界点时，主制造商与供应商之间的独立运动便从均势转变为关联起主导作用，此时系统便呈现为由关联决定的子系统间的协同合作运动。

1. 组织主体的演化

主制造商与供应商之间组织主体的演化是从个体到联盟。双方在未形成合作关系时，都依靠个人的资源和技术水平进行产品生产或加工（供应商甚至处于代理层次，并不从事生产活动），产品新技术的开发由企业独立完成，但是由于受到资金、资源、技术等因素的制约，新产品的开发周期过长，甚至根本无法开发，市场的复杂性与多样性让企业很难依靠个人能力实现更多价值。企业为了寻求成功便主动与市场上的其他成员交换信息，相互传递能量，实现资源上的优势互补，这样就形成了合作联盟。主制造商与供应商合作组织主体的演化也是如此，主制造商单个企业已很难应付当前复杂多变的市场环境，主制造商借助信息媒介实现与供应商之间的能量与信息的交换，这样就通过面对面或网络将地理或逻辑位置上分散的不同领域、各种类型的企业集成在一起，形成一个逻辑上集中、物理上分散的虚拟联盟，主制造商主动给予供应商技术、资金的支持；供应商了解主制造商的有关信息，及时配合企业，提高自身的快速响应能力，并通过整体运作实现对市场需求的快速响应。

2. 合作关系的演化

主制造商与供应商之间合作关系的演化是从分散到共生。在当下的信息时代，主制造商与供应商之间存在相互依存、共同生存的环境，尽管双方在未合作之前，在各自的领域都有自己独立的运作方式和管理方法，但是那种低水平、对抗性的竞争关系并不能给企业提供源源不断的动力，盲目追求个体利益最大化无法实现个体长远发展目标。当个体目标无法实现时，企业就会主动向外界寻找新的信息与能量，在大量的个体向外界寻找能量时，就有可能发生能量之间的交换，互相学习，互相促进，这样就形成了相互合作、相互联系、相互依存和相互帮助的共生环境，在共生的环境中它们发现，只有当这些领域系统被应用在某个产品或某个项目的多领域协同合作中，并减少对抗，优化环境，最大限度地减少经济成本和社会成本时，企业才会发挥其优势和内在的潜能，系统就有可能从混沌无序的状态转化为时间、空间、功能都有序的状态，实现其自组织效应，实现共同利益，在共同利益的作用下，主制造商和供应商适应并维护着共生环境，维持着共生关系。

3. 技术平台的演化

主制造商与供应商之间合作的技术平台的演化是从独立到集成。独立经营阶段的主制造商与供应商的技术平台都是独立的，皆为己用，都是为完成自己的下属产品而搭建的平台，即不同的领域系统设计由于侧重不同而拥有不同的产品设计工具，但是基于简单的技术水平和设施不全的技术平台无法实现复杂装备的研发，先进的计算机设备和信息软件促使主制造商与供应商基于统一的平台对产品不同系统的设计技术进行集成，实现了产品设计相关数据、过程、资源的一体化管理，例如，构建产品多领域协同合作设计平台，实现设计过程的协同合作建模、仿真等。在供应链运行的整个过程中，更是应用了一系列的处理和技术模型，对供应链不同客户、不同节点的执行效率进行信息交互式管理和监控，对商品资源、物流资源进行集中管理和控制，通过共同管理业务过程和共享信息来改善主制造商和供应商的伙伴关系，提高预测的准确度，最终实现提高供应链效率、减少库存和提高产品的市场占有率。

4. 管理模式的演化

主制造商与供应商之间合作的管理模式的演化是从纵向一体化管理到横向一体化管理。主制造商与供应商进行单独个体经营时，其企业的管理模式皆为纵向一体化管理，把产品设计、计划、财务、会计、生产、人事、管理、设备维修等工作看作本企业必不可少的业务工作，管理人员在这些辅助性工作上花费很多精力与资源，导致企业关键性业务丧失竞争优势。例如，福特汽车公司在 20 世纪 30 年代，不仅拥有供应、生产、分销一体化的业务链，还建造了自己的铁矿厂、炼钢厂，为了出产专用于本公司的汽车坐垫的羊毛，甚至还拥有自己的牧羊厂，这些不同的业务领域不得不与不同的对手竞争，这些累赘不堪的产业链和复杂的内部业务流程最终成为福特汽车公司的债务隐患，这种管理模式成为后来福特汽车公司失去大量市场份额的一个重要因素。市场的迅速变化促使主制造商与供应商从纵向一体化管理模式转向横向一体化管理模式，寻求与其他企业建立广泛的协作关系。经营管理模式的转变并非单向的，其协作过程所出现的各种问题通常使企业沿着这种转变趋势呈螺旋形发展，最终形成以主制造商为中心，以用户需求为导向，通过控制前馈的物料流和反馈的信息流及资金流，将主制造商、供应商、分销商直到最终的消费者连成一个整体的功能网链的管理模式，这是一种横向一体化供应链协同合作管理模式。主制造商与供应商在协同合作环境中进行生产及运作，以"合作—集成—共享—共赢"为原则，对企业间的需求、资源、能力、技术和知识等进行集成，实现资源与信息共享，增强供应链在市场中的整体优势。

第2章 复杂装备主制造商-供应商协同研制供应商参与模式决策研究

2.1 复杂装备主制造商-供应商协同研制供应商参与模式概述

以飞机、轮船、高速列车等为代表的复杂装备一般以单件和小批量生产为主,具有系统结构复杂、技术领域广泛、研制过程复杂等特征,其研制是一个庞大的系统工程。因此,传统的制造商与供应商的供应关系已不能满足其研制的需求,伴随而来的主制造商-供应商战略协同模式成为其主流研制模式。

相对于传统的制造商与供应商的供应关系,主制造商-供应商战略协同模式呈现以下特点:第一,充分利用信息技术和计算机技术,复杂装备的研制过程非常复杂,在实际研制过程中,往往需要不同的设计单位组成团队,在计算机支持的虚拟协作环境下,保证实时的数据连接,实现设计与制造的协同,顺利完成复杂装备的研制。第二,注重供应商的提前参与,复杂装备的研制过程是一个包含多个层次的协同过程,在此过程中存在多级供应商,主要包括战略供应商、核心供应商、一般供应商等,与主制造商形成复杂装备的协同研制体系,供应商提前参与复杂装备研制过程,具有资源共享、研制周期短、风险共担等优点,对提高复杂装备研制综合能力有着重要作用;并且,在实际研制过程中,不同的供应商将在不同的时间、以不同的方式参与到协同研制中,因此,供应商何时、以何种方式参与产品开发是复杂装备协同研制的关键。第三,关注供应商与主制造商的信息沟通,复杂装备协同研制涉及多种信息,不仅包括资源信息,还包括客户需求信息、产品数据信息、研制进度信息、项目信息、原材料信息、供应商信息等,信息量非常之大;同时,这些信息具有分散性、相关性、不确定性、复杂性的特点，在研制过程中，某一环节的信息缺失、信息共享不完善都会给协同研制流程带来重大的影响，因此，信息共享与协调机制的建立是保证复杂装备协同研制顺利实施的关键。

2.1.1　供应商参与发展历程

"供应商参与"这个概念最早被提出于 20 世纪 60 年代，Brown 和 Eisenhardt（1998）指出日本汽车制造商在快速的技术变革过程中依然保持着很好的竞争力是由于其让供应商参与了产品开发的过程，从而让制造商获得了更强的创新能力。在此基础上，部分学者对"供应商参与"进行了具体的定义。LaBahn 和 Krapfel（2000）认为"供应商参与"是指供应商为保证产品能更好地完成，在产品设计的前期便与客户保持紧密的合作，并投入一定的资源。Wynstra 和 ten Pierick（2000）更细致地描述了供应商参与，认为它包括从提出小的设计建议（如论证零件的可制造性）到负责某个零部件的研发和设计等一系列活动。之后，张子健等（2008）论述了供应商在协同设计过程中的参与程度问题，指出在研发过程中找到供应商分担制造商设计任务最合适的比例，能够大大提高产品的市场成功概率。冯泰文（2012）提出在协同产品开发中，制造商为整合供应链上的分布式资源，需要供应商参与新产品的开发，并指出供应商的参与时间对绩效有一定的影响。

综上，众多学者对供应商参与协同产品开发的研究表明，供应商的参与问题已受到了越来越多的重视，而在供应商参与过程中两个重要的问题被多次提到和研究，分别是供应商的参与时间和供应商的参与程度。这两个问题也就构成了供应商参与协同产品开发的一大课题，即供应商的参与模式。

2.1.2　一般产品研制中的供应商参与模式现状分析

在一般产品研制过程中，国外学者对于供应商参与模式的研究主要集中在供应商参与时间、供应商参与模式的影响因素和如何选择供应商的参与模式三个问题上。早在 20 世纪 90 年代，供应商参与模式的概念就被提出，Krishnan 等（1995）指出在产品开发设计的过程中，下游的供应商存在三种参与模式：串行、部分重叠和并行。在串行参与模式下，下游供应商在上游设计活动顺利完成之后开始设计活动；在部分重叠参与模式下，下游供应商在上游设计活动全部完成之前提前开始设计活动；在并行参与模式下，下游供应商的设计活动与上游设计活动同时开始执行。Imai 等（1985）在对日本公司持续提高的业绩影响因素进行研究的基础上，通过 5 个案例对比分析，发现这些公司业绩出众的一个重要因素是供应商的提前参与，即在产品的研制初期供应商就开始投入资源，帮助产品研制顺利实施。Littler 等（2000）通过实证研究，分析了供应商提前参与到产品协同研制中对收益和风险的影响，得出供应商提前参与产品协同研制能够降低产品的成本，缩短产品的上市时间。Zsidisin 和 Smith（2005）提出供应商在产品的概念开发阶段开始与企业进行合作，并分析出不同参与时间对产品生命周期的影响。在新产品开发过程中，Carr（2008）研究了供应商参与的既有产品的重新设计，并且分析了供应商在新产品开发中的重要作用，得出供应商的参与时间包含在新产品开发的各个阶段这一结论。van Echtelt 等（2010）研究了在供应商提前参与的过程中，应如何确定供应商所投入的生产能力、资金、信息和知识等，得出供应商不同的投入影响着项目最终输出的成果。供应商提前参与一般产品的研制过程已成为很多企业鼓励并且大力支持的战略行为，部分学者对影响一般产品研制过程中供应商参与的因素进行了研究。Eisenhardt 和 Tabrizi（2000）通过实证研究分析了存在供应商参与的两个计算机产品上市时间的区别，发现技术和市场的不确定性水平导致供应商提前参与的方式不同，从而影响了产品的上市时间，并指出在相同的技术不确定条件下，在市场相对稳定的时候，供应商提前参与能够更好地缩短产品的上市时间。Luthardt 和 Mörchel（2000）指出对于一个协同开发的项目，项目的技术创新程度是影响供应商参与的因素之一，对于不同的技术创新程度的项目，供应商会采取不同的参与程度和方式。Yeniyurt 等（2014）从社交理论的角度分析了供应商的行为和态度，认为供应商与新产品客户的关系以及相互依赖的程度影响着供应商对自身态度和行为的选择，并对案例进行实证分析，得出供应商在长期的新产品开发过程中与客户保持沟通，能够获得长期的信任，从而更好地完成产品的研制，双方都能够获得收益。Chang（2017）发现供应商参与任务和联合计划都会对制造商的产品知识获取和最终的客户知识获取产生积极影响。

基于众多学者对供应商参与模式的定性描述，我们对一般产品研制中的供应商参与问题已有了清晰的认识，而除此之外，一些学者对供应商参与模式进行了很有价值的定量研究。Krishnan 等（1999）在供应商三种参与模式的基础上，以两个串行设计活动的重叠问题为研究对象，将上游设计活动的输出信息定量化为一个区间值，并且提出两个重要的概念——上游设计活动演化性和下游设计活动敏感性，前者描述上游设计活动的初始信息接近于最终信息的程度，后者指下游设计活动的迭代时间与上游设计活动的信息更改程度的关系，在此基础上，他们建立了最优设计迭代次数与每次迭代开始时间的目标函数模型，接着通过对该最优重叠分析模型的求解得出下游设计活动与上游设计活动的最优迭代次数，以及下游设计活动每次迭代的开始时间。Terwiesch 和 Loch（1999）提出了下游设计活动的设计返工的概念，指出在上下游重叠设计活动中，信息的不完善必然会导致下游设计活动的设计返工并付出额外的设计成本与时间,同时他们将上游设计活动信息不确定性定量化,提出上游设计活动信息平均更改率的概念,在此基础上,从增加上下游之间的交流时间可以减少不必要的设计返工的角度,以重叠策略整体收益最大为目标建立了信息交流次数的最优化模型,得出了上下游重叠设计活动中最优的信息交流次数。Yassine 等(1999)针对上下游重叠设计活动问题进行了进一步的深化研究,他们从知识累积的角度,使用知识累积函数描述了设计活动信息不断动态变化的过程,并建立了上游设计活动的知识累积函数来描述不同的设计活动时间点存在着不同的上游设计活动知识累积程度,剖析了两者的关系及知识累积函数的变化规律。

目前,国内学者对一般产品研制过程中供应商参与模式的研究也在逐步深入。叶飞等(2006)首先研究了供应商提前参与新产品开发能够给整条供应链带来效益的问题,在此基础上,根据供应商提前参与程度的低、中、高将供应商参与模式分为 OEM(original equipment manufacturer,原始设备制造商)、ODM(original design manufacturer,原始设计制造商)和 OBM(original brand manufacturer,原始品牌制造商)三种模式。许庆瑞等(2004)通过案例分析研究了供应商提前参与技术创新的原因及其产生的效果,提出了上海宝钢集团作为供应商参与技术创新的三种模式,分别是开展"先期介入"研究的模式、帮助用户进行技术改进的模式和参与用户产品更新的模式。黄俊等(2007)在对供应商参与新产品开发进行文献研究的基础上,根据我国制造业的状况实证分析了影响供应商提前参与新产品开发的因素,得出为更好地实施新产品的开发活动,制造商与供应商之间需要加强信息的交流、建立共享合作及公平合作的管理机制。李随成等(2009)从实证角度剖析了供应商参与的问题,指出了供应商自身的技术能力、学习能力、成本控制能力以及与制造商有效的沟通和合理的依赖结构等因素是影响供应商提前参与新产品开发的主要因素。

以上是国内学者从定性角度研究的在一般产品的研制过程中,供应商参与模式问题,可以看出,在供应商提前参与一般产品的研制时,多种因素影响着供应商的参与,而这也为定量研究供应商参与模式的问题奠定了基础。马文建等(2008)为确定在并行产品开发中下游设计活动的最优介入时间及交流次数,基于设计活动的技术创新程度和上游信息对下游设计活动的重要程度,提出了知识累积函数和设计返工函数,建立了确定下游设计活动最优介入时间的信息单向传递的并行产品开发模型。叶健青(2012)基于新产品开发流程的文献分析和实践研究,对供应商参与协同产品开发的管理活动模型进行了研究,并在此基础上使用知识累积函数和设计返工函数建立了供应商参与新产品开发设计的数学模型,得出了供应商在一般产品协同开发中的最优参与时间。

从上述研究内容来看,国内外学者对一般产品研制过程中的供应商参与模式的研究主要集中在定性分析上，包括供应商提前参与对产品研发产生的作用，以及影响供应商参与产品研发的因素，前者对研究供应商参与问题有着方向性的意义，使得接下来的研究具有实际的借鉴作用；而后者通过实证分析得出的影响供应商参与的因素更具有实际性的意义，通过这样的研究分析甄别出影响供应商参与模式的关键因素，从而可以更好地指导供应商参与一般产品研制的实践活动，也为研究复杂装备研制过程中供应商参与模式存在哪些影响因素提供了借鉴。除此之外，国内外学者对供应商参与模式问题有部分定量的研究，主要包含两方面的内容：一方面，确定产品上下游设计活动间的迭代次数，这也代表着上下游之间的交流程度；另一方面，确定下游设计活动的介入时间，这表示在一般产品研制过程中，供应商协同参与产品的研制并提前投入自己的资源，为新产品的顺利研制提供一定的支持。对供应商参与模式进行定量研究不仅可以知道供应商在实际产品研制过程中的参与策略，也为复杂装备研制中如何科学决策供应商参与模式提供了指导和借鉴，具有非常重要的意义。

2.1.3　复杂装备研制中的供应商参与模式现状分析

近些年来，对于复杂装备研制过程中供应商参与模式的研究也逐渐增多，而这方面研究主要集中在将并行工程应用到复杂装备的研制过程中、供应商参与复杂装备研制系统产生的作用和影响供应商参与的因素。Verjus 和 Pourraz（2007）提出复杂装备的研制过程涉及多领域和多技术的融合，进而其研制系统会产生复杂的耦合迭代关系，这就要求各参与主体保持紧密的合作，并协同参与产品的研制，以保证各领域的资源协调分配，从而使复杂装备的研制更加顺利地完成。Yan 等（2018）研究了买方努力份额和买方风险规避如何影响总投资水平、收入分成和固定费用，并确定了各种类型的非最优契约行为，然后从风险规避和有限理性的角度来解释供应商参与模式。陈洪转和庄雪松（2016）建立了供应商参与协同研制模型，通过构造考虑研制时间和研制成本的全局收益变量，对供应商最优参与时间及供应商与主制造商的信息交流次数问题进行了研究，得出不同供应商最优参与模式的判定条件。程永波等（2017）建立了供应商提前参与下的利益分配模型，以及供应商串行参与模式下的设计赶工利益补偿模型，从而确定了供应商具体的实施方案，保证供应商参与航空复杂装备协同研制的顺利实施，为航空复杂装备的实际研制过程提供了参考及建议。

从这些学者对复杂装备研制中供应商参与模式的研究可以看出供应商提前参与复杂装备协同研制的必要性，在此基础上，一些学者对影响供应商参与复杂装备协同研制的因素进行了研究。李旭宇（2004）在对复杂机电耦合系统的并行设计方法进行研究时指出,在并行参与模式下产品随着工作条件的强化或对产品性能要求的提高,其表现出许多性能方面的局限性,而究其原因是制造商在人力和组织管理方面的技术缺乏,导致并行工程无法正常运行。刘晓东和宋笔锋(2004)指出制造商的技术能力在产品研制过程中发挥着重要的作用,不同技术能力的制造商会影响供应商对研制信息的正确认知与反馈,进而影响供应商的参与策略的实施。

2.2 基于里程碑事件的复杂装备协同研制机理分析

作为我国当前高新技术产业发展的主导产业,复杂装备的研制具有重要的战略意义。复杂装备具有系统结构复杂、技术领域广泛、研制过程复杂等特征,目前主要采取主制造商-供应商战略协同模式进行研制。在该模式下,为保证复杂装备研制的顺利进行,一方面,复杂装备的高技术、高投入等特征决定了其研制过程实质上是主制造商-供应商多主体的并行协同过程,因此协同研制中供应商的参与时间是首要解决的问题;另一方面,主制造商与各级供应商如何实现信息共享,对研制中的任务数据、进度数据、质量数据等信息进行有效的沟通和交流并实现战略合作,这成为并行推进协同研制的关键制约因素。这两个方面构成了复杂装备协同研制过程中供应商参与模式的两个基本问题,即供应商何时参与研制,以及参与后与主制造商的交流程度如何决策,而为明晰供应商参与模式的选择与实施的内涵,本节基于里程碑事件,分析复杂装备协同研制的机理,构建基于里程碑事件的复杂装备协同研制图形评审技术(graphic evaluation and review technique,GERT)网络,并在此基础上分析不同参与模式下主制造商与供应商的协同研制关系。

2.2.1 复杂装备研制架构及供应商参与分析

1. 基于里程碑事件的复杂装备协同研制架构

里程碑事件是复杂装备协同研制过程中具有标志性的事件,一般代表了研制各阶段的主要目标和任务。若整个协同研制过程中各里程碑事件的风险水平都控制在最优范围内,那么就能提高协同研制活动的成功率。在复杂装备协同研制过程中,这些里程碑事件建立在研制流程的基础上,各里程碑事件中又包含若干个子事件,这些子事件以不同的逻辑关系构成该里程碑事件。复杂装备协同研制过程中包含了大量的工作任务和流程,若对每一个里程碑事件或子事件都给予无限的风险控制投入,那么将造成巨大的成本,导致主制造商和供应商最终无法产生利润。因此，以里程碑事件展开研制项目，研究各里程碑事件以及子事件之间的关联性、协同合作关系，可以为合作主体明晰风险在里程碑事件之间的传递奠定理论基础，在厘清风险传递关系的基础上，有助于合作主体在目标约束下，针对不同的里程碑事件或子事件合理地进行最优的风险控制，以及最优的风险控制资源分配。

以某大型飞机协同研制过程为例，根据上述分析，其研制活动主要分为任务分配、子任务和分段目标计划、子任务设计、子部件技术研发和制造、模块集成以及联调测试，根据研制任务流程，基于里程碑事件的复杂装备协同研制架构如图 2.1 所示。

预先研究	立项论证	方案论证	工程研制				定型试用		退役和后评价	使用和维修保障
			任务分配	子任务和分段目标计划	子任务设计	子部件技术研发和制造	模块集成	联调测试		
复杂装备研制系统								里程碑事件		

图 2.1　基于里程碑事件的复杂装备协同研制架构图

在各里程碑事件下，存在多个按照里程碑事件目标展开的子事件，各子事件根据研制流程的关系以不同的逻辑关系进行连接，如图 2.2 所示。其中，递进关系表示一个里程碑事件的完成建立在另一个里程碑事件实现的基础之上，且两个里程碑事件存在着明显的先后关系，递进关系是研制过程中各里程碑事件研制流程的最基本体现；互补关系表示各里程碑事件的子事件中，只要有部分事件完成，则可以推动下一个里程碑事件的进行；并进关系表示活动时间中的若干个子事件相互共同协作完成某个里程碑事件。具体逻辑关系图如图 2.2 所示。

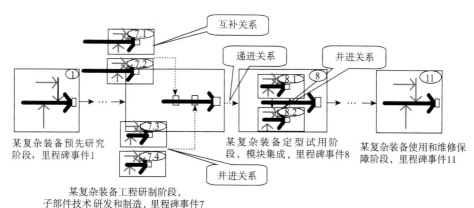

图 2.2　复杂装备协同研制里程碑事件及子事件逻辑关系图

2. 复杂装备研制流程的特征分析

复杂装备的特点决定了其研制流程与一般产品的研制过程有很大的区别，具体表现在以下几个方面。

（1）研制流程是产品创新的过程。复杂装备的研制流程涵盖市场调研、客户需求分析、可行性论证、设计研发到系列生产的全过程，是各参与主体协同创新、技术创新的载体。一方面，基于复杂装备研制的生产类型，可以知道复杂装备采取客户定制的模式，其研制过程的开展建立在客户需求的基础上，客户个性化的需求是进行产品创新的源动力，具体来说，在复杂装备研制初期，主制造商与客户签订协议，针对功能、结构、性能等个性化需求进行说明，之后主制造商将会针对客户的需求开展产品的市场调研、可行性论证、创新设计等流程；另一方面，在科学技术日新月异的今天，产品设计的新概念与新理念不断涌现到大众的视野里，尤其在融合高技术、多学科、多领域的复杂装备研制中，最新产品的概念以及设计理念不断传递给客户，紧接着复杂装备主制造商需要将这些新思想付诸实践，这就进一步刺激了复杂装备研制过程中的产品创新。除此之外，多级供应商的协同参与也必将带来更多的新思想、新理念、新技术、新方法，更进一步地促进了复杂装备的创新过程。因此，复杂装备研制流程是一个不断创新、持续创新的过程，而创新过程的结束也意味着产品研制的完成。

（2）研制流程是协同研制的过程。对复杂装备来说，传统的制造商与供应商的供应关系已不能满足其研制的需求，伴随而来的主制造商–供应商战略协同模式成为其主流研制模式。在复杂装备的研制过程中存在着多层级的供应商，不同的供应商与主制造商进行不同方式的协同研制，这造成复杂装备的研制流程层次多、逻辑关系复杂，而为了保证复杂装备能够顺利研制成功，作为核心的主制造商首先需要对各层次的供应商进行规范化的管理，统筹安排它们的研制工作；其次需要对复杂的研制流程进行划分，厘清研制流程中的关键步骤，例如，在研制过程中，主制造商根据工作分解结构（work breakdown structure，WBS）将复杂装备分为多个子系统及零部件，以方便各参与主体能够明晰职责，有序地进行产品的研制，复杂装备研制流程层次性示意图如图 2.3 所示。通常来说，复杂装备的产品清单非常庞大，其研制流程需要多层级的供应商共同合作，主制造商与不同层级的供应商相互配合，某些层级的供应商的研制流程需要主制造商或者其他供应商的研制信息才能触发执行，这种层层相关的研制流程形成了相互关联的逻辑关系，也体现了主制造商与各层级供应商协同研制复杂装备的流程特点。总之，复杂装备研制流程是一个协同研制的过程。

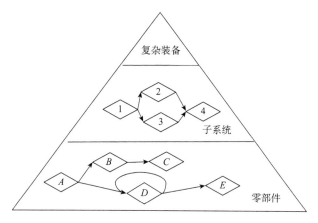

图 2.3　复杂装备研制流程层次性示意图

（3）研制流程是循环反馈的过程。复杂装备的研制流程复杂，各个研制活动之间相互关联，形成错综复杂的研制网络，常常会出现回路等节点。一般来说，复杂装备的研制流程包括市场调研、可行性论证、设计、生产制造、系列生产五个阶段。每个阶段可细分为很多项具体的工作，并且需要考虑多种研制要素，如技术要素、工艺要素、结构要素、质量要素等，在此基础上开始每一项工作，以保证研制流程能够有序地进行，例如，在设计阶段应综合考虑产品工艺、技术、成本、可靠性等因素，在此基础上进行详细的规划，以便接下来的生产制造等阶段能够顺利执行。由于复杂装备研制中各项活动的关联性，以及每项研制活动开展工作的复杂性，不可避免地在研制过程中存在某项工作设计不合理、研制不成功或无效的可能性，需重新进行设计改进，从而导致复杂装备的研制流程产生回路。

复杂装备研制流程示意图如图 2.4 所示，在研制的各个阶段都存在失败的可能性，并且出现回路最多的阶段发生在可行性论证、设计以及生产制造阶段。一方面是由于大量产品创新的过程发生在这三个阶段，并且对技术、工艺、结构、质量等要素的要求都非常之高；另一方面是由于在这三个阶段的供应商参与程度都非常高，多级供应商研制活动之间的关联性导致形成复杂的研制系统网络。总之，复杂装备的研制流程是一个包含大量循环反馈的过程。

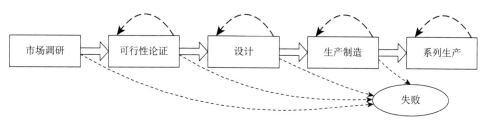

图 2.4　复杂装备研制流程示意图

3. 战略供应商参与流程分析

从对复杂装备研制过程分析可知，整个协同研制活动包括了三个大阶段——决策阶段、技术和生产阶段、市场阶段，决策阶段属于项目实施前期阶段，主要进行项目是否可行的论证，因此，在该阶段不存在协同合作关系，从第二阶段（即技术和生产阶段）开始，战略供应商开始介入整个活动项目，与主制造商进行协同合作，其流程如图 2.5 所示。

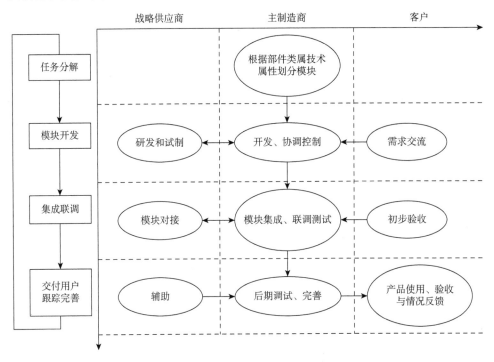

图 2.5　复杂装备协同研制战略供应商参与流程图

流程图对产品的跟进、技术改进及研制产品的综合评价起着至关重要的作用。上述流程图（图 2.5）表明了，在主制造商-供应商合作模式下复杂装备战略供应商协同研制的过程不同于普通产品的研制过程，主要包括：①在该协同研制流程中，任务分解、模块开发和集成联调三个阶段独立进行，且其各个阶段的创新活动比一般产品的工作更为细节化和复杂化；②整个创新过程包含了研发与制造的统一；③复杂装备技术的应用在扩散进入市场后，有一个长期的跟踪完善过程，且需要有后续的反馈和改进。

2.2.2　复杂装备协同研制的阶段特征分析

复杂装备的自身特点及其研制流程的特殊性，增加了主制造商对于研制过程的管理难度，这会造成复杂装备研制周期长、成本高、风险大等，而供应商参与的目的就是分担主制造商的风险，降低产品研制的成本。为了更清晰地了解供应商在复杂装备协同研制中的研制特点，以便进行供应商参与模式的研究，本节在分析复杂装备协同研制流程特征的基础上，从知识累积、信息交流以及设计返工三个角度对复杂装备协同研制的过程进行阶段性特征的分析。

1. 主制造商−供应商协同研制中的知识累积

由于复杂装备研制流程是产品创新的过程，而创新是一个不断产生新知识的过程，因此可以说复杂装备协同研制是一个知识累积的过程。复杂装备的研制流程是一个针对工艺、功能、结构、性能等知识的，从知识输入转化为成果输出的过程。在科学技术蓬勃发展的潮流下，复杂装备主制造商面临着对更多新知识认知和需求的挑战，针对客户个性化、多样性的需求，复杂装备主制造商开放思维、积极创新，在不断提高自身创新能力的同时也提升了复杂装备的复杂程度，进一步刺激了自身对多领域、多元化知识的需求。与此同时，巨大的市场竞争压力要求主制造商以最快的速度研制出最新的产品，这意味着需要有大量丰富的知识资源作为支撑，指导主制造商进行复杂装备的研制，保证企业在激烈竞争的外部环境中生存下来。

如图 2.6 所示，在一个由客户、主制造商、多级供应商等协作单位共同参与

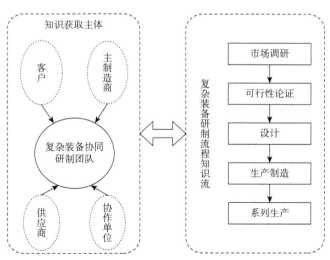

图 2.6　复杂装备研制流程知识流示意图

的复杂装备研制流程中，各参与主体在研制过程中相互交流，进行知识的交换、提取、认知、学习、获取，知识流在研制流程的各个阶段持续转移，市场调研、可行性论证、设计、生产制造、系列生产等阶段的执行均可视为一个不断产生新知识、知识不断累积的过程。总之，在复杂装备协同研制过程中，主制造商–供应商协同研制实质上是各参与主体间知识交流与累积的过程。

2. 主制造商–供应商协同研制中的信息交流

由复杂装备研制流程的特征可以知道，在协同研制的过程中，主制造商为了与供应商进行战略合作，需要对研制中的任务数据、进度数据、质量数据等信息进行有效的沟通和交流，这就是信息交流的过程。在复杂装备协同研制过程中，各参与主体所承担的研制任务不同，但彼此之间都存在着一定的联系，某一参与主体需要根据复杂装备研制质量、结构、性能、进度等的需求，与各关联主体进行信息交流与传递，保证有效的信息快速到达，从而能够下达准确的指令，指导自身设计任务的执行。

主制造商–供应商协同研制的过程代表着供应商的参与过程，并且供应商从参与之初即与主制造商保持一定的交流，为便于理解，本节简化与主制造商的协同研制中只存在一个供应商，其信息交流过程如图 2.7 所示。当主制造商的研制活动进行到某一时间点后，供应商开始自己的研制活动，由于供应商的研制活动需要主制造商的研制信息才能顺利进行，为此在供应商与主制造商完成第一次信息交流后，根据主制造商的研制信息，供应商开始进行研制活动，Δt 时间后，供应商与主制造商进行第二次信息交流，此时由于主制造商研制信息的更新，在根据更新的研制信息继续研制的同时，供应商需依据更新的研制信息对前一阶段进程中的部分活动进行改进或者重新研制，并在修改完成后继续接下来的研制活动；接着，在又一个 Δt 时间后，供应商与主制造商进行第三次信息交流，此时供应商重复前一个过程，直到主制造商研制活动全部完成。

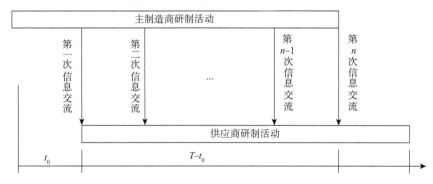

图 2.7　供应商参与复杂装备研制过程的信息交流示意图

3. 供应商研制活动的设计返工

通过主制造商-供应商协同研制过程中信息交流的分析可以看出,供应商提前参与时,其与主制造商进行信息交流,供应商获得不完善的主制造商的研制信息可能导致供应商进行无效的研制活动,引起研制过程的迭代,进而导致重复设计和研制,我们称这种重复设计和研制为设计返工。而影响设计返工的因素主要有以下三个方面。

（1）主制造商研制信息的准确性。当供应商研制活动需要依托主制造商研制信息的指导才能顺利执行时,可以称供应商与主制造商之间存在信息依赖。此时,主制造商研制信息准确与否直接影响供应商研制活动的设计返工的程度。当主制造商研制信息存在很大程度的误差时,供应商根据交流后的信息进行研制,发生返工的可能性很大;而当主制造商研制信息的准确性很高时,供应商根据获取的信息进行研制,发生返工的可能性很低,除非由于供应商自身的原因,如对主制造商研制信息理解错误而造成设计返工,而这种由供应商本身原因造成的设计返工本章不予考虑。

（2）供应商研制活动对主制造商研制信息的依赖度。前面提到,协同研制过程中,供应商与主制造商之间是存在信息依赖的,而由于复杂装备的研制过程中有多个层级的供应商,并且各个供应商负责不同的研制任务,所以不同供应商研制活动对主制造商研制信息的依赖度大都是不同的,相同的主制造商研制信息可能对不同的供应商来说,其重要性是不同的,即对某些供应商而言,没有主制造商研制信息其研制活动无法进行或者很难进行下去,而对其他一些供应商而言,没有主制造商研制信息对其研制活动的开展影响不大,例如,在产品设计阶段,客户的需求信息对产品功能设计活动的开展来说必不可少,但是对于日志管理等系统功能设计而言,即使没有客户的需求信息,也不会影响其功能设计活动的开展。因此,供应商研制活动对主制造商研制信息的依赖度是影响设计返工程度的重要因素之一,对某供应商来说,其研制活动对主制造商的研制信息依赖度越高,当供应商提前参与协同研制活动时,发生设计返工的可能性就越大。

（3）供应商研制团队的技术能力和研制经验。在主制造商研制信息准确性不高的条件下,供应商的技术能力越强、研制经验越丰富,供应商研制团队对主制造商研制信息的"猜测值"就越接近其信息的"真实值",那么发生设计返工的可能性就越小。

2.2.3 复杂装备协同研制网络参与机理分析

根据复杂装备的特点及其研制流程的特征可知，其研制过程是在主制造商-供应商协同体系下进行的，并且是由分处在不同区域、分属不同国家的多个企业分担不同的研制任务而协同完成的，从而形成了一个多层次、相互关联、循环反馈的协同研制网络。复杂装备研制包含着多层级的供应商，不同供应商以不同的参与模式遍布在协同研制网络中，为了明晰供应商参与模式的选择与实施的内涵，本节以不同逻辑关系的里程碑事件来表征复杂装备各参与主体不同阶段的流程关系，构建复杂装备协同研制 GERT 网络，在此基础上分析不同参与模式的主制造商-供应商协同研制网络关系。

1. 基于里程碑事件的复杂装备协同研制网络系统的建立

基于复杂装备研制流程的特征分析可知，复杂装备研制过程由大量具体的工作、流程共同组成，处于核心地位的主制造商对各项研制流程进行管理，为提高管理效率，主制造商需要明晰不同流程的重要程度，分清主次，分别进行管理，以达到抓住重要的标志性流程进行集中管理的目的。而这种研制过程中的重要的标志性流程，可以称为里程碑事件。一般情况下，里程碑事件是知识累积到一定阶段产生的重要节点，也是供应商与主制造商的信息交流点，显示着研制各阶段或各部门间的衔接点，如果复杂装备的所有里程碑事件都能顺利实施，那么整个复杂装备的研制就能够顺利完成。应抓住里程碑事件对复杂装备研制流程的关键作用，通过研究里程碑事件间相互关联、循环反馈的逻辑关系来开展各项研制活动，从而形成一个具有较强逻辑关系的复杂装备协同研制网络系统，为分析不同参与模式的主制造商-供应商协同网络关系奠定基础。

找出里程碑事件是建立复杂装备协同研制网络系统的第一步。一般情况下，为提高里程碑事件的可执行性，里程碑事件通常由项目管理者或核心参与人共同研究制订。对于复杂装备的研制来说，一般在研制初期，主制造商以及部分重要供应商组织、参与专题会议，针对以往的研制经验以及具体的实施情况，讨论制订出复杂装备研制过程中存在的里程碑事件。在确定复杂装备的里程碑事件后，考虑各参与主体的不同层级，包括主制造商、战略供应商、核心供应商及一般供应商，在此基础上，构建基于里程碑事件的复杂装备协同研制网络系统，如图 2.8 所示。

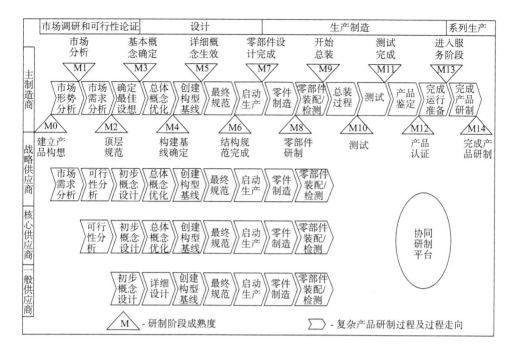

图 2.8　基于里程碑事件的复杂装备协同研制网络系统示意图

复杂装备协同研制网络系统分为主制造商系统、战略供应商系统、核心供应商系统和一般供应商系统 4 个层次,主制造商处于核心地位,管理各级供应商的研制活动,协调复杂装备的集成、反馈以及调试。不同的供应商负责复杂装备不同系统、设备和零件的研制,进行分布式并行创新设计。在协同研制网络系统中,复杂装备的协同研制过程是基于产品研制阶段成熟度的并行协同研制推进过程,按照研制阶段成熟度一般将复杂装备的全生命周期过程分为市场调研和可行性论证、设计、生产制造以及系列生产四个阶段,而从具体研制过程来看,主制造商的研制活动主要分为市场形势分析、市场需求分析、确定最佳设想、总体概念优化、创建构型基线等 14 个主要里程碑事件节点,复杂装备的研制过程就是基于这些里程碑事件节点开展的,一直到研制成功。

一般来说,竞争、合作等多种关系存在于复杂装备协同研制的各参与主体之间,以某里程碑事件为标志性事件的子系统之间也必然存在着某种逻辑连接关系。为了准确地描述复杂装备协同研制的过程,形象地体现出参与主体间的合作、竞争等多种关系,现对里程碑事件的逻辑关系进行分析、梳理、提炼、总结,复杂装备协同研制里程碑事件的逻辑关系主要有以下四种。

（1）递进关系。在复杂装备协同研制中,在某一个子系统的里程碑事件完成之后另一个子系统的里程碑事件才能够开展,则两个里程碑事件之间存在着递进关系。例如，在主制造商进行起落架结构设计之后，供应商在结构设计的基础上方能进行强度分析等活动。

（2）互补关系。在复杂装备协同研制中，两个子系统中任一里程碑事件完成后，另一个子系统的里程碑事件皆可顺利开展，则称这两个里程碑事件之间存在互补关系。

（3）并进关系。在复杂装备协同研制中，只有某一个子系统中的全部里程碑事件实现后，研制活动的下一个里程碑事件才能开展，这称为并进关系。

（4）竞争关系。在复杂装备协同研制中，出于良性竞争的考虑，主制造商将某一个设计任务同时交给多家供应商，当一家供应商完成该设计任务时，即实现了该里程碑事件，其他供应商则在竞争中失败，未完成该里程碑事件，这称为竞争关系。

2. 基于里程碑事件的复杂装备协同研制网络关系

为形象表征各里程碑事件间的逻辑关系，进一步明晰复杂装备协同研制网络，本部分使用 GERT 网络节点来表示里程碑事件的逻辑节点，将基于里程碑事件的协同研制网络系统用多层次的 GERT 网络直观地表达出来。

首先，在上述四种里程碑事件逻辑关系的基础上，找出其与 GERT 网络节点之间的联系。GERT 网络中每个节点包括输入和输出两个部分（表 2.1），共有六种不同逻辑功能的节点。其中，异或型节点表示任何一个且仅有一个引入该节点的活动完成，该节点即实现；或型节点表示只要有一个引入该节点的活动完成，该节点即实现；与型节点表示所有引入该节点的活动都完成，该节点方可实现。肯定型节点表示从该节点的引出活动被执行的概率均为 1；随机型节点表示有且仅有一个从该节点引出的活动，并按一定的概率被执行。

表 2.1　GERT 网络的节点类型

输出端	输入端		
	异或型	或型	与型
肯定型			
随机型			

其次，根据 GERT 网络中不同逻辑功能的节点关系，可以将这些节点转化为里程碑事件的四种逻辑关系，具体如下。

（1）递进关系的 GERT 网络节点。已知存在两个里程碑事件 a 和 b，后者需要在前者的基础上才能开展，则 a 和 b 是一种递进关系，这表示在 GERT 网络里则如图 2.9 所示，使用串联与型逻辑节点表征，体现着一种"串行"的研制活动关系。

图 2.9　递进关系的 GERT 网络节点设计示意图

（2）互补关系的 GERT 网络节点。已知两个里程碑事件 a 和 b，两个里程碑事件之中只要有一个完成，后续里程碑事件即可成功开展，则 a 和 b 是一种互补关系。这表示在 GERT 网络里则如图 2.10 所示，使用并联或型逻辑节点表征。

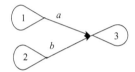

图 2.10　互补关系的 GERT 网络节点设计示意图

（3）并进关系的 GERT 网络节点。已知两个里程碑事件 a 和 b，两个里程碑事件必须全部完成，后续里程碑事件才能够成功开展，并且两个里程碑事件并不一定存在先后启动关系，则 a 和 b 是一种并进关系。这表示在 GERT 网络里则如图 2.11 所示，使用并联与型逻辑节点表征。

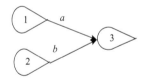

图 2.11　并进关系的 GERT 网络节点设计示意图

（4）竞争关系的 GERT 网络节点。已知两个里程碑事件 a 和 b，若仅有里程碑事件 a 最早完成时，下一阶段的里程碑事件即可开展，并且里程碑事件 b 意味着未完成而以失败告终，则 a 和 b 是一种竞争关系。这表示在 GERT 网络里则如图 2.12 所示，使用并联异或型逻辑节点表征。

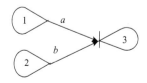

图 2.12　竞争关系的 GERT 网络节点设计示意图

最后，依据 GERT 网络节点设计的四种逻辑关系示意图，构建基于里程碑事件的复杂装备协同研制 GERT 网络，从而可以清晰明确地描述主制造商与各级供应商的协同研制网络关系。构建 GERT 网络的具体步骤如下。

（1）根据复杂装备协同研制的参与主体（主制造商、战略供应商、核心供应商、一般供应商等）所承担的不同研制任务梳理、提炼出各自子系统的里程碑事件，并考虑主制造商与多级供应商之间相互关联的特性，以及复杂装备研制过程中对于不同参与主体的管理维度等因素，将里程碑事件分成不同的层级。

（2）厘清各子系统中里程碑事件的相关研制活动，根据四种逻辑关系组成 GERT 网络的转化规则（GERT 网络中的所有节点一般为异或型节点），最终得到如图 2.13 所示的基于里程碑事件的复杂装备协同研制 GERT 网络。

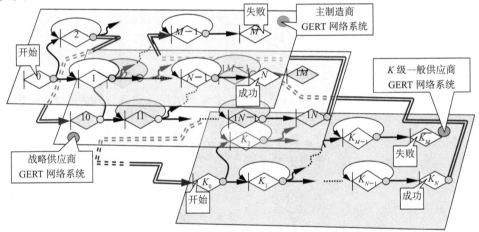

图 2.13　基于里程碑事件的复杂装备协同研制 GERT 网络示意图

$1M$ 表示成功的一级供应商节点；$1N$ 表示失败的一级供应商节点

图 2.13 中的 GERT 网络示意图体现了复杂装备协同研制的三大特性，具体如下。

（1）层次性。复杂装备研制过程中存在着多层级的供应商，不同层次的供应商与主制造商有着不同的协同研制合作模式。

（2）相关性。复杂装备产品的复杂程度非常之高，多数研制活动之间相互关联，不同层级的供应商的研制活动也是相互依存、相互制约的，只有各个层级的研制活动顺利完成，才能保证整个复杂装备产品的成功研制。

（3）协同性。复杂装备的研制采取主制造商-供应商战略协同的模式，供应商以不同的参与模式与主制造商进行协同研制，体现了研制活动间不同的逻辑关系。

2.3　基于协同研制机理的复杂装备供应商参与模式选择

2.3.1　基于协同研制网络的供应商参与模式分析

在复杂装备协同研制 GERT 网络的基础上, 将供应商三种不同的参与模式(串行参与模式、并行参与模式及部分重叠参与模式)提炼出来, 并针对不同的参与模式, 进行主制造商–供应商协同研制网络关系的分析。

1. 供应商的串行参与模式

在复杂装备的研制过程中, 存在着某些供应商, 如标准件供应商, 其研制活动与其他参与主体相关性很小, 生产研发的零部件可以在主制造商的研制活动完成后再开始, 这种情况下, 供应商的研制活动与主制造商的研制活动没有关系, 不会因为主制造商研制活动中不同的知识累积程度而产生设计返工, 并且供应商与主制造商之间不存在信息交流。为形象描述该过程, 建立了供应商串行参与模式的 GERT 网络, 如图 2.14 所示, 供应商研制活动在主制造商研制活动成功之后开始, 供应商与主制造商无信息交流。

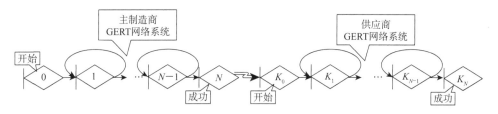

图 2.14　供应商串行参与模式的 GERT 网络

2. 供应商的并行参与模式

在复杂装备的研制过程中, 存在着某些供应商, 如战略供应商, 其与主制造商形成了长期的战略协同关系, 与主制造商共担研制风险, 共享合作收益。同时为了提高复杂装备的市场竞争力, 主动发挥自身的优势, 为主制造商带来先进的技术和管理经验, 在这种情况下, 供应商的研制活动与主制造商的研制活动关系密切, 其对主制造商的研制信息有很高的依赖性, 并且在主制造商研制活动中的知识累积程度过低的情况下, 供应商发生设计返工的概率非常高, 这就要求供应商与主制造商保持密切的交流，最好在设计之初就与主制造商展开协同合作，共同进行复杂装备的研制。为形象描述该过程，建立了供应商并行参与模式的 GERT 网络，如图 2.15 所示，供应商与主制造商研制活动同时开始，供应商与主制造商存在信息交流。

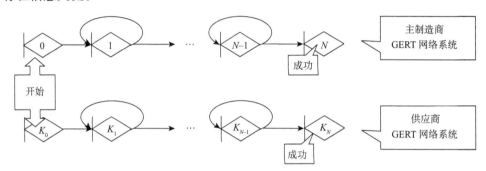

图 2.15　供应商并行参与模式的 GERT 网络

3. 供应商的部分重叠参与模式

在复杂装备的研制过程中，存在某些供应商，如生产核心部件的一般供应商或核心供应商，这类供应商的研制活动受主制造商研制活动的影响，需要主制造商研制活动的最新信息来指导自身研制过程的进行，供应商研制活动会因为主制造商研制活动中知识累积的不足而产生设计返工，供应商需要与主制造商保持一定的信息交流。为形象描述此过程，建立了供应商部分重叠参与模式的 GERT 网络，如图 2.16 所示，供应商研制活动在主制造商研制活动进行到某一时间时开始，供应商与主制造商存在信息交流。

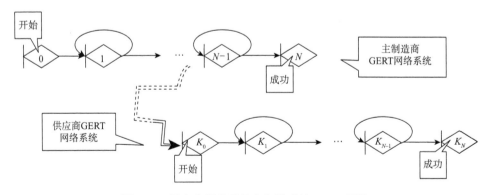

图 2.16　供应商部分重叠参与模式的 GERT 网络

复杂装备的研制是主制造商-供应商协同研制的过程，并且供应商以三种不同的参与模式与主制造商相互配合，形成了协同研制网络中不同的逻辑关系。本章基于复杂装备协同研制的机理，进一步研究如何确定供应商以何种参与模式来执行协同研制的活动，具体来说就是研究供应商在何时参与复杂装备协同研制过程以及参与后与主制造商的信息交流次数如何决策。

2.3.2　复杂装备协同研制供应商参与模式的特征函数构建

1. 供应商参与模式的影响因素确定

供应商参与复杂装备协同研制过程时存在三种参与模式——串行参与模式、并行参与模式、部分重叠参与模式，不同的参与模式对应着供应商不同的参与时间及其与主制造商的信息交流次数。而在实际的研制过程中，多种因素都影响着供应商在参与时间和信息交流次数上的决策。

（1）参与供应商的差异性。在复杂装备的协同研制网络系统中存在着多级供应商，不同供应商负责不同子系统零部件的研制，各个子系统中包含着多种逻辑关系的里程碑事件，因里程碑事件之间存在不同的依赖关系，供应商的研制活动也会存在不同程度的依赖关系。除此之外，不同供应商自身技术能力不同，供应商研制活动的执行也会存在很大的差异。在这种情况下，主制造商与不同供应商的协同研制情况也会有很大的不同，供应商的参与模式因此会呈现出差异性。

（2）主制造商的差异性。由复杂装备的阶段性特征可以知道，复杂装备研制流程是知识累积的过程，同样的，主制造商研制活动也是知识累积的过程。不同的主制造商对知识的学习和获取能力不同，必然导致知识累积程度的不同，在复杂装备的协同研制过程中，主制造商处于核心地位，它需要针对不同的研制任务、不同的参与主体进行协调管理，由于主制造商与不同层级供应商依赖关系的区别，主制造商的研制信息对供应商研制活动的影响程度也会不同，所以主制造商的差异性同样会导致供应商参与模式呈现出差异性。

（3）复杂装备的不确定性。一方面，复杂装备是集成度高、技术创新度高、工艺复杂的产品，其研制过程实质上是主制造商-供应商多主体的并行协同过程，要求部分供应商能高度参与到协同研制流程中，对于不同的复杂装备，供应商参与协同研制的方式与程度可能会存在差异。另一方面，不同的复杂装备有不同的产品创新过程，不同的产品创新过程必然造成不同的知识累积进程，例如，同一主制造商对于不同协同研制的对象会有不同的认知与理解，进而对研制过程会有不同的管理与控制，形成不同的知识累积过程，当供应商参与协同研制时，会以不同的时间和方式参与其中，所以复杂装备本身的不确定性会导致供应商参与模式呈现出差异性。

2. 供应商参与模式研究中的参数确定

总结上述影响因素对供应商参与模式的影响，具体体现为以下四个参数。

第一，主制造商的执行度。对于承担复杂装备研制活动的主制造商来说，在研制之初，就需要合理安排各级供应商及相关人员的研制任务，并在研制过程中，高效管理所有研制活动的开展与实施，而由于不同主制造商存在学习能力、技术能力、管理能力、协调能力等方面的差异，其执行度会存在高低区别，这种差异会影响主制造商对研制信息的积累及其与供应商的信息交流，进而影响复杂装备研制的完成时间和质量。故引入执行度参数，执行度指主制造商的研制能力及其对研制项目的管理能力。若以 w 表示执行度，则 $0 \leqslant w \leqslant 1$。

第二，产品的复杂度。复杂装备因其创新性高、技术先进、集成度高等特点，区别于一般产品的研制过程，构成复杂装备的各个子系统、零部件需要技术上高度集成，并且需要投入大量的人力、资源、技术和知识进行研制创新，并且由于客户定制的生产模式，客户高度参与到整个研制过程中，随时可能提出新的要求与想法，进一步增加了创新过程的不确定性，加上研制本身存在失败率等无法预测的风险，使得复杂装备研制的复杂程度非常高。而这必然导致各参与主体在其中所获得的研制信息具有很大的复杂性，假设某供应商的研制活动对这种高复杂性的研制信息具有强烈的依赖度，那么供应商可能由于无法快速接受高复杂性的研制信息而增加设计返工的可能性，继而影响自身研制活动的进度。故引入复杂度参数，复杂度指复杂装备研制工艺的复杂性及技术创新度。若以 k 表示复杂度，则 $0 \leqslant k \leqslant 1$。

第三，供应商研制活动对主制造商研制信息的依赖度。在复杂装备协同研制中，主制造商的执行度以及产品复杂度的差异化，会影响供应商对主制造商信息的反馈，当供应商提前参与时，由于供应商获得的信息不完善，必将引起研制过程的迭代，进而导致重复设计和研制，不同的供应商负责复杂装备不同系统、设备和零件的研制，其对于主制造商研制活动的依赖度不同，相同的研制信息对不同供应商的重要程度也不同，例如，对于提供标准件的一般供应商来说，其研制活动对主制造商的依赖度很低，主制造商研制信息的变化对一般供应商的影响也很小；对于核心供应商来说，其研制活动对主制造商的依赖度较高；对于战略供应商来说，其研制活动对主制造商的依赖度最高。而不同供应商的研制活动与主制造商依赖度的差异化势必会引起不同的设计迭代过程，故引入依赖度参数，依赖度指供应商研制活动对主制造商研制信息的依赖程度。若以 m 表示依赖度，则 $0 \leqslant m \leqslant 1$。

第四，供应商的协同度。复杂装备的研制是在主制造商-供应商模式下进行的，供应商的努力程度和合作程度在很大程度上决定了供应商与主制造商的交流程度，进而影响其研制活动的进度和效率水平。故引入协同度参数，协同度是指供应商自身的努力程度及其与主制造商的合作程度。当供应商的协同度高时，意味着在协同研制时供应商积极发挥自身的主观能动性，投入更多的精力和资源到创新设计中，同时也意味着在与主制造商进行交流时，能够积极配合、资源共享。若以 u 表示协同度，则 $0 \leqslant u \leqslant 1$。

3. 主制造商知识累积函数的构建

在复杂装备协同研制网络系统中（图 2.8），不同里程碑事件节点上产品的结构信息、几何信息、工艺信息等成熟度不同，而成熟度的不同体现了各里程碑事件知识累积程度的差异，主制造商对市场调研和可行性论证、设计、生产制造、系列生产等阶段的执行都需要大量的领域知识、专家经验以及已有成功案例等方面的信息作为支持，集成和管理供应商的研制任务，每一阶段均可视为一个新知识不断产生、不断累积的过程，故使用知识累积函数来描述主制造商研制活动的信息累积过程，量化主制造商知识累积的成熟度。复杂装备协同研制的过程推动着主制造商知识累积的增加，从复杂装备研制的全周期来看，随着研制时间的进行，主制造商研制活动的知识累积率逐渐升高（图 2.17）。如果以 $f(t)$ 表示主制造商研制活动的知识累积率，那么当研制活动结束时，$f(t)=1$，并且始终有 $0 \leqslant f(t) \leqslant 1$。

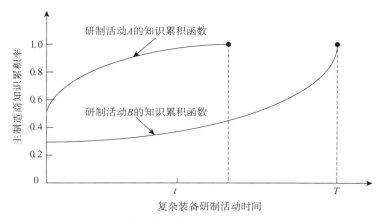

图 2.17　主制造商研制活动知识累积函数示意图

定理 2.1　在主制造商−供应商协同研制过程中，主制造商研制活动的完成时间为 T，若已知复杂装备的复杂度为 k，主制造商研制的执行度为 w，则主制造商在研制时间达到 t 时的知识累积率为

$$f(t) = \frac{k}{w}\left(\frac{t}{T}\right)^{\alpha} + \left(1 - \frac{k}{w}\right) \qquad (2.1)$$

其中，$0 \leqslant t \leqslant T$；$\alpha$ 为研制活动的知识累积演化路径指数，决定着知识累积函数的形状（上凸、下凹），$\alpha > 0$。

性质 2.1 主制造商研制活动的知识累积率 $1 - \frac{k}{w} \leqslant f(t) \leqslant 1$，并且 $1 - \frac{k}{w}$ 表示主制造商根据以往的经验或成功案例所累积的知识，这部分知识不需要重新学习或更新，是研制活动知识交流和累积的基础。

性质 2.2 当 $0 < \alpha < 1$ 时，在研制初期主制造商知识快速累积，在系列生产阶段后期需要主制造商投入大量资源，经过多重工艺，实现产品从原材料状态到成品状态的过渡，周期长，因此，知识累积相对缓慢，形成一条上凸线，如图 2.17 中研制活动 A 所示。

当 $\alpha = 1$ 时，知识累积率是线性函数，表示知识累积率随时间呈线性变化，这是一种均匀化的状态。

当 $\alpha > 1$ 时，在研制初期主制造商知识累积缓慢，后期知识累积呈现加速的趋势，形成一条下凹线，如图 2.17 中研制活动 B 所示。在复杂装备的市场调研和可行性论证以及设计阶段，首先需要对市场进行细致调研，了解客户的个性化需求，并将抽象、模糊的需求转化为具体、准确、可实现的性能及功能要求，加之复杂装备的复杂度很高，其市场调研和可行性论证需要耗费大量的工作时间，表现为一个缓慢的知识累积进程，但当可行性论证阶段结束后，产品的基本概念确定，进入设计阶段后，其知识累积速度将明显加快。

从知识累积函数可以看出，随着复杂装备研制过程的推进，协同研制的知识累积越来越多，累积的资源量越来越多，然而从一个完整的复杂装备研制过程来看，其所需要的资源总量是固定不变的，知识累积函数能够表示复杂装备研制过程中的资源特性。

从式（2.1）可知，$\frac{k}{w}\left(\frac{t}{T}\right)^{\alpha}$ 表示主制造商在 t 时刻研制信息的新增知识量，令 $A = \int_{0}^{T}\left[f(t) - \left(1 - \frac{k}{w}\right)\right]dt = \frac{k}{w(\alpha+1)}T$，则 A 表示新增知识总量，并且对于一个固定的复杂装备和研制团队来说，主制造商的新增知识总量是固定不变的。

4. 供应商设计返工函数的构建

根据复杂装备协同研制的阶段性特征可以知道，供应商的研制活动受主制造商研制信息的准确性、供应商研制活动对主制造商研制信息的依赖度等因素的影响会发生设计返工，为了定量表征供应商设计返工的机理，本部分在知识累积率的基础上，提出复杂装备协同研制供应商的设计返工函数。随着知识累积率的提高，供应商的设计返工率越来越低（图 2.18），如果以 $g(t)$ 表示供应商的设计返工率，始终有 $0 \leqslant g(t) \leqslant 1$。

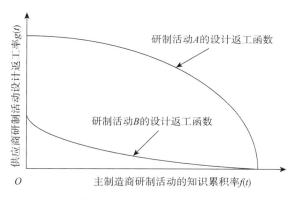

图 2.18　供应商研制活动设计返工函数示意图

定理 2.2　在主制造商–供应商协同研制过程中，若已知供应商的协同度为 u，供应商研制活动对主制造商研制信息的依赖度为 m，则在主制造商研制时间达到 t 时，供应商参与到协同研制中，此时供应商研制活动的设计返工率为

$$g(t) = \frac{m}{u}\left[1 - f(t)\right]^{\beta} \qquad (2.2)$$

其中，$0 \leqslant t \leqslant T$；$\beta$ 为设计返工函数的路径指数，$\beta \geqslant 0$，当 $\beta = 0$ 时，设计返工函数是线性的，意味着供应商研制活动的开展不随知识累积程度的不同而变化。

性质 2.3　在复杂装备研制过程中，供应商研制活动的平均返工率与依赖度 m 成正比，与协同度 u 成反比，并且在 m 与 u 一定的情况下，β 越大，则期望平均返工率越小。

证明　对供应商研制活动的设计返工率函数求期望值：

$$E\big(g(f)\big) = \int_0^1 g(f)\,\mathrm{d}f = \int_0^1 \frac{m}{u}(1-f)^{\beta}\,\mathrm{d}f = \frac{m}{u(\beta+1)}$$

该期望值表示供应商设计返工率的平均水平，其与依赖度 m 成正比，与协同度 u 成反比。

证毕。

2.3.3 信息交流时间间隔均匀条件下供应商参与模式决策模型构建及求解

1. 供应商参与模式决策模型的构建

根据复杂装备研制过程与主制造商−供应商的协同模式特征，本节做出以下假设。

假设 2.1 为研究供应商参与模式的方便性，假定复杂装备某一阶段的研制任务由一个主制造商和一个供应商协同完成，其中主制造商研制活动的完成时间为 T，主制造商与供应商之间存在着信息依赖与联系。

假设 2.2 供应商的研制活动需要主制造商的研制信息才能顺利开展，假设主制造商与供应商之间的信息交流是单向传递的，即供应商研制活动的开展需要主制造商的某些研制信息，而主制造商研制活动的进行不需要供应商的研制信息。

假设 2.3 假设在主制造商研制活动进行到 $t_0 \geqslant 0$ 时刻，供应商再参与到复杂装备协同研制过程中，并且，供应商与主制造商的信息交流时间间隔是均匀离散分布的，设供应商在 $T - t_0$ 时间段内与主制造商进行 n 次信息交流，其中 $n > 1$，则每次信息交流的时间间隔为 $\Delta t = \dfrac{T - t_0}{n - 1}$。

在供应商提前参与复杂装备的协同研制过程中（图 2.19），A 为主制造商的研制任务，B 为供应商的研制任务，在 t_0 时刻供应商参与到协同研制中，并在之后的 $T - t_0$ 时间段内与主制造商进行信息交流，供应商的每个 Δt 时间段可分为设计返工时间（根据主制造商最新的研制信息供应商需进行设计返工的时间），以及有效工作时间。

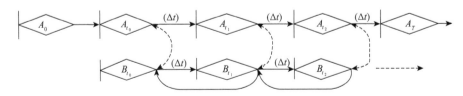

图 2.19 供应商提前参与复杂装备协同研制示意图

由供应商的设计返工率公式（2.2），可以得到设计返工时间为

$$t_i^r = g(t_i)\Delta t \tag{2.3}$$

有效工作时间为

$$t_i^e = \left[1 - g(t_i)\right]\Delta t \tag{2.4}$$

其中，$t_i = t_0 + (i-1)\Delta t$，$i = 1, 2, \cdots, n-1$。

那么，供应商总的设计返工时间和总的有效工作时间分别为

$$T_{\text{Rework}} = \sum_{i=1}^{n-1} t_i^r = \sum_{i=1}^{n-1} g(t_i)\Delta t \tag{2.5}$$

$$T_{\text{Effect}} = \sum_{i=1}^{n-1} t_i^e = \sum_{i=1}^{n-1} \left[1 - g(t_i)\right]\Delta t \tag{2.6}$$

供应商提前参与复杂装备协同研制过程产生的增量收益为

$$\pi = aT_{\text{Effect}} - T_{\text{Rework}}c - (n-1)(b_1 + b_2) \tag{2.7}$$

其中，aT_{Effect} 为供应商提前参与复杂装备协同研制增加的利润（a 为该复杂装备单位时间的市场边际利润率）；$T_{\text{Rework}}c$ 为供应商的设计返工成本（c 为供应商单位时间的设计返工成本）；$(n-1)(b_1 + b_2)$ 为主制造商和供应商的信息交流成本（b_1、b_2 分别为主制造商和供应商单位时间的信息交流成本）。

结合式（2.1）、式（2.2），本书只考虑 $\alpha = 1$，$\beta = 1$，主制造商研制活动的知识累积率和供应商的设计返工率均是线性函数：

$$g(t_i) = \frac{m}{u}\frac{k}{w}\left[1 - \left(\frac{t_i}{T}\right)\right] \tag{2.8}$$

将式（2.8）代入式（2.5）、式（2.6），可以分别求得供应商在 $T - t_0$ 时间内总的设计返工时间和总的有效工作时间，分别为

$$T_{\text{Rework}} = \frac{mk(T - t_0)^2 n}{2uw(n-1)T} \tag{2.9}$$

$$T_{\text{Effect}} = T - t_0 - \frac{mk(T - t_0)^2 n}{2uw(n-1)T} \tag{2.10}$$

2. 模型求解

为使供应商提前参与复杂装备协同研制过程获得最大的全局收益量，结合式（2.7）、式（2.9）、式（2.10），将该问题转化为如下的最优化问题：

$$\max \pi = a(T - t_0) - (n-1)(b_1 + b_2) - (a+c)\frac{mk(T - t_0)^2 n}{2uw(n-1)T}$$

$$\text{s.t.} \begin{cases} n > 1 \\ 0 \leqslant t_0 \leqslant T \\ a \geqslant 0 \\ b_1 \geqslant 0 \\ b_2 \geqslant 0 \\ c \geqslant 0 \end{cases} \qquad (2.11)$$

由式（2.11）得其一阶偏导为

$$\frac{\partial \pi}{\partial t_0} = -a + \frac{mk(a+c)(T-t_0)n}{uwT(n-1)}$$

$$\frac{\partial \pi}{\partial n} = -(b_1 + b_2) + \frac{mk(a+c)(T-t_0)^2}{2uwT(n-1)^2}$$

二阶偏导为

$$A = \frac{\partial^2 \pi}{\partial t_0^2} = -\frac{mk(a+c)n}{uwT(n-1)}$$

$$B = \frac{\partial^2 \pi}{\partial t_0 \partial n} = -\frac{mk(a+c)(T-t_0)}{uwT(n-1)^2}$$

$$C = \frac{\partial^2 \pi}{\partial n^2} = -\frac{mk(a+c)(T-t_0)^2}{uwT(n-1)^3}$$

$$B^2 - AC = -\frac{m^2 k^2 (a+c)^2 (T-t_0)^2}{u^2 w^2 T^2 (n-1)^3}$$

为求得目标函数 π 的极值，进行如下讨论。

（1）当 $B^2 - AC \neq 0$ 时，由主制造商的执行度 $w > 0$，复杂装备的复杂度 $k > 0$，供应商的协同度 $u > 0$，供应商研制活动对主制造商研制信息的依赖度 $m > 0$，并且供应商提前参与的时间 $t_0 < T$，供应商与主制造商的信息交流次数 $n > 1$ 等条件成立，可以看出，$B^2 - AC < 0$，$A < 0$，从而 π 存在极大值，此时为求供应商最优参与时间及其与主制造商的最优信息交流次数，令一阶偏导为零得

$$\frac{\partial \pi}{\partial t_0} = -a + \frac{mk(a+c)(T-t_0)n}{uwT(n-1)} = 0$$

$$\frac{\partial \pi}{\partial n} = -(b_1 + b_2) + \frac{mk(a+c)(T-t_0)^2}{2uwT(n-1)^2} = 0$$

解之得

$$\begin{cases} t_0^* = T - \dfrac{auwT}{mk(a+c)}\left[1 - \dfrac{1}{a}\sqrt{\dfrac{2mk(a+c)(b_1+b_2)}{uwT}}\right] \\[4mm] n^* = a\sqrt{\dfrac{uwT}{2mk(a+c)(b_1+b_2)}} \end{cases} \tag{2.12}$$

（2）当 $B^2 - AC = 0$ 时，有以下三种情况。

第一种情况：$m = 0$，供应商研制活动对主制造商研制信息的依赖度为零，表示主制造商的研制信息对供应商研制活动的影响微乎其微，当主制造商研制活动的研制信息发生变化时，供应商的研制活动不受影响，不会造成供应商研制活动的设计返工。

第二种情况：$k = 0$，复杂装备的复杂度为零，即进行协同研制的复杂装备的复杂性以及技术的创新度为零，主制造商研制活动的知识累积率为 100%，主制造商的研制信息不存在不确定性，供应商也不会因主制造商研制信息的变化而发生设计返工。

第三种情况：$t_0 = T$，表示供应商的研制活动是在主制造商研制活动全部完成之后才开始的，其可能的原因是复杂装备的复杂度非常高（$k \approx 1$），主制造商研制信息的不确定性非常大，或者供应商的研制开展非常依赖主制造商的研制信息（$m \approx 1$），如果供应商贸然提前参与，一旦主制造商的研制信息发生更改，将会产生极高的设计返工成本。

定理 2.3　在供应商提前参与复杂装备协同研制的条件下，供应商最优参与时间 t_0^* 随着复杂装备的复杂度 k 的增加而不断增加。

证明　由式（2.12）得

$$\frac{\partial t_0^*}{\partial k} = \frac{\left(auwT - \sqrt{\dfrac{mkuw(a+c)(b_1+b_2)T}{2}}\right)}{\left[m(a+c)k^2\right]}$$

又由于供应商提前参与的条件 $t_0^* \leqslant T$ 成立，可得到

$$t_0^* = T - \frac{auwT}{mk(a+c)}\left[1 - \frac{1}{a}\sqrt{\frac{2mk(a+c)(b_1+b_2)}{uwT}}\right] \leqslant T$$

$$a^2 \geqslant \frac{2mk(a+c)(b_1+b_2)}{uwT} > \frac{mk(a+c)(b_1+b_2)}{2uwT}$$

从而 $\left(auwT - \sqrt{\dfrac{mkuw(a+c)(b_1+b_2)T}{2}}\right) > 0$，即 $\dfrac{\partial t_0^*}{\partial k} > 0$ 成立。

由此说明供应商最优参与时间 t_0^* 是复杂装备复杂度 k 的增函数。具体来说，

复杂装备研制创新的复杂度越大，需要的知识累积越高，供应商相对越晚参与，以便获得足够多的主制造商研制信息来降低自身研制活动的不确定性，增加知识累积量，减少研制过程中的设计返工，提高研制过程的质量。

证毕。

根据定理 2.3，同理可以证明，在供应商提前参与的条件下，t_0^* 是主制造商执行度 w、供应商协同度 u、单位时间的市场边际利润率 a 的减函数；t_0^* 是供应商研制活动对主制造商研制信息的依赖度 m、单位时间的信息交流成本 b_1 和 b_2、单位时间的设计返工成本 c 的增函数。

定理 2.4 在供应商提前参与复杂装备协同研制的条件下，供应商与主制造商的最优信息交流次数 n^* 随着复杂装备复杂度 k 的增加而不断减少。

证明 由式（2.12）得

$$\frac{\partial n^*}{\partial k} = -\frac{1}{2}\left[\frac{uwT}{2m(a+c)(b_1+b_2)}\right]^{\frac{1}{2}} k^{-\frac{3}{2}} < 0$$

供应商最优信息交流次数 n^* 是复杂装备复杂度 k 的减函数，即复杂装备复杂度越大，则供应商与主制造商的信息交流次数越少。这个结论与一般的直觉相反，一般认为，复杂装备的复杂度越大，供应商与主制造商的信息交流次数越多，信息沟通应该越频繁。

下面从设计返工的角度对此进行严格的证明。在复杂装备的复杂度 k 较大时，加大供应商与主制造商信息交流的时间间隔 Δt 是合理的选择。

首先由 $\Delta t = \dfrac{T - t_0}{n-1}$ 可知，最优信息交流次数越少，则说明主制造商与供应商之间信息交流的时间间隔 Δt 越大，在供应商提前参与协同研制中，供应商总的设计返工时间由式 $T_{\text{Rework}} = \dfrac{mk(T-t_0)^2 n}{2uw(n-1)T}$ 确定，因此有下式成立：

$$\frac{\partial T_{\text{Rework}}}{\partial k} = \frac{m(T-t_0)^2 n}{2uw(n-1)T} > 0 \,, \quad \frac{\partial T_{\text{Rework}}}{\partial n} = -\frac{mk(T-t_0)^2}{2uw(n-1)^2 T} < 0$$

上式说明供应商研制活动设计返工时间是复杂装备的复杂度 k 的增函数，即复杂装备的复杂度越高则供应商设计返工时间越长；设计返工时间是供应商与主制造商的信息交流次数 n 的减函数，即随着信息交流次数的增加，供应商的设计返工时间越短。

由上式可得

$$\left|\frac{\partial T_{\text{Rework}}}{\partial k}\right| - \left|\frac{\partial T_{\text{Rework}}}{\partial n}\right| = \frac{m(T-t_0)^2 n}{2uw(n-1)T} + \frac{mk(T-t_0)^2}{2uw(n-1)^2 T} = \frac{m(T-t_0)^2}{2uw(n-1)T}\frac{n(n-1)+k}{n-1}$$

由于 $n>1$，有 $n(n-1)>1$ 成立，而复杂装备的复杂度 $k\leqslant 1$，因此有

$$\left|\frac{\partial T_{\text{Rework}}}{\partial k}\right| - \left|\frac{\partial T_{\text{Rework}}}{\partial n}\right| > 0$$

此不等式说明，每增加一个单位复杂装备的复杂度所增加的供应商设计返工时间要比每增加一个单位信息交流次数所减少的设计返工时间大。因此，在复杂装备的复杂度增加一个单位时，如果信息交流次数也增加一个单位，从而减少供应商与主制造商之间信息交流的时间间隔，此时所获得的设计返工时间的减少不能抵消由复杂度增加而导致的设计返工时间的增加，从而增加了供应商总的设计返工时间。因此在这种情况下，减少供应商与主制造商的信息交流次数，适当增加供应商与主制造商之间信息交流的时间间隔，待主制造商研制活动的不确定性减少到一定程度之后，再进行信息交流是合理的选择。

证毕。

定理 2.5　在航空复杂装备协同研制过程中，随着主制造商与供应商信息交流次数 n 的增加，供应商最优参与时间 t_0^* 减小，并最终趋向于一个稳定值 $t_0^{**} = \left[1 - \dfrac{auw}{mk(a+c)}\right]T$。

证明　将式（2.11）所示的目标函数对 t_0 求偏导，并令其为零得

$$\frac{\partial \pi}{\partial t_0} = -a + \frac{mk(a+c)(T-t_0)n}{uwT(n-1)} = 0$$

解得供应商最优参与时间 t_0^* 与信息交流次数 n 之间的关系：

$$t_0^* = T\left[1 - \frac{auw}{mk(a+c)}\left(1 - \frac{1}{n}\right)\right]$$

其一阶条件为 $\dfrac{\partial t_0^*}{\partial n} = -\dfrac{auwT}{mk(a+c)}\left(1 + \dfrac{1}{n^2}\right) < 0$，可证 t_0^* 是 n 的减函数，并且当

$n \to \infty$ 时，供应商最优参与时间收敛于 $t_0^{**} = \left[1 - \dfrac{auw}{mk(a+c)}\right]T$。

证毕。

由此可知，在复杂装备协同研制过程中，主制造商与供应商过度频繁的信息交流不会有效减少供应商的参与时间，缩短研制周期，相反，会由于过多的交流造成资源的浪费，增加了研制成本。

综合定理 2.3 ~ 定理 2.5，供应商的最优参与时间以及供应商与主制造商的最优信息交流次数受多个因素的影响，在实际研制过程中，应根据具体情况（k、w、u、m、b_1、b_2、a、c 的具体大小）确定供应商的最优参与时间以及供应商与主制造商的最优信息交流次数，选择合适的参与模式，提高复杂装备的研制效率。

3. 供应商参与模式判定条件

在主制造商–供应商模式下，基于协同研制中主制造商研制活动知识累积的机理以及供应商研制活动设计返工的机理，供应商存在三种参与模式，包括串行参与模式、部分重叠参与模式以及并行参与模式。

（1）供应商采取串行参与模式的条件：

$$t_0^* = T - \frac{auwT}{mk(a+c)}\left[1 - \frac{1}{a}\sqrt{\frac{2mk(a+c)(b_1+b_2)}{uwT}}\right] \geqslant T$$

解得

$$\frac{mk}{uw} \geqslant \frac{a^2 T}{2(a+c)(b_1+b_2)} \tag{2.13}$$

式（2.13）说明在复杂装备的复杂度和供应商研制活动对主制造商研制信息的依赖度乘积与主制造商执行度和供应商协同度乘积的比值满足此条件时，供应商只能采取串行参与模式，不能提前参与。一方面，由于复杂装备的复杂度很高，供应商的研制活动对主制造商研制信息存在依赖，供应商在没有获得足够多主制造商研制信息的情况下提前参与，会造成研制活动极大的不确定性，产生过高的设计返工率。另一方面，由于供应商协同度非常低，如标准件供应商，其努力程度及合作程度对研制过程影响很小，一般采取串行参与模式。

（2）供应商采取并行参与模式的条件：

$$t_0^* = T - \frac{auwT}{mk(a+c)}\left[1 - \frac{1}{a}\sqrt{\frac{2mk(a+c)(b_1+b_2)}{uwT}}\right] \leqslant 0$$

解得

$$\sqrt{\frac{2mk(a+c)(b_1+b_2)}{uwT}} \leqslant a - \frac{mk}{uw}(a+c) \tag{2.14}$$

式（2.14）说明在主制造商的执行度与供应商的协同度很高，并满足上述条件时，供应商采取并行参与模式。采取这种模式的大都为战略供应商，其与主制造商形成了长期的战略协同关系，进行复杂装备研制的协同度很高，并与主制造商共担研制风险，共享合作收益，保证研制过程的顺利进行。

（3）供应商采取部分重叠参与模式的条件：

$$\frac{mk}{uw} < \frac{a^2 T}{2(a+c)(b_1+b_2)}, \quad \sqrt{\frac{2mk(a+c)(b_1+b_2)}{uwT}} > a - \frac{mk}{uw}(a+c)$$

当各参数满足上述条件时，供应商采取部分重叠参与模式，采取该模式的大都为核心供应商，在实际研制中，综合考虑复杂装备的复杂度、主制造商的执行度、供应商的协同度等多个因素，决定供应商具体参与时间及其与主制造商的信息交流次数。

在建立模型之初，假设信息交流时间间隔是平均分布的，而在实际研制过程中，供应商与主制造商的信息交流往往发生在复杂装备研制的里程碑事件上，因此，供应商参与模式选择的结果可以给实际的研制过程提供一定的参考，这 n^* 次的信息交流可以按照实际情况分配在供应商参与之后的里程碑事件上。

4. 算例分析

在飞机制造过程中，起落架的设计包括起落架结构的设计、起落架液压控制系统的设计以及液压系统的安装调试，主制造商负责起落架结构的设计，而供应商负责起落架液压控制系统的设计以及液压系统的安装调试。起落架液压控制系统需要根据飞机起落架总体对液压控制系统所提出的操纵要求、性能品质要求、可靠性要求进行设计。

在追求飞机安全与速度的现状下，起落架的结构设计在飞机制造中起到越来越重要的作用，其复杂度也越来越高。

（1）将产品设计复杂度 k 简化为五个等级，分别为 $k_1 = 0.2$，$k_2 = 0.4$，$k_3 = 0.6$，$k_4 = 0.8$，$k_5 = 0.9$，起落架设计的复杂度取 $k = 0.4$。

（2）主制造商的执行度 w 简化为五个等级，分别为 $w_1 = 0.2$，$w_2 = 0.4$，$w_3 = 0.6$，$w_4 = 0.8$，$w_5 = 0.9$，主制造商的执行度取 $w = 0.6$。

（3）将供应商对主制造商的依赖度 m 简化为五个等级，分别为非常依赖（$m = 0.9$）、很依赖（$m = 0.8$）、依赖（$m = 0.6$）、一般依赖（$m = 0.4$）、较少依赖（$m = 0.2$），起落架液压控制系统的设计对于起落架结构的设计一般依赖，取 $m = 0.4$。

（4）将供应商的协同度 u 简化为五个等级，分别为 $u_1 = 0.2$，$u_2 = 0.4$，$u_3 = 0.6$，$u_4 = 0.8$，$u_5 = 0.9$，供应商的协同度取 $u = 0.6$。

在飞机正式研制之前，飞机制造商与客户签订合同，根据客户要求，初步确定各个阶段的设计程序与时间，对于起落架的设计，经过查阅相关资料获得各项参数，见表 2.2 和表 2.3。对于起落架的设计，绘制主制造商进行结构设计、供应商进行液压控制系统设计的多层次 GERT 网络，如图 2.20 所示。

表 2.2　相关参数

参数名称	起落架结构设计完成时间 T/天	单位时间的市场边际利润率 a/元	主制造商单位时间的信息交流成本 b_1/元	供应商单位时间的信息交流成本 b_2/元	供应商单位时间的设计返工成本 c/元
参数值	40	8000	500	650	3500

表 2.3　主制造商研制活动时间参数表

(i,j)	$(0,1)$	$(1,2)$	$(2,3)$	$(3,4)$	$(4,5)$
活动	手柄组件设计	活门组件设计	车轮组件设计	制动组件设计及性能分析	减震器组件设计及性能分析
时间参数/天	5.5	4	5	12.5	13

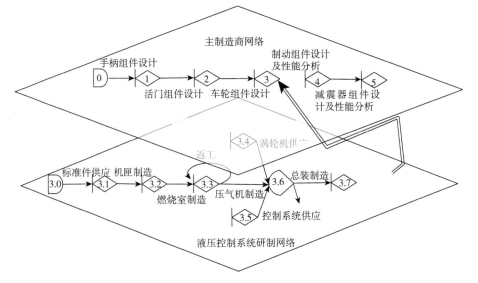

图 2.20　飞机起落架设计多层次 GERT 网络示意图

建立模型：

$$\max \pi = a(T - t_0) - (n-1)(b_1 + b_2) - (a+c)\frac{mk(T-t_0)^2 n}{2uw(n-1)T}$$

$$\text{s.t.} \begin{cases} n > 1 \\ 0 \leqslant t_0 \leqslant 40 \\ a > 0 \\ b_1 > 0 \\ b_2 > 0 \\ c > 0 \end{cases}$$

解之得

$$\begin{cases} t_0^* = T - \dfrac{auwT}{mk(a+c)}\left[1 - \dfrac{1}{a}\sqrt{\dfrac{2mk(a+c)(b_1+b_2)}{uwT}}\right] \\[3mm] n^* = a\sqrt{\dfrac{uwT}{2mk(a+c)(b_1+b_2)}} \end{cases}$$

代入表 2.2 中的参数值得供应商最优参与时间为 $t_0^* = 15$ 天。

最优信息交流次数为

$$n^* = a\sqrt{\frac{uwT}{2mk(a+c)(b_1+b_2)}} = 14.75 \approx 15 \text{ 次}$$

主制造商和供应商之间信息交流的平均时间间隔为

$$\Delta t = \frac{T - t_0^*}{n^* - 1} = \frac{40 - 15}{15 - 1} = 1.79 \text{（天）}$$

供应商总的设计返工时间及总的有效工作时间为

$$T_{\text{Rework}} = \frac{mk(T - t_0^*)^2 n^*}{2uw(n^* - 1)T} = 3.720 \text{ 天}$$

$$T_{\text{Effect}} = T - t_0^* - \frac{mk(T - t_0^*)^2 n^*}{2uw(n^* - 1)T} = 21.280 \text{ 天}$$

此时协同研制的增量收益为

$$\pi^* = a(T - t_0^*) - (n^* - 1)(b_1 + b_2) - (a+c)\frac{mk(T - t_0^*)^2 n^*}{2uw(n^* - 1)T} = 141\,117 \text{ 元}$$

其中主制造商额外的成本为

$$z_1 = (n^* - 1)b_1 = 7000 \text{ 元}$$

供应商支出的额外成本为

$$z_2 = (n^* - 1)b_2 + c\left[\frac{mk(T - t_0^*)^2 n^*}{2uw(n^* - 1)T}\right] = 22\,120.8 \text{ 元}$$

（1）从最优参与时间为 15 天来看，进行起落架液压控制系统设计的供应商在主制造商投入研制的第 15 天开始参与到起落架的协同设计过程中，即在主制造商完成车轮组件的设计后供应商加入到协同研制中，一方面，主制造商进行起落架的设计有了一定的知识积累，此时供应商进行液压控制系统的设计，在之后研制过程中产生的设计返工率较小，设计返工时间仅为 3.720 天；另一方面，通过供应商提前参与到协同研制中，相比于串行参与模式，研制周期减少了 21.280 天。

（2）从最优信息交流次数为 15 次来看，供应商在研制过程中获得了 15 次和主制造商的信息交流机会，这就意味着主制造商与供应商平均每 1.79 天需要进行一次信息交流与沟通，一方面，在主制造商的信息指导下，供应商的设计返工时间减少；另一方面，信息交流次数要控制在一定范围内，因为过多的信息交流次数会产生过高的交流成本。

（3）从增量收益为 141 117 元来看，供应商采取部分重叠参与模式，在第 15 天参与到研制过程中，并在此过程中与主制造商进行 15 次的信息交流，虽然主制造商和供应商都付出了额外的成本，但同时也获得了巨大的收益。另外，增量收益是信息交流成本的减函数，如果主制造商与供应商之间的信息交流成本很小，那么增量收益会很大，这也意味着在复杂装备研制过程中，如果主制造商与供应商之间能建立一个互通往来的免费平台，对双方都是很有益处的。

2.3.4　信息交流时间间隔非均匀条件下供应商参与模式决策模型构建及求解

1. 供应商参与模式决策模型构建

在 2.3.3 节中，假定在 $T-t_0$ 的时间段内，主制造商与供应商信息交流时间间隔是均匀分布的，在这个假定条件下得出了在复杂装备协同研制过程中供应商参与模式选择的判定条件。然而，在实际的研制过程中，信息交流往往是随机的，或者具有一定的规律性，因此，本节在 2.3.3 节建立的供应商参与模式选择模型的基础上，研究信息交流时间间隔非均匀条件下供应商参与模式的决策问题，同时本节有以下假设。

假设 2.4　供应商在 $T-t_0$ 时间段内与主制造商进行 n 次信息交流，其中 $n>1$，每次交流的时间节点为 $t_1,t_2,t_3,\cdots,t_{n-1}$ ，两次信息交流时间间隔分别为 $\Delta t_1,\Delta t_2,\Delta t_3,\cdots,\Delta t_{n-1}$（ t_0 与 t_1 的时间间隔为 Δt_1 ），并且各个时间间隔是不相等的。

假设 2.5　信息交流的时间间隔是客观存在的且具有一定的规律性，$\Delta t_1,\Delta t_2,\Delta t_3,\cdots,\Delta t_{n-1}$ 的大小与参与时间 t_0 无关。

信息交流时间间隔非均匀条件下，供应商提前参与复杂装备的协同研制过程的 GERT 网络如图 2.21 所示，同样的，供应商每个信息交流的时间间隔由设计返工时间和有效工作时间组成。

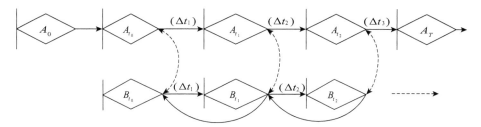

图 2.21　信息交流时间间隔非均匀条件下供应商提前参与的 GERT 网络

由设计返工率公式（2.2）可以得到设计返工时间为

$$t_i^{\mathrm{r}} = g\left(t_i\right)\Delta t_i \tag{2.15}$$

有效工作时间为

$$t_i^{\mathrm{e}} = \left[1 - g\left(t_i\right)\right]\Delta t_i \tag{2.16}$$

那么，供应商总的设计返工时间和总的有效工作时间分别为

$$T_{\mathrm{Rework}} = \sum_{i=1}^{n-1} t_i^{\mathrm{r}} = \sum_{i=1}^{n-1} g\left(t_i\right)\Delta t_i = \frac{mk}{uwT}\left[\left(T - t_0\right)^2 - \sum_{i=2}^{n-1}\Delta t_i \sum_{j=1}^{i-1}\Delta t_j\right]$$

$$T_{\mathrm{Effect}} = \sum_{i=1}^{n-1} t_i^{\mathrm{e}} = \sum_{i=1}^{n-1}\left[1 - g\left(t_i\right)\right]\Delta t_i = T - t_0 - \frac{mk}{uwT}\left[\left(T - t_0\right)^2 - \sum_{i=2}^{n-1}\Delta t_i \sum_{j=1}^{i-1}\Delta t_j\right]$$

供应商提前参与复杂装备研制过程产生的增量收益为

$$\pi = aT_{\mathrm{Effect}} - T_{\mathrm{Rework}}c - (n-1)(b_1 + b_2)$$

$$= a\left(T - t_0\right) - (n-1)(b_1 + b_2) - (a + c)\frac{mk}{uwT}\left[\left(T - t_0\right)^2 - \sum_{i=2}^{n-1}\Delta t_i \sum_{j=1}^{i-1}\Delta t_j\right]$$

为确定供应商的最优参与时间以及供应商与主制造商的最优信息交流次数，下面根据复杂装备研制活动的知识累积规律的不同，从两个方面进行讨论。

第一种情况，如图 2.22（a）所示，基于信息交流的时间间隔服从随机分布的假设，随着研制活动的进行，知识累积率呈现递增的规律，直到复杂装备研制成功而达到 100%。在研制初期，知识累积率快速上升，之后随着研制进程的进行逐渐平缓，表示知识累积主要集中在研制的开始阶段，里程碑事件在初期比较密集，里程碑事件的时间间隔呈现越来越大的趋势，而信息交流主要发生在里程碑事件节点上，这就意味着开始阶段信息交流的次数集中，信息交流的时间间隔随着研制进程的进行呈现逐渐增大的趋势，为便于定量计算，可以假设在 $T - t_0$ 时间段内信息交流时间间隔变化的趋势为逐渐递增的等差数列。

第二种情况，如图 2.22（b）所示，在复杂装备的研制初期，知识累积率缓慢增加，到一定阶段之后逐渐加快，表示知识累积主要集中在研制的中后期，里程碑事件的时间间隔呈现逐渐减小的趋势，这意味着信息交流的时间间隔随着研制的进程呈现逐渐减小的趋势，此时，可以假设在 $T-t_0$ 时间段内信息交流时间间隔变化的趋势为逐渐递减的等差数列。

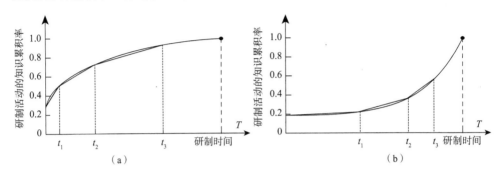

图 2.22　复杂装备研制活动知识累积率对比图

设主制造商与供应商信息交流的时间间隔服从公差为 d 的等差数列，其中 $\Delta t_1 = A$ ，$\sum_{i=1}^{n-1}\Delta t_i = T-t_0$ ，那么可以得到

$$(n-1)A + \frac{(n-1)(n-2)}{2}d = T-t_0$$

化简得到

$$A = \frac{T-t_0}{n-1} - \left(\frac{n}{2}-1\right)d$$

从而，可以得出

$$\Delta t_1 = \frac{T-t_0}{n-1} - \left(\frac{n}{2}-1\right)d , \quad \Delta t_2 = \frac{T-t_0}{n-1} - \left(\frac{n}{2}-2\right)d , \quad \cdots , \quad \Delta t_{n-1} = \frac{T-t_0}{n-1} - \left(\frac{n}{2}-n+1\right)d$$

由式（2.15）可知：$t_i^{r} = g(t_i)\Delta t_i$ ，其中，$t_i = t_0 + (i-1)A + \sum_{j=1}^{i-1}(j-1)d$ ，$i = 1,2,\cdots,n-1$ 。

$$T_{\text{Rework}} = \sum_{i=1}^{n-1} g(t_i)\Delta t_i = \frac{mk}{uw}\left(1-\frac{t_0}{T}\right)a + \frac{mk}{uw}\left(1-\frac{t_0+A}{T}\right)(A+d)$$

$$+\cdots+\frac{mk}{uw}\left[1-\frac{t_0+(i-1)A+\sum_{j=1}^{i-1}(j-1)d}{T}\right]\left[A+(i-1)d\right] \tag{2.17}$$

为了便于计算，设在每个信息交流的时刻，$g(t_i) = \dfrac{mk}{uw}\left[1 - \dfrac{t_0 + (i-1)\dfrac{T-t_0}{n-1}}{T}\right]$，代

入式（2.17），化简得

$$T_{\text{Rework}} = \frac{mkn(T-t_0)^2}{2(n-1)uwT} - \frac{mkn(n-2)d(T-t_0)}{4uwT} + \frac{mkn(n-2)d(T-t_0)}{6uwT}$$

$$\qquad (2.18)$$

$$= \frac{mkn(T-t_0)^2}{2(n-1)uwT} - \frac{mkn(n-2)d(T-t_0)}{12uwT}$$

2. 模型求解

在信息交流时间间隔服从公差为 d 的等差数列的情况下，结合式（2.11）、式（2.18），建立供应商提前参与复杂装备协同研制的最优化模型：

$$\max \pi = a(T-t_0) - (n-1)(b_1+b_2) - (a+c)\left[\frac{mkn(T-t_0)^2}{2(n-1)uwT} - \frac{mkn(n-2)d(T-t_0)}{12uwT}\right]$$

$$\text{s.t.}\begin{cases} n > 1 \\ 0 \leqslant t_0 \leqslant T \\ a > 0 \\ b_1 > 0 \\ b_2 > 0 \\ c > 0 \\ t_0 - T < d \leqslant T - t_0 \end{cases}$$

对目标函数求偏导得

$$\frac{\partial \pi}{\partial t_0} = -a + \frac{mkn(a+c)(T-t_0)}{uwT(n-1)} - \frac{mkd(a+c)n(n-2)}{12uwT}$$

$$\frac{\partial \pi}{\partial n} = -(b_1+b_2) + \frac{mk(a+c)(T-t_0)^2}{2uwT(n-1)^2} + \frac{mkd(a+c)(T-t_0)(n-1)}{6uwT}$$

$$A = \frac{\partial^2 \pi}{\partial t_0^2} = -\frac{mk(a+c)n}{uwT(n-1)}$$

$$B = \frac{\partial^2 \pi}{\partial t_0 \partial n} = -\frac{mk(a+c)(T-t_0)}{uwT(n-1)^2} - \frac{mkd(a+c)(n-1)}{6uwT}$$

$$C = \frac{\partial^2 \pi}{\partial n^2} = -\frac{mk(a+c)(T-t_0)^2}{uwT(n-1)^3} + \frac{mkd(a+c)(T-t_0)}{6uwT}$$

$$B^2 - AC = -\frac{m^2k^2(a+c)^2(T-t_0)^2}{u^2w^2T^2(n-1)^3} + \frac{m^2k^2d(a+c)^2(T-t_0)(n+2)}{6u^2w^2T^2(n-1)}$$
$$+ \frac{m^2k^2d^2(a+c)^2(n-1)^2}{36u^2w^2T^2}$$

如果目标函数存在极大值，需要满足 $B^2 - AC < 0$ ，$A = \frac{\partial^2 \pi}{\partial t_0^2} < 0$ ，由于

$-\frac{mk(a+c)n}{uwT(n-1)} < 0$ ，只需要满足 $\frac{m^2k^2(a+c)^2(T-t_0)^2}{u^2w^2T^2(n-1)^3} > \frac{m^2k^2d(a+c)^2(T-t_0)(n+2)}{6u^2w^2T^2(n-1)} +$

$\frac{m^2k^2d^2(a+c)^2(n-1)^2}{36u^2w^2T^2}$ 这个条件，即可求得供应商参与时间 t_0 和主制造

商与供应商信息交流次数 n 的极值。

最优的参与时间和最优的信息交流次数由下列条件决定：

$$\begin{cases} \dfrac{\partial \pi}{\partial t_0} = -a + \dfrac{mkn(a+c)(T-t_0)}{uwT(n-1)} - \dfrac{mkd(a+c)n(n-2)}{12uwT} = 0 \\ \dfrac{\partial \pi}{\partial n} = -(b_1 + b_2) + \dfrac{mk(a+c)(T-t_0)^2}{2uwT(n-1)^2} + \dfrac{mkd(a+c)(T-t_0)(n-1)}{6uwT} = 0 \end{cases}$$

化简得

$$\begin{cases} \dfrac{n^*(T-t_0^*)}{n^*-1} + \dfrac{dn^*(n^*-2)}{12} = \dfrac{auwT}{mk(a+c)} \\ \dfrac{3(T-t_0^*)^2}{(n^*-1)^2} + d(T-t_0^*)(n^*-1) = \dfrac{6uwT(b_1+b_2)}{mk(a+c)} \end{cases} \tag{2.19}$$

为了解信息交流时间间隔非均匀条件下供应商参与时间及其与主制造商信息交流次数的变化规律，将式（2.19）应用于算例中，当 $d=2$ 时，将各参数代入式（2.19），可以得到供应商的最优参与时间为 $t_0^*=13.80$ 天。供应商与主制造商的最优交流次数为 $n^*=10.05$ 次。

同理取 $d = -5, -4, -3, -2, -1, 0, 1, 2, 3, 4, 5$ ，使用 MATLAB 软件，计算得到供应商最优参与时间及其与主制造商的最优信息交流次数，如表 2.4 所示。

表 2.4　供应商的最优参与时间及其与主制造商的最优信息交流次数数值表

d	-5	-4	-3	-2	-1	0	1	2	3	4	5
t_0^* /天	18.90	18.31	17.86	16.80	16.17	15.00	14.19	13.80	13.09	12.57	12.05
n^* /次	9.28	9.36	9.43	9.55	9.63	9.83	9.92	10.05	10.13	10.30	10.44

3. 模型分析

由上述算例的分析结果可以看出，不同的 d 对应不同的 t_0^* 和 n^*，如图 2.23 所示，从供应商最优参与时间 t_0^* 随着公差 d 的变化规律可以看出，随着公差 d 的逐渐增大，供应商的最优参与时间越来越小，即当里程碑事件在研制初期比较集中时，供应商需更早地参与到复杂装备的协同研制中，以分担主制造商的研制创新压力；从供应商与主制造商的最优信息交流次数 n^* 随公差 d 的变化规律可以看出，随着公差 d 越来越大，供应商与主制造商的最优信息交流次数 n^* 基本保持不变，这说明虽然供应商的参与时间呈现逐渐增大的趋势，里程碑事件的时间间隔不断变化，但由于里程碑事件总数基本不变，只是疏密的阶段发生偏移，供应商与主制造商的信息交流发生于需要进行知识信息共享的里程碑事件上，故而最优信息交流次数 n^* 基本不变是符合客观实际的。

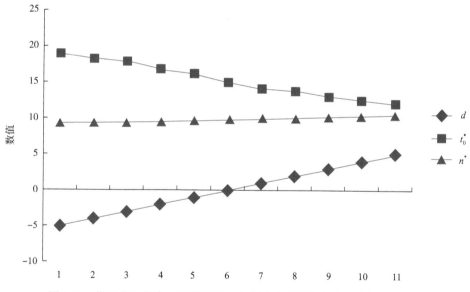

图 2.23　供应商最优参与时间及其与主制造商最优信息交流次数的规律图

这部分主要从复杂装备协同研制过程出发，考虑主制造商的执行度以及复杂装备的复杂度，基于主制造商进行创新研制活动，不断累积知识信息，进而提高自身成熟度，提出知识累积函数来表示主制造商研制活动的信息累积过程；考虑供应商的依赖度与协同度，基于供应商参与协同创新研制活动，根据主制造商研制活动的信息反馈，指导自身研制活动，保证研制进程、减少设计返工，提出设计返工函数来形式化供应商研制活动的设计返工进程，并在此基础上，从供应商与主制造商信息交流时间间隔均匀分布和非均匀分布两种情况考虑，通过建立信息交流时间间隔均匀条件下的供应商参与模式决策模型，研究得出复杂装备的复杂度、主制造商的执行度、供应商对主制造商的依赖度、供应商的协同度等因素与供应商最优参与时间的关系，信息交流次数与最优参与时间的关系，以及供应商选择三种参与模式的判定条件；通过建立信息交流时间间隔非均匀条件下的供应商参与模式决策模型，得出供应商最优参与时间和最优信息交流次数随信息交流时间间隔公差变化的规律性，为复杂装备的实际研制过程提供参考及建议。

2.4　不同参与模式下复杂装备供应商实施策略研究

本节在 2.3 节的基础上进一步研究在复杂装备协同研制过程中，供应商在不同参与模式下的实施策略。由 2.3 节可以知道供应商不同参与模式的判定条件，但这是站在供应链整体利益最大化的角度上研究的，而对于供应商来说，仍需进一步研究其具体选择什么参与模式以及选择某一参与模式后具体的实施策略。

2.4.1　提前参与模式下的供应商实施策略

供应商的提前参与模式包括并行参与模式和部分重叠参与模式。在供应商采取并行参与模式和部分重叠参与模式的情况下，复杂装备的研制时间缩短，产品能够更早地交予客户或者产生实际用途，获得很大的市场收益；而对供应商来说，供应商的提前参与必然产生附加的设计返工成本，需要付出一定的代价。因此，为激励供应商采取提前参与模式，主制造商有必要设计一定的利益分配机制，对供应商进行利益补偿，以保证复杂装备协同研制过程能以尽可能短的研制周期顺利完成。此时，供应商的实施策略建立在主制造商最优利益分配的基础上，选择合适的参与时间与信息交流次数进行实施。

主制造商-供应商的协同研制是一个合作均衡的过程，为了对合作均衡的问题进行利益分配，本节根据主制造商与供应商对复杂装备研制贡献的不同，提出带分配系数的效用函数，并假定主制造商和供应商对复杂装备研制的贡献度分别用分配系数 λ_1 和 λ_2 表示，且 $\lambda_1 + \lambda_2 = 1$。

对于合作均衡的利益分配问题，已知参与主体个数为 n，记 $N = \{1, 2, \cdots, n\}$ 为参与主体的集合，合作总收益为 $v(N)$，U_i 为参与主体 i 的效用函数，合作之初的利益分配为 $d = \{d_1, d_2, \cdots, d_n\}$，$d$ 称为合作起点状态，设合作均衡的利益分配向量为 $X = \{x_1, x_2, \cdots, x_n\}$，那么最优利益分配向量 $X^* = \{x_1^*, x_2^*, \cdots, x_n^*\}$，供应商利益分配求解模型即为式（2.20）：

$$\max \prod_{i=1} \big[U_i(x_i) - U_i(d_i) \big]$$

$$\text{s.t.} \begin{cases} \displaystyle\sum_{i=1}^{n} x_i = v(N) \\ x_i \geqslant d_i \end{cases} \quad (2.20)$$

在并行参与模式和部分重叠参与模式下，供应商参与复杂装备协同研制利益分配模型的求解过程如下。

（1）确定利益分配量 x_i 的取值范围。复杂装备协同研制供应链的最大增量收益为

$$\pi^* = a\big(T - t_0^*\big) - \big(n^* - 1\big)(b_1 + b_2) - (a + c)\frac{mk\big(T - t_0^*\big)^2 n^*}{2uw(n^* - 1)T} \quad (2.21)$$

其中，

$$\begin{cases} t_0^* = T - \dfrac{auwT}{mk(a+c)}\left[1 - \dfrac{1}{a}\sqrt{\dfrac{2mk(a+c)(b_1+b_2)}{uwT}} \right] \\ n^* = a\sqrt{\dfrac{uwT}{2mk(a+c)(b_1+b_2)}} \end{cases} \quad (2.22)$$

如果在复杂装备协同研制中，供应商采取并行参与模式或者部分重叠参与模式，将式（2.21）、式（2.22）进行整理得其最大的增量收益为

$$\pi^* = \left[\sqrt{\frac{a^2 uwT}{2mk(a+c)}} - \sqrt{(b_1 + b_2)} \right]^2 \quad (2.23)$$

设主制造商和供应商的利益分配量分别为 x_1 和 x_2，在供应商提前参与复杂装备协同研制的过程中，主制造商的成本为信息交流成本 $(n^* - 1)b_1$，因此，x_1 满足条件 $(n^* - 1)b_1 \leqslant x_1 \leqslant \pi^*$；供应商的成本包括设计返工成本和信息交流成本，其总成本为 $\left[T - t_0^* - \dfrac{mk\big(T - t_0^*\big)^2 n^*}{2uw(n^* - 1)T} \right]c + (n^* - 1)b_2$，供应商提前参与复杂装备协同研制过程需满足如下条件：

$$\left[T - t_0^* - \frac{mk\big(T - t_0^*\big)^2 n^*}{2uw(n^* - 1)T} \right]c + (n^* - 1)b_2 \leqslant x_2 \leqslant \pi^*$$

设 $z_1 = (n^* - 1)b_1$ 和 $z_2 = \left[T - t_0^* - \dfrac{mk(T - t_0^*)^2 n^*}{2uw(n^* - 1)T} \right]c + (n^* - 1)b_2$，则

$$\begin{cases} z_1 \leqslant x_1 \leqslant \pi^* \\ z_2 \leqslant x_2 \leqslant \pi^* \end{cases}$$

（2）构建主制造商和供应商协同研制的收益函数：

$$U_i(x_i) = (x_i - z_i)^{\lambda_i}$$

根据式（2.20）的合作均衡方程建立利益分配函数模型：

$$\max Y = (x_1 - z_1)^{\lambda_1}(x_2 - z_2)^{\lambda_2}$$

$$\text{s.t.} \begin{cases} z_1 \leqslant x_1 \leqslant \pi^* \\ z_2 \leqslant x_2 \leqslant \pi^* \\ x_1 + x_2 = \pi^* \end{cases} \quad (2.24)$$

（3）求解方程，运用拉格朗日方法对式（2.24）进行分析。

令 $f_1 = x_1 - z_1$ 和 $f_2 = x_2 - z_2$，则式（2.24）变为

$$\max Y = f_1^{\lambda_1} f_2^{\lambda_2}$$

$$\text{s.t.} \begin{cases} f_1 \leqslant \pi^* - z_1 \\ f_2 \leqslant \pi^* - z_2 \\ f_1 + f_2 = \pi^* - z_1 - z_2 \end{cases}$$

构造拉格朗日函数：

$$L = f_1^{\lambda_1} f_2^{\lambda_2} + \mu(f_1 + f_2 + z_1 + z_2 - \pi^*)$$

其最优解由下面的一阶导数条件决定：

$$\frac{\partial L}{\partial f_1} = \lambda_1 f_1^{\lambda_1 - 1} f_2^{\lambda_2} + \mu = 0$$

$$\frac{\partial L}{\partial f_2} = \lambda_2 f_2^{\lambda_2 - 1} f_1^{\lambda_1} + \mu = 0$$

$$\frac{\partial L}{\partial \mu} = f_1 + f_2 + z_1 + z_2 - \pi^* = 0$$

由上式可以得到

$$\lambda_1 f_2 = \lambda_2 f_1$$

由此可得 $f_2 = \dfrac{\lambda_2}{\lambda_1} f_1$，将其代入 $\dfrac{\partial L}{\partial \mu} = f_1 + f_2 + z_1 + z_2 - \pi^* = 0$ 可得

$$\begin{cases} f_1 = \lambda_1 \left(\pi^* - z_1 - z_2 \right) \\ f_2 = \lambda_2 \left(\pi^* - z_1 - z_2 \right) \end{cases}$$

因此，主制造商和供应商所分配的利益分别为

$$\begin{cases} x_1 = \lambda_1 \left(\pi^* - z_1 - z_2 \right) + z_1 \\ x_2 = \lambda_2 \left(\pi^* - z_1 - z_2 \right) + z_2 \end{cases} \quad (2.25)$$

从而可以得到在提前参与模式下，供应商得到的利益补偿为

$$S \geqslant \lambda_2 \left[\pi^* - \left(n^* - 1 \right) \left(b_1 + b_2 \right) \right] + \left(1 - \lambda_2 \right) \left[T - t_0^* - \frac{mk \left(T - t_0^* \right)^2 n^*}{2uw \left(n^* - 1 \right) T} \right] c + \left(n^* - 1 \right) b_2 \quad (2.26)$$

从式（2.26）可以看出，在供应商提前参与复杂装备协同研制的过程中，对增量收益的最优分配方式（即对供应商的利益补偿），应由各自的分配系数 λ_1 和 λ_2 决定。

由此，结合式（2.26）和式（2.14）可以知道提前参与模式下的供应商实施策略。

（1）满足：

$$\begin{cases} S \geqslant \lambda_2 \left[\pi^* - \left(n^* - 1 \right) \left(b_1 + b_2 \right) \right] + \left(1 - \lambda_2 \right) \left[T - \frac{mkT^2 n^*}{2uw \left(n^* - 1 \right) T} \right] c + \left(n^* - 1 \right) b_2 \\ \sqrt{\frac{2mk \left(a + c \right) \left(b_1 + b_2 \right)}{uwT}} \leqslant a - \frac{mk}{uw} \left(a + c \right) \end{cases} \quad (2.27)$$

在此条件下，供应商采取并行参与模式，其最优参与时间及其与主制造商的最优信息交流次数由下列两式确定：

$$t_0^* = 0 , \quad n^* = a \sqrt{\frac{uwT}{2mk \left(a + c \right) \left(b_1 + b_2 \right)}}$$

（2）满足：

$$\begin{cases} S \geqslant \lambda_2 \left[\pi^* - \left(n^* - 1 \right) \left(b_1 + b_2 \right) \right] + \left(1 - \lambda_2 \right) \left[T - t_0^* - \frac{mk \left(T - t_0^* \right)^2 n^*}{2uw \left(n^* - 1 \right) T} \right] c + \left(n^* - 1 \right) b_2 \\ \sqrt{\frac{2mk \left(a + c \right) \left(b_1 + b_2 \right)}{uwT}} > a - \frac{mk}{uw} \left(a + c \right) , \quad \frac{mk}{uw} < \frac{a^2 T}{2 \left(a + c \right) \left(b_1 + b_2 \right)} \end{cases}$$

$$(2.28)$$

在此条件下，供应商采取部分重叠参与模式，其最优参与时间及其与主制造商的最优信息交流次数由下列两式确定：

$$t_0^* = T - \frac{auwT}{mk(a+c)}\left[1 - \frac{1}{a}\sqrt{\frac{2mk(a+c)(b_1+b_2)}{uwT}}\right], \quad n^* = a\sqrt{\frac{uwT}{2mk(a+c)(b_1+b_2)}}$$

2.4.2 串行参与模式下的供应商实施策略

在串行参与模式下，供应商未能提前参与复杂装备的协同研制，此时，为了能够缩短复杂装备的研制时间，供应商可以实施设计赶工的策略。根据 2.4.1 节中的知识累积函数，对某一固定的复杂装备和研制团队来说，研制任务结束时的新增知识总量是固定不变的，在这种情况下，对供应商实施设计赶工的策略进行模型化，通过调整研发资源来改变供应商研制活动知识累积率的演化路径（图 2.24），具体来说，供应商提前投入研制资源，快速累积研制所需的知识，提前结束研制任务，从而缩短复杂装备研制的时间。

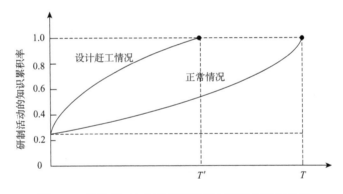

图 2.24 设计赶工与正常情况下的知识累积率对比图

为描述串行参与模式下供应商实施设计赶工的策略，假设供应商完成某研制任务所需的资源总量是固定的，并且在正常情况和设计赶工情况下有式（2.29）成立：

$$\frac{T'}{\alpha'+1} = \frac{T}{\alpha+1} \tag{2.29}$$

其中，T' 和 α' 分别为供应商在设计赶工情况下的完成时间和知识演化路径；T 和 α 分别为供应商在正常情况下的完成时间和知识演化路径。

定理 2.6 供应商采取设计赶工策略能够缩短的研制时间为 $s \leqslant \dfrac{\alpha T}{\alpha+1}$。

证明 由式（2.29）可得

$$\alpha' = \frac{T'(\alpha+1)-T}{T} \geqslant 0$$

即 $T'(\alpha+1)-T \geqslant 0$。

故有：$T' \geqslant \dfrac{T}{\alpha + 1}$ 成立，$s = T - T' \leqslant \dfrac{\alpha T}{\alpha + 1}$，得证。

其中，s 为供应商实施设计赶工策略后缩短的研制时间，但供应商能够缩短的时间是有上限条件的。

假设主制造商是风险中性的，供应商是风险规避的，那么供应商如果采取设计赶工的策略，需要承担研制风险带来的成本。a 为复杂装备单位时间的市场边际利润率，c 是供应商单位时间的设计赶工成本，则利润为 s 的线性函数：

$$\pi = as + \theta \tag{2.30}$$

并且有 $E(\pi) = E(as + \theta) = as$；$\mathrm{Var}(\pi) = \sigma^2$，$\theta$ 代表不确定性因素，供应商采取设计赶工策略付出的成本函数 $C(s) = \dfrac{1}{2} cs^2$。

考虑线性利益分配合同，供应商的利益分配为

$$S(\pi) = x_2 + \beta as - C(\pi) \tag{2.31}$$

其中，x_2 为供应商在正常情况下所分配到的利益，与 π 无关；β 为供应商分享的产出份额，$\beta = 0$ 意味着供应商不承担任何风险，$\beta = 1$ 意味着供应商承担全部风险；$C(\pi)$ 为设计赶工过程中产生的成本，由设计赶工成本和风险成本构成。

由于供应商存在风险规避特征，设 ρ 是绝对风险规避度量，则 $\dfrac{1}{2} \rho \beta^2 \sigma^2$ 是供应商的风险成本，所以供应商的利益分配为

$$S(\pi) = x_2 + \beta as - \frac{1}{2} cs^2 - \frac{1}{2} \rho \beta^2 \sigma^2 \tag{2.32}$$

对实施设计赶工策略的供应商来说，x_2 为供应商正常情况下的利益分配，那么如果设计赶工后供应商的利益分配 $S(\pi)$ 小于 x_2，供应商将不会选择设计赶工来减少复杂装备的研制时间，因此供应商选择设计赶工策略的约束条件为

$$x_2 + \beta as - \frac{1}{2} cs^2 - \frac{1}{2} \rho \beta^2 \sigma^2 \geqslant x_2$$

化简得

$$\beta as - \frac{1}{2} cs^2 - \frac{1}{2} \rho \beta^2 \sigma^2 \geqslant 0 \tag{2.33}$$

1. 信息对称条件下供应商串行参与模式的实施策略

在信息对称条件下，主制造商可以观测到供应商的研制活动，为了让供应商采取设计赶工策略以加快复杂装备研制的进程，建立供应商实施设计赶工策略后复杂装备研制供应链的增量收益模型，求解下列最优化的问题：

$$\max Z = \beta as - \frac{1}{2}cs^2 - \frac{1}{2}\rho\beta^2\sigma^2$$

$$\text{s.t.}\begin{cases} \beta as - \frac{1}{2}cs^2 - \frac{1}{2}\rho\beta^2\sigma^2 \geqslant 0 \\ 0 < s \leqslant \dfrac{\alpha T}{\alpha + 1} \\ \beta \geqslant 0 \\ a > 0 \\ c > 0 \\ \rho > 0 \end{cases} \qquad (2.34)$$

其最优化的一阶条件为

$$\frac{\partial Z}{\partial s} = \beta a - cs = 0$$

$$\frac{\partial Z}{\partial \beta} = as - \rho\beta\sigma^2 = 0$$

解之得

$$s^* = \frac{\beta a}{c}, \quad \beta^* = \frac{as}{\rho\sigma^2}$$

主制造商给予供应商的利益补偿为

$$S^* = x_2 + \frac{a^2}{2c} = \lambda_2\left[\pi^* - (n^* - 1)(b_1 + b_2)\right] + (n^* - 1)b_2 + \frac{a^2}{2c}$$

综上所述，在信息对称条件下，该利益补偿模型结果表明供应商不承担任何风险（$\beta^* = 0$），主制造商给予供应商的利益补偿等于供应商在正常情况下的利益分配加上供应商设计赶工后在复杂装备研制过程中产生的成本。因此，在信息对称条件下，供应商串行参与模式的实施策略如下。

当满足

$$\begin{cases} \dfrac{mk}{uw} \geqslant \dfrac{a^2 T}{2(a + c)(b_1 + b_2)} \\ S^* \geqslant \lambda_2\left[\pi^* - (n^* - 1)(b_1 + b_2)\right] + (n^* - 1)b_2 + \dfrac{a^2}{2c} \end{cases} \qquad (2.35)$$

时，供应商实施带有设计赶工的串行参与模式，且缩短的复杂装备研制时间为

$$s^* = \frac{\beta a}{c} \, \circ$$

2. 信息不对称条件下供应商串行参与模式的实施策略

在信息不对称条件下，主制造商不能观测到供应商的研制活动，上述的利益

补偿是不能实现的，因为 $\beta = 0$ 时，供应商最大利益补偿的目标函数如下：

$$\max S = x_2 + \beta as - \frac{1}{2}cs^2 - \frac{1}{2}\rho\beta^2\sigma^2$$

其一阶条件为

$$\frac{\partial S}{\partial s} = \beta a - cs = 0$$

在 $\beta = 0$ 时，$s = \dfrac{\beta a}{c} = 0$，可见，在主制造商不能观测到供应商实施设计赶工策略缩短研制时间的情况下，供应商采取设计赶工策略所获得的收益与供应链整体收益无关，则供应商不可能主动采取此策略。

因此，在信息不对称条件下，重新建立供应商设计赶工的最优化模型：

$$\max Z = as - \frac{1}{2}cs^2 - \frac{1}{2}\rho\beta^2\sigma^2$$

$$\text{s.t.}\begin{cases} as - \dfrac{1}{2}cs^2 - \dfrac{1}{2}\rho\beta^2\sigma^2 \geqslant 0 \\ s = \dfrac{\beta a}{c} \\ \beta \geqslant 0 \\ a > 0 \\ c > 0 \\ \rho > 0 \end{cases} \tag{2.36}$$

经整理得到

$$\max Z = \frac{2a^2\beta - a^2\beta^2}{2c} - \frac{1}{2}\rho\beta^2\sigma^2$$

其一阶条件为

$$\frac{\partial Z}{\partial \beta} = \frac{a^2 - a^2\beta}{c} - \rho\beta\sigma^2 = 0$$

求解可得

$$\beta = \frac{a^2}{a^2 + c\rho\sigma^2} \tag{2.37}$$

将式（2.37）代入 $s = \dfrac{\beta a}{c}$，可以得到供应商采取设计赶工策略的最优 s^* 为

$$s^* = \frac{a^3}{c\left(a^2 + c\rho\sigma^2\right)} \tag{2.38}$$

此时，供应商的最优利益补偿为

$$S^* = x_2 + \beta\pi - \frac{1}{2}cs^2 - \frac{1}{2}\rho\beta^2\sigma^2$$

$$= x_2 - \frac{a^3}{a^2 + c\rho\sigma^2}\frac{a^3}{c(a^2 + c\rho\sigma^2)} + \frac{c}{2}\left[\frac{a^3}{c(a^2 + c\rho\sigma^2)}\right]^2 + \frac{\rho\sigma^2}{2}\left(\frac{a^2}{a^2 + c\rho\sigma^2}\right)^2$$

$$= x_2 - \frac{a^6}{2c(a^2 + c\rho\sigma^2)^2} + \frac{a^4\rho\sigma^2}{2(a^2 + c\rho\sigma^2)^2}$$

因此，在信息不对称条件下，供应商串行参与模式的实施策略如下。

当满足

$$\begin{cases} \dfrac{mk}{uw} \geqslant \dfrac{a^2 T}{2(a+c)(b_1+b_2)} \\ S^* \geqslant \lambda_2\left[\pi^* - (n^*-1)(b_1+b_2)\right] - \dfrac{a^6}{2c(a^2+c\rho\sigma^2)^2} + \dfrac{a^4\rho\sigma^2}{2(a^2+c\rho\sigma^2)^2} \end{cases} \quad (2.39)$$

时，供应商实施带有设计赶工的串行参与模式，且缩短的复杂装备研制时间为

$$s^* = \frac{a^3}{c(a^2 + c\rho\sigma^2)} \text{。}$$

定理 2.7　信息不对称条件下供应商采取设计赶工策略缩短的复杂装备研制时间小于信息对称条件下供应商采取设计赶工策略缩短的复杂装备研制时间；信息不对称条件下供应商所得的利益补偿小于信息对称条件下供应商所得的利益补偿。

证明　$s^* = \dfrac{a^3}{c(a^2 + c\rho\sigma^2)} = \dfrac{a}{c}\dfrac{a^2}{a^2 + c\rho\sigma^2} < \dfrac{a}{c}$

$$\Delta S^* = x_2 + \frac{a^2}{2c} - x_2 + \frac{a^6}{2c(a^2+c\rho\sigma^2)^2} - \frac{a^4\rho\sigma^2}{2(a^2+c\rho\sigma^2)^2}$$

$$= \frac{a^2(a^2+c\rho\sigma^2)^2}{2c(a^2+c\rho\sigma^2)^2} + \frac{a^6}{2c(a^2+c\rho\sigma^2)^2} - \frac{a^4c\rho\sigma^2}{2c(a^2+c\rho\sigma^2)^2}$$

$$= \frac{a^2(a^2+c\rho\sigma^2)^2 + a^6 - a^4c\rho\sigma^2}{2c(a^2+c\rho\sigma^2)^2}$$

$$= \frac{2a^6 + a^2(c\rho\sigma^2)^2 + a^4c\rho\sigma^2}{2c(a^2+c\rho\sigma^2)^2} > 0$$

证毕。

3. 算例分析

由 2.3.3 节中的供应商参与模式选择模型的算例可知，供应商的最优参与模式是部分重叠参与模式，可得到主制造商-供应商协同研制的增量收益：

$$\pi^* = a\left(T - t_0^*\right) - \left(n^* - 1\right)\left(b_1 + b_2\right) - \left(a + c\right)\frac{mk\left(T - t_0^*\right)^2 n^*}{2uw\left(n^* - 1\right)T} = 141\,117 \; 元$$

其中，主制造商额外的成本为

$$z_1 = \left(n^* - 1\right)b_1 = 7000 \; 元$$

供应商支出的额外成本为

$$z_2 = \left(n^* - 1\right)b_2 + c\left[\frac{mk\left(T - t_0^*\right)^2 n^*}{2uw\left(n^* - 1\right)T}\right] = 22\,120.8 \; 元$$

将表 2.5 中所示的参数代入式（2.25），可以得到主制造商和供应商的利益分配值分别如下。主制造商利益分配 $x_1 = \lambda_1\left(\pi^* - z_1 - z_2\right) + z_1 = 0.8 \times 111\,996.2 + 7000 = 96\,596.96$ 元。供应商利益分配 $x_2 = \lambda_2\left(\pi^* - z_1 - z_2\right) + z_2 = 0.2 \times 111\,996.2 + 22\,120.8 = 44\,520.04$ 元。即在供应商采取部分重叠参与模式的情况下，供应商所分配的利益至少有 44\,520.04 元，即

$$S \geqslant x_2 = \lambda_2\left(\pi^* - z_1 - z_2\right) + z_2 = 44\,520.04 \; 元$$

表 2.5　相关参数

项目	主制造商的分配系数 λ_1	供应商的分配系数 λ_2	绝对风险规避度量 ρ	正态分布的随机变量 θ 的方差 σ^2
参数值	0.8	0.2	4.0	92.0

根据式（2.28）可以得出，在满足 $S \geqslant 44\,520.04$ 元时，供应商实施提前参与时间为 15 天，与主制造商的信息交流次数为 15 次的部分重叠模式。

本部分运用基于合作均衡的供应商利益分配模型研究了供应商并行参与模式和部分重叠参与模式的提前参与实施策略。然后针对供应商串行参与模式，提出了供应商的设计返工实施策略，并分别研究了在主制造商和供应商之间信息对称和信息不对称两种情况下，供应商所获得的利益补偿以及设计赶工策略实施对复杂装备研制周期的影响，结果表明，在信息对称情况下，供应商缩短的复杂装备研制时间大于信息不对称情况下所缩短的复杂装备研制时间，这也意味着主制造商和供应商的相互信任有利于复杂装备协同研制的顺利执行。表 2.6 描述了不同参与模式的供应商实施策略。

表 2.6　不同参与模式的供应商实施策略

参与模式	供应商实施策略满足的条件	供应商的实施策略
串行参与模式	（信息对称条件下） $$\begin{cases} \dfrac{mk}{uw} \geqslant \dfrac{a^2 T}{2(a+c)(b_1+b_2)} \\[3mm] S^* \geqslant \lambda_2\left[\pi^* - (n^*-1)(b_1+b_2)\right] + (n^*-1)b_2 + \dfrac{a^2}{2c} \end{cases}$$	参与时间：$t_0^* = T$ 信息交流次数：$n^* = 0$ 缩短时间：$s^* = \dfrac{\beta a}{c}$
	（信息不对称条件下） $$\begin{cases} \dfrac{mk}{uw} \geqslant \dfrac{a^2 T}{2(a+c)(b_1+b_2)} \\[3mm] S^* \geqslant \lambda_2\left[\pi^* - (n^*-1)(b_1+b_2)\right] - \dfrac{a^6}{2c\left(a^2+c\rho\sigma^2\right)^2} \\[3mm] \quad + \dfrac{a^4\rho\sigma^2}{2\left(a^2+c\rho\sigma^2\right)^2} \end{cases}$$	参与时间：$t_0^* = T$ 信息交流次数：$n^* = 0$ 缩短时间： $s^* = \dfrac{a^3}{c\left(a^2+c\rho\sigma^2\right)}$
并行参与模式	$$\begin{cases} S \geqslant \lambda_2\left[\pi^* - (n^*-1)(b_1+b_2)\right] + (1-\lambda_2)\left[T - \dfrac{mkT^2n^*}{2uw(n^*-1)T}\right]c \\[3mm] \quad + (n^*-1)b_2 \\[3mm] \sqrt{\dfrac{2mk(a+c)(b_1+b_2)}{uwT}} \leqslant a - \dfrac{mk}{uw}(a+c) \end{cases}$$	参与时间：$t_0^* = 0$ 信息交流次数： $n^* = a\sqrt{\dfrac{uwT}{2mk(a+c)(b_1+b_2)}}$
部分重叠参与模式	$$\begin{cases} S \geqslant \lambda_2\left[\pi^* - (n^*-1)(b_1+b_2)\right] + (1-\lambda_2)\left[T - t_0^* - \dfrac{mk\left(T-t_0^*\right)^2 n^*}{2uw(n^*-1)T}\right]c \\[3mm] \quad + (n^*-1)b_2 \\[3mm] \dfrac{mk}{uw} < \dfrac{a^2 T}{2(a+c)(b_1+b_2)} \\[3mm] \sqrt{\dfrac{2mk(a+c)(b_1+b_2)}{uwT}} > a - \dfrac{mk}{uw}(a+c) \end{cases}$$	参与时间： $t_0^* = T - \dfrac{auwT}{mk(a+c)}$ $\quad \times \left[1 - \dfrac{1}{a}\sqrt{\dfrac{2mk(a+c)(b_1+b_2)}{uwT}}\right]$ 信息交流次数： $n^* = a\sqrt{\dfrac{uwT}{2mk(a+c)(b_1+b_2)}}$

第3章 复杂装备主制造商-供应商协同研制最优资源整合决策研究

3.1 复杂装备主制造商-供应商协同研制最优资源整合概述

3.1.1 资源整合的现状分析

现有文献中关于协同研制方面的研究成果十分之多。诸多学者研究发现，企业进行技术创新时普遍采用协同研制的方式。彭纪生和吴林海（2000）认为技术创新的演化过程是一个技术协同研制的过程，在该过程中，创新资源趋于集成化，合作行为主体趋于协同化，各类技术与组织也开始出现整合的趋势。张芳华（2006）通过对我国数百家企业进行调查研究发现，当企业获取较多的信息、知识以及资金等资源的时候，企业的技术创新绩效就会有明显的提高。这表明，协同研制资源的获取是实现企业技术创新能力提高的重要途径。张震宇和陈劲（2008）认为直接被用于企业技术创新活动中并促使创新成果形成的各类物质性资源或无形资源是协同研制资源，主要包括用于协同研制活动的人力、资金、物料、技术和信息等资源。陈芳和眭纪刚（2015）认为协同研制通过全面打破创新体系及组织的壁垒和边界，实现科技创新资源整合，使各创新主体为一个共同目标进行协调运作，产生整体协同效应。企业为了实现协同研制成果的高效产出，就会对上述协同研制资源进行整合。

协同研制资源整合是指对技术创新所需的资源进行整合（欧庭高和肖斌，2006）。对于复杂装备的制造商而言，协同研制资源整合行为是一种跨组织的、全球性的、复杂的资源整合行为。随着经济的全球化发展，复杂装备制造企业之间关于资本、技术、信息等资源的交流已经超越了国界。毛蕴诗和汪建成（2006）指出，企业为了更好地利用全球科技资源、更好地实现产品的升级改造，可以通过建立战略联盟的方式进行合作创新。Teece（2007）认为，企业在快速进行新产品开发活动时，不应局限于当地，而应该在商业生态环境中寻找具有紧密联系的关键的外部资源，通过搭建外部资源之间的互补创新，实现规模与范围的扩张，使得各产业板块之间的协作更加专业化。王建军等（2018）提出了借助信息化技术实现以协同研制流程为驱动、以工作包为核心、以产品结构为纽带的精益协同研制管理模式。通过分析航天器系统工程研制过程构建研制流程，实现研制过程的智能运行、显性管理和全程监控；通过分析航天器系统工程研制要素构建工作包，实现各项研制要素的有机融合、交互与协同；最终实现航天器系统工程协同研制智能管理以及真正意义上的过程控制。近年来，学术界（2017～2018年）探讨了人才流动与技术-非技术元素之间的关系对企业的协同作用和协同研制绩效。结果表明技术-非技术元素协同作用有利于改善协同研制效果，且元素的综合协调可以产生整合单一元素协同作用无法产生的优点。作为主要变量，人才流动可以积极调节技术市场的协同作用以及技术战略协同作用之间的关系，但是，由于组织和文化的特殊性，人才流动对技术文化协同作用、技术组织协同作用和创新绩效之间的关系没有调节作用。

资源整合行为是多主体间的资源共享行为，企业间的合作行为对协同研制的协同效果有着明显的影响，因此有诸多学者对多主体间的资源整合行为进行了探讨。王颖（2011）通过对物流环节供应商、销售商、物流企业与制造商之间的多方虚拟合作进行分析，提出了由委托-代理机制、信任机制及信息共享机制共同构成的虚拟物流资源的整合机制，并运用博弈理论对虚拟物流资源整合中产生的问题进行了分析。林延宇等（2016）结合航天集团企业应用场景，系统性地提出了航天云制造资源/能力应用模式和航天集团企业云制造系统体系结构；以某航天复杂装备协同研制为应用背景，给出了应用系统的实施方案、应用过程及效果。

3.1.2 资源的概念及其分类

1. 资源的概念

在《经济学解说》中，资源被定义为"生产过程中所使用的投入"，即资源是企业生产过程中各类生产要素的总称。当前，众多学者在讨论企业资源时出现了"企业资源论"和"企业能力论"的派系分支。晏双生和章仁俊（2005）认为企业资源基础理论和企业能力基础理论的差别是由于企业竞争优势外生论到企业竞争优势内生论的转变所产生的，两者是相互连接的。无论是企业资源还是企业能力，这两者在某种程度上是一脉相承的。因此，本章将复杂装备进行分布式协同研制所需的资源定义为一个包含企业能力的广义概念，即资源是指包含物质资源、技术性资源、管理性资源以及其他所需投入到复杂装备研发生产过程中的资源的总称。

2. 资源的分类

企业资源的分类有很多种，苏敬勤和王鹤春（2010）认为当前对于企业资源的分类主要有两个层次，第一层即从资源自身的固有属性出发，第二层则是从资源的价值属性出发，见图 3.1。第一层，从企业资源的存在形态进行分类，可分为有形资源和无形资源，其中有形资源可以分为人力资源、资金资源和物质资源，无形资源主要包含专利技术、企业信誉等；第二层，从企业资源的独特性进行分类，可分为一般资源和专有资源，其中一般资源是指企业容易通过市场获得的基础性资源，不构成企业的核心竞争力，专有资源是指带有明显的企业特色、很难模仿的、专属于企业核心竞争力的资源。

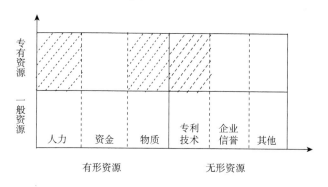

图 3.1　企业资源的分类

对于复杂装备而言，在多主体分布式协同研制过程中，主制造商与供应商之间用以整合的资源主要是企业用于复杂装备研制的资源。由于主制造商是资源整合的执行者和管理者，因此，本章中复杂装备用以进行技术创新协同的资源特指各类供应商用于产品研制的资源。这类资源可以分为两大类：一类是供应商的专有资源，代表着供应商特有的核心竞争力，也是供应商赢得复杂装备合作机会的关键原因；另一类是一般资源，是供应商所属行业领域的一般资源。显然主制造商最关注的是各类供应商的专有资源，其中以科研人力资源、设备生产资源、专利技术资源为重点。因此，本章所指的复杂装备分布式协同研制资源主要是指建立在人力资源、物质资源、专利技术资源三方面基础之上的各供应商所能提供的企业专有资源（如图 3.1 中阴影部分所示）。

3.1.3 资源整合的行为主体

资源整合是指对一系列的相关资源进行综合利用的过程。对于复杂装备而言，分布式技术创新协同研制下的资源整合实质上是对多个主体的可用资源进行有机整合并实现产品成功研制的过程。因此，复杂装备进行资源整合的行为主体即协同研制的所有主体：主制造商与供应商。

一般来讲，在主制造商–供应商的协同合作模式中，只有当供应商属于一级从属主体的时候，才能参与到复杂装备的研发设计活动中，主制造商才具备主动干预供应商协同研制行为的权利，因此，本节所指的供应商特指核心供应商。简而言之，复杂装备分布式协同研制过程中的资源整合主体是一个"$1-n$"的多主体结构，资源整合行为就是指一个主制造商对 n 个具有一定关联性的供应商资源进行整合配置的过程。

作为复杂装备协同研制的主要管理者，主制造商主导整个资源整合活动的进程。对于主制造商而言，资源整合是由两个重要步骤构成的。第一步，运用 WBS 将复杂装备研制这一系统工程进行分解，然后进行所需资源的识别。在该步骤中，主制造商需要进行自身的资源缺口分析，确立不同资源的获取途径。第二步，按照所需资源确立参与资源整合的供应商合作伙伴，从项目最优化的角度对多主体间的资源进行优化配置，以期通过最优的方式成功研制出复杂装备中的子系统，提升复杂装备的技术创新程度，从而完成整个研制工作。

因此，本节探讨的复杂装备协同研制过程中的资源整合行为本质上是将多主体协同共生行为落脚于创新资源，在初始研发设计目标的设定、所需研发资源的匹配、多样性资源的合理配置等方面循序渐进，进而剖析复杂装备整个研发过程中资源整合行为的最优问题。

3.1.4 资源整合的动因及特征

1. 协同研制资源整合的动因

1）产品研制的复杂性

复杂装备的研制是一个庞大的系统工程，它是由众多相对独立的子系统集结而成的，是不同专业领域交汇而成的产物，每一个子系统可能涉及某一类专业领域或是某几类专业领域。同时，复杂装备的研制过程并非简单的集成装配，它强调的是所有子系统为了实现同一个产品功能而进行相互关联的联合研发，每一个子系统都围绕着产品性能进行非标准件模式的创新与开发。因此，复杂装备自身的多系统复合、多部件集成、多专业领域的复杂性研制过程决定着其研发活动中的多种类资源整合的必然性。

2）核心资源的分散性与专属性

核心资源是指企业所掌握的一类可以长期给企业创造价值的难以替代、无法模仿的稀缺性资源。根据"企业资源论"可知，核心资源能够增强企业的竞争能力，使其在一定的市场环境中产生竞争优势，并最终给企业带来超额利润。因此，企业发展的重要途径是在社会化分工的大环境中塑造其自身的核心竞争力。不同领域中企业的核心竞争力存在明显的专业化区分，同一领域中企业的核心竞争力也存在明显的技术层面的差异。因此，在强调精益生产和敏捷制造的今天，企业逐渐剥离自身并不擅长的领域，日益重视在某一行业领域的纵向发展，正因如此，不同专业领域的核心资源呈现出明显的分散性与专属性，这也使得复杂装备的资源整合行为成为必然。

3）主制造商-供应商组织架构的特殊性

由于复杂装备研发环节具有诸多特殊性，复杂装备制造商意识到仅仅依靠自身力量很难在激烈的竞争中立于不败之地，为了赢得竞争优势，制造商负责其核心业务，其他业务则通过转包的方式完成，利用企业的外部资源来满足市场提出的高水平、高柔性、低成本等方面的要求。因此，主制造商-供应商的合作模式逐渐成为复杂装备的主流生产模式。由此可见，复杂装备自身的研发需求与当前核心资源的分布式存在使得主制造商-供应商合作模式的产生成为一种必然。与此同时，由于该种合作模式下主制造商与供应商的地位不对等，主制造商凭借自身的独特地位可以管理并协调各供应商，对于各供应商所提供的资源可以进行主动干预，因此，主制造商-供应商协同模式中资源整合成为主制造商优化合作行为的一种现实途径与方法，这也必然导致了复杂装备资源整合行为的出现。

2. 复杂装备资源整合的特征

对于主制造商而言，厘清复杂装备协同研制过程中的资源整合问题，不仅需要明白资源整合的内涵，更需要理解资源整合行为与其他非复杂装备研制行为之间存在的差异。本部分从以下四个角度剖析复杂装备资源整合的特征。

1）地位不对等下的多主体资源整合

复杂装备协同研制的组织结构是主制造商-供应商模式，这种模式最重要的特点是严格区分了主制造商与各类供应商在整个项目合作过程中的地位差异，多主体间的合作并不需要通过第三方组织来进行管理，而是由主制造商兼任统筹规划、全程管理的角色。也就是说合作的主体内部存在一个核心主体，并呈中心辐射状连接了其他参与合作主体，地位存在明显的不对等，见图 3.2（b）。而一般比较常见的合作模式中，多主体间有平等的权利和地位，主体间呈现环状连接状态，并通常存在第三方组织（新设公司或机构等）来协调管理这种合作模式，见图 3.2（a）。虽然在复杂装备研发过程中有时也存在多个供应商新设公司进行合作的方式，但是，新设公司与主制造商之间仍然是管理与被管理的关系，仍然属于地位不对等的多主体合作关系。

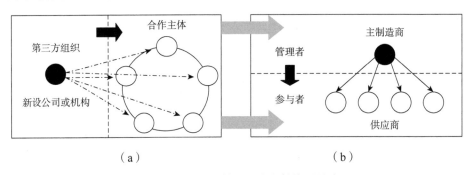

（a）   （b）

图 3.2 地位不对等下的多主体资源整合

当主体地位存在差异时，参与资源整合的协同研制主体的决策偏好会发生变化。对于主制造商而言，合作整体最优是其资源整合的首要目标，只有在实现合作整体最优的前提下才会考虑各类供应商的合作效用问题。对于供应商而言，由于地位不对等，其在资源整合行为中缺乏必要的主动性，因此，其资源整合行为会受到主制造商的控制与安排，不能随意变动。

2）异质性互补下的综合性资源匹配

资源整合可以分为同质性资源整合和异质性资源整合。同质性资源整合主要是指同类型产业间在数量上的资源整合，主要是追求产品在数量上或生产效率上的提升。异质性资源整合主要是指为追求产品的复合型技术创新而进行的不同产业间的资源整合，见表 3.1。

表 3.1 异质性资源整合与同质性资源整合的差别

资源整合类别	差别
异质性资源整合	1. 强调资源之间的差异性 2. 强调资源间的互补性 3. 为追求产品的技术创新而进行的资源整合
同质性资源整合	1. 强调资源之间的相似性 2. 强调资源在数量上的整合 3. 为提升产品产量或提高产品生产效率而进行的资源整合

相比于一般产品，复杂装备的研发活动更加突出资源的异质性整合，更加强调不同专业领域的企业能力互补，特别是统一行业领域不同专业方向的企业资源

之间的互补。因此,从资源类别的角度分析,复杂装备创新协同下的资源整合是一种异质性互补下的综合性资源匹配问题,且参与整合的资源供需双方都遵循"取长补短"的原则。

3)多阶段优化下的动态性资源配置

复杂装备协同研制的资源整合行为是由复杂装备生命周期中资源集结、资源创新、资源生产等一系列活动构成的,且随着复杂装备研制进程的进行而依次序展开。考虑到复杂装备科研创新的复杂性,资源整合行为贯穿产品的整个研制周期,包括初步设计阶段、试验试制阶段、集成阶段和批量生产阶段。随着研发进度的不断推进,每一个阶段所需的资源都会发生变化,合作主体需要及时根据这种变化进行现有资源的重新配置,这就意味着每一次动态变化都使得主制造商与供应商之间的具体合作行为不断地调整,通过合作行为的调整来实现复杂装备协同研制的不断优化。因此,从资源整合行为发生的时间上看,复杂装备的资源整合是一种多阶段优化下的动态性资源配置问题。

4)灰箱合作下的不完全资源交流

为了表示供应商参与制造商的产业研发的程度,一般可用"白箱"、"灰箱"和"黑箱"来表示三种类别的供应商。其中灰箱表示供应商以正式的协议参与到制造商的研发活动中。就复杂装备的研发创新而言,供应商的参与合作模式大多属于灰箱模式。在灰箱模式下,主制造商与供应商之间建立了一种处于不完全信息状态下的合作博弈关系。主制造商与供应商之间的资源信息并非完全透明的,对于主制造商而言,供应商的实际资源整合行为以及实际资源投入量是无法确定的;对于供应商而言,主制造商的资源整合效用是不能完全确定的。此外,复杂装备研制过程的不确定性也使得主制造商与供应商之间的合作处于一种客观的、信息不确定的状态中。因此,对于复杂装备的研发生产而言,多主体之间的合作是一个处于灰箱合作下的不完全资源交流问题。

3.2 复杂装备主制造商-供应商协同研制资源整合的多主体协同共生行为建模及分析

复杂装备的研制实质上是一个对资源进行整合并实现协同研制的过程。在该过程中,由于主制造商与供应商之间采用的是"分布式协同研制"的研发模式,主制造商与供应商之间合作行为的影响关系、各类资源的匹配程度、各企业的研发生产能力等因素均影响着复杂装备的最终研制效果。因此，主制造商优化供应商资源整合行为的首要任务是理解分布式资源整合中各类主体的合作行为对资源整合效果的影响及主要影响因子。

为科学地探讨复杂装备分布式资源整合下的多主体合作行为，本节以复杂装备全生命周期内主体间多次合作为背景，运用共生理论的相关知识构建复杂装备分布式资源整合下的多主体合作行为模型并进行相关分析。

3.2.1　全生命周期内的多主体协同共生

主制造商与供应商作为复杂装备分布式协同研制的合作主体，在复杂装备的全生命周期内是一种长期合作的关系。这种多主体间的多次合作行为促使企业间的资源反复进行着交流与整合，更促使多主体的合作行为变成一种基于追求复杂装备价值利益最大化前提的协同共生关系。

1. 复杂装备的全生命周期

复杂装备的全生命周期为：以产品的初始研发设计为起点、以产品的市场寿命周期为终点的主制造商与供应商之间多次合作、共同生产并改进复杂装备的过程。

复杂装备的全生命周期存在三个明显的特征：一是首次研制过程的长期性与复杂性；二是多次合作中的产品持续改进性；三是合作团队的相对固定性。在复杂装备的全生命周期内，每一个参与分布式协同研制合作的供应商之间构成利益共享、风险共担的战略供应商群体，并且在后续的订单再生产、产品再改进过程中进行长期的合作，直至复杂装备的市场寿命终止，见图3.3。

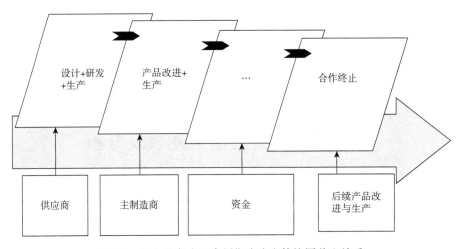

图 3.3　复杂装备全生命周期内多主体协同共生关系

2. 多主体协同共生行为分析

复杂装备的多主体协同研制是主体行为的一种外在表现，是主体借助企业外部资源实现产品技术创新而产生的一种自发式合作联盟行为。这种企业间的合作联盟行为是一种基于合作共生单元资源整合的微观经济共生态。合作联盟成员之间存在明显的企业差别，有核心企业（如主制造商与一级供应商）与非核心企业（如普通供应商）之分，通过资源的优势互补构成了一种非对称互惠的共生模式，并通过多主体之间产生的正向影响来维系合作联盟的共生关系。随着合作产品在全生命周期中不同阶段的推移，多主体间的协同共生关系也处于一种动态的演化过程中。通过现有的研究成果可以发现，构建合作主体间的协同共生关系，有利于发现多主体间合作行为的相互影响以及行为演化的运作机理。因此，本部分将从协同共生关系的角度来剖析复杂装备多主体间的资源整合合作行为问题。

在复杂装备的全生命周期内，主制造商与供应商基于资源互补和长期合作的前提构成了一个相互依存的共生关系。与常见的普通产品协同共生关系相比，复杂装备的协同共生关系存在以下五个方面的不同，如表 3.2 所示。

表 3.2　复杂装备协同共生关系与普通产品协同共生关系的对比

序号	区别项	复杂装备的协同共生	普通产品的协同共生
1	共生主体	主制造商与供应商	核心企业与卫星企业
2	共生地位	主动与随动	核心与非核心
3	共生主体的独立性	均能够在独立情况下自我生存	核心企业具备独立发展能力；卫星企业独立情况下发展衰败直至消亡
4	共生目标	侧重于单位资源的技术价值创造	侧重于单位资源投入下的产量输出
5	共生的实质	资源的互补与整合	供应链上下游之间的产业联动

第一，共生主体的不同。复杂装备协同研制主体是由主制造商与供应商共同组成的，它们是基于供应链价值传递而产生的一类侧重合作与交流的协作组织。普通产品的共生主体是由核心企业与卫星企业构成的，它们是一种基于生产任务分包、各自从事独立生产而搭建的浅层次的合作关系。

第二，共生地位的不同。按照合作邀约的发起方与接受方，主制造商与供应商的共生地位可以分为"主动"与"随动"。主动表明主制造商在共生关系中掌握合作主导权，随动表明供应商参与合作受到主制造商行为的影响。普通产品的共生主体地位则是按照企业规模以及企业重要度来划分的，即"核心"与"非核心"。

第三，共生主体的独立性不同。在常见的普通产品共生关系分析中，核心企业是一个具备独立发展能力的大型企业，而卫星企业则不具备独立发展能力，一旦离开核心企业，就会衰败直至消亡；复杂装备的主制造商与供应商之间的共生关系是围绕航空产品而建立的，它们各自都具备独立性且能够自我生存。

第四，共生目标的不同。对于复杂装备而言，主制造商与供应商建立共生关系是为了产品高效率的研发，追求的是产品中所蕴含的价值体现。对于普通产品而言，多个企业间的合作更多地是为了追求相互协作下生产效率的提高或产量的提升。前者侧重于"质"的提升，强调单位资源的技术价值创造；后者侧重于"量"的提升，强调单位资源投入下的产量输出。因此，在共生模型的构建中，前者以"资源贡献率"为核心变量，以当前社会科技发展最高水平为共生约束；后者以"生产规模"为核心变量，以当前市场同类产品的最大规模产量为共生约束。

第五，共生的实质不同。复杂装备的共生主体建立在资源互补与整合的基础之上，是由复杂装备的自身属性而确定的一类共生组织。而普通产品的共生主体是一种简单的供应链上下游之间的产业联动关系，并不一定强调企业各自资源的异质性或互补性。

基于上述五个层次的不同，3.2.2 节和 3.2.3 节将运用共生理论搭建一个以资源互补为前提的多主体分布式资源整合下的共生模型，并进行相关分析。

3.2.2 多主体协同共生行为建模的假设与分析

1. 模型的基本假设

为更好地对复杂装备的多主体协同共生行为模型进行阐述，设定如下模型假设。

假设 3.1 某复杂装备某段具有关联性的研制工作可以被分割为 1 个主子系统 P^0（即由主制造商负责的研发对象）和 m 个子系统 $P^i (i=1,2,\cdots,m)$（即由供应商参与合作的工作对象）。

假设 3.2 某复杂装备某段具有关联性的研制工作是由一个主制造商 M 和 n 个供应商 $S_i (i=1,2,\cdots,n)$ 共同完成的，为方便各主体的责任划分并简化研究工作，假定供应商数量和子系统数量之间呈一一对应关系，即满足 $m=n$。

假设 3.3 为体现复杂装备协同研制过程中资源整合的实质内涵，假定供应商群体之间存在资源互补性，供应商的合作行为会对其他主体产生影响。

2. 模型的基本分析

由于受到资源互补的影响，主制造商与供应商之间的共生关系演变为一种建立在资源整合实质内涵下的凭借产品技术创新而促进经济增长的共生关系。在该种共生关系中，协同共生增值效应与资源整合增值效应共同存在并决定着主制造商与供应商共生关系的发展状况。

1）协同共生增值效应及其内涵

设主制造商 M 的利益为 $x_0 > 0$，供应商 S_i 的利益为 $x_i > 0 (i = 1, 2, \cdots, n)$。当主制造商与供应商独立地利用自身资源进行研发生产时，仅考虑资源投入对利益的影响作用，则其利益为

$$x_i = a_i R_i', \quad i = 0, 1, 2, \cdots, n \tag{3.1}$$

其中，R_i' 表示主体自身投入生产的实际资源价值，一般情况下，企业资源在短期内不会产生明显的变化，因此本节假定各主体拥有的资源价值 R_i' 存在最大值 $\overline{R_i}$；a_i 表示主体独立运作状态下的资源贡献率，一般由企业自身的基本属性以及所属行业特点所决定。

当主制造商与供应商进行合作时，合作整体的利益为

$$\begin{cases} R_c = \sum_{i=0}^{n} R_i' \\ X_c = \sum_{i=0}^{n} x_i + X_s \end{cases} \tag{3.2}$$

其中，X_c 表示共生整体的利益；X_s 表示资源整合下的协同共生增值效应。当 $X_s \geqslant 0$ 时，各主体的合作行为所产生的效益并非简单的线性叠加，而是在资源叠加的过程中产生了十分重要的协同共生增值效应。

协同共生增值效应源于各参与主体资源贡献率的提高。资源贡献率是收益与资源投入价值的比值。企业的生产收益均以其生产的产品作为载体，在投入相同资源的情形下，产品价值越大，生产收益越大。因为复杂装备是一个高技术含量、高产品性能的庞大系统，其产品价值相较于普通产品具有更为明显的优势。因此，对于参与合作的各主体而言，协同共生增值效应是基于如下前提的：将相同的资源用以协同生产复杂装备所取得的收益相较于将相同的资源用以独立生产普通产品所取得的收益要大，如式（3.2）所示。

2）资源整合增值效应及其内涵

有研究表明，建立在异质性资源互补下的多样性合作伙伴形成核心竞争力是十分明显的，企业通过获取和交换资源的方式可以实现优势互补，并且这种资源的优势互补对企业的创新绩效存在着正向促进作用。因此，对于复杂装备

而言，资源整合增值效应的大小与参与主体的资源匹配程度存在明显的相关性。参与主体自身的资源价值 R_i' 与其对应的子系统所需资源价值 R_i 越匹配，各主体之间的资源互补性就越好，那么，合作的资源整合增值效应会越明显。假设资源匹配度为 ψ_i，当 $\psi_i = 0$ 时表示主体提供的资源与研发子系统所需的资源完全不匹配，当 $\psi_i = 1$ 时表示主体提供的资源与研发子系统所需的资源完全匹配。

当考虑主制造商 M 和 n 个供应商 S_i 进行复杂装备的协同研制时，各参与主体的利益均会受到如下因素的影响：①各自投入的资源价值 R_i'；②各自的资源贡献率 a_i；③各自的资源匹配度 ψ_i；④考虑资源互补效应的主体 j 对主体 i 的相对影响系数 b_{ij}。

因此，如式（3.2）所示，协同研制下合作整体的利益表示如下：

$$X_c = \sum_{i=0}^{n} a_i R_i' + X_s \tag{3.3}$$

$$X_s = \sum_{i=0}^{n} \sum_{j=0}^{n} b_{ij} \psi_j a_i R_i'$$

记 $B = \left(b_{ij} \right)_{(n+1) \times (n+1)}$，则

$$B = \begin{bmatrix} b_{00} & b_{01} & b_{02} & \cdots & b_{0n} \\ b_{10} & b_{11} & b_{12} & \cdots & b_{1n} \\ b_{20} & b_{21} & b_{22} & \cdots & b_{2n} \\ \vdots & \vdots & \vdots & & \vdots \\ b_{n0} & b_{n1} & b_{n2} & \cdots & b_{nn} \end{bmatrix} \tag{3.4}$$

其中，当 $i = j$ 时，$b_{ij} = 0$，当 $i \neq j$ 时，b_{ij} 表示主体 j 对主体 i 的相对影响系数，只有当企业间的相对影响系数为非负数时（$b_{ij} \geqslant 0$），企业才可能进行合作，如果 $b_{ij} < 0$，则表明企业合作时效益会受损，合作必定不会发生，因此具有现实含义的 b_{ij} 的取值范围是 $b_{ij} \geqslant 0$。

对式（3.3）进行合并同类项，可得

$$X_c = \sum_{i=0}^{n} \left(1 + \sum_{j=0}^{n} b_{ij} \psi_j \right) a_i R_i' \tag{3.5}$$

此时，复杂装备协同研制合作中主体 i 的利益为

$$x_i = \left(1 + \sum_{j=0}^{n} b_{ij} \psi_j \right) a_i R_i' \tag{3.6}$$

很显然，式（3.6）中的 $\sum_{j=0}^{n} b_{ij}\psi_j$ 表示在协同研制过程中其他合作主体 j 对主体 i 的资源互补程度，即当其他参与主体（包含供应商和主制造商）的资源匹配度越高且相对影响系数越大时，各主体之间的资源互补效应就会越明显。

通过式（3.5）可以发现，资源互补效应是合作整体产生资源整合增值效应的根本原因。各主体之间的互补性资源通过资源整合的方式使得主体资源贡献率进一步增长，从而产生了资源整合增值效应。

3.2.3 资源整合下多主体协同共生行为建模

由于复杂装备分布式协同合作过程中参与主体进行的是长期性的多次合作，可以假定各参与主体的利益是连续变化的，那么合作状态下主体 i 的利益相对增长率为 $\frac{1}{X_i}\frac{\mathrm{d}X_i}{\mathrm{d}t}$。

根据式（3.1）可知，主体的利益与其资源投入量和资源贡献率相关。为体现资源投入于复杂装备研发所产生的价值与同类资源投入于普通产品所产生的价值存在区别，本节假定在主制造商与供应商进行复杂装备协同研制时，各主体可投入的资源总量是一个相对固定的数值，资源贡献率随着科技创新的发展而进步，因此，各主体的利益相对增长率可以简化为其资源贡献率的增长率，即 $\frac{1}{X_i}\frac{\mathrm{d}X_i}{\mathrm{d}t}=\frac{1}{a_i}\frac{\mathrm{d}a_i}{\mathrm{d}t}$。下面进行复杂装备分布式技术创新协同模式下多主体协同共生模型的构建。

1. 多主体协同共生模型构建

在考虑主体自身科技创新能力约束的情况下，主体单独生产下的资源贡献率满足 Logistic 模型，即

$$\frac{\mathrm{d}a_i}{\mathrm{d}t}=k_i a_i\left(1-\frac{a_i}{\overline{a_i}}\right) \tag{3.7}$$

其中，k_i 表示主体 i 在独立生产下的资源贡献率的增长率；$\overline{a_i}$ 表示主体 i 在科技创新能力受限情况下的资源贡献率的最大值。

由于协同主体在合作过程中存在明显的相互影响作用，因此，考虑其余 n 个参与者对主体 i 的影响，主体 i 的资源贡献率满足式（3.8）：

$$\frac{\mathrm{d}a_i}{\mathrm{d}t}=k_i a_i\left(1-\frac{a_i}{\overline{a_i}}+\sum_{j=0}^{n} b_{ij}\psi_j\frac{a_j}{\overline{a_j}}\right) \tag{3.8}$$

为简化运算，现以一个主制造商和两个供应商之间的共生合作为例进行如下分析。

假设 $n=2$，则式（3.8）可以变换为

$$\begin{cases} f\left(a_0,a_1,a_2\right) \equiv \dfrac{\mathrm{d}a_0}{\mathrm{d}t} = k_0 a_0 \left(1 - \dfrac{a_0}{\overline{a_0}} + b_{01}\psi_1 \dfrac{a_1}{\overline{a_1}} + b_{02}\psi_2 \dfrac{a_2}{\overline{a_2}}\right) = 0 \\[3mm] g\left(a_0,a_1,a_2\right) \equiv \dfrac{\mathrm{d}a_1}{\mathrm{d}t} = k_1 a_1 \left(1 - \dfrac{a_1}{\overline{a_1}} + b_{10}\psi_0 \dfrac{a_0}{\overline{a_0}} + b_{12}\psi_2 \dfrac{a_2}{\overline{a_2}}\right) = 0 \quad (3.9) \\[3mm] k\left(a_0,a_1,a_2\right) \equiv \dfrac{\mathrm{d}a_2}{\mathrm{d}t} = k_2 a_2 \left(1 - \dfrac{a_2}{\overline{a_2}} + b_{20}\psi_0 \dfrac{a_0}{\overline{a_0}} + b_{21}\psi_1 \dfrac{a_1}{\overline{a_1}}\right) = 0 \end{cases}$$

解微分方程组（3.9）可以得到如下 8 个平衡点：$P_1\left(0,0,0\right)$，$P_2\left(0,0,\overline{a_2}\right)$，$P_3\left(0,\overline{a_1},0\right)$，$P_4\left(\overline{a_0},0,0\right)$，$P_5\left(\overline{a_0}\dfrac{1+b_{01}\psi_1}{1-b_{01}\psi_1 b_{10}\psi_0}, \overline{a_1}\dfrac{1+b_{10}\psi_0}{1-b_{01}\psi_1 b_{10}\psi_0},0\right)$，$P_6\left(\overline{a_0}\dfrac{1+b_{02}\psi_2}{1-b_{02}\psi_2 b_{20}\psi_0}, 0, \overline{a_2}\dfrac{1+b_{20}\psi_0}{1-b_{02}\psi_2 b_{20}\psi_0}\right)$，$P_7\left(0,\overline{a_1}\dfrac{1+b_{12}\psi_2}{1-b_{12}\psi_2 b_{21}\psi_1}, \overline{a_2}\dfrac{1+b_{21}\psi_1}{1-b_{12}\psi_2 b_{21}\psi_1}\right)$，为简化表达，令

$$\begin{cases} \omega = b_{01}\psi_1 b_{10}\psi_0 + b_{02}\psi_2 b_{20}\psi_0 + b_{12}\psi_2 b_{21}\psi_1 + b_{01}\psi_1 b_{12}\psi_2 b_{20}\psi_0 + b_{02}\psi_2 b_{10}\psi_0 b_{21}\psi_1 \\ \xi_0 = b_{01}\psi_1 + b_{02}\psi_2 + b_{01}\psi_1 b_{12}\psi_2 + b_{02}\psi_2 b_{21}\psi_1 - b_{12}\psi_2 b_{21}\psi_1 \\ \xi_1 = b_{10}\psi_0 + b_{12}\psi_2 + b_{02}\psi_2 b_{10}\psi_0 + b_{12}\psi_2 b_{20}\psi_0 - b_{02}\psi_2 b_{20}\psi_0 \\ \xi_2 = b_{20}\psi_0 + b_{21}\psi_1 + b_{01}\psi_1 b_{20}\psi_0 + b_{10}\psi_0 b_{21}\psi_1 - b_{01}\psi_1 b_{10}\psi_0 \end{cases} \quad (3.10)$$

则平衡点 P_8 可以简化表示为 $P_8\left(\overline{a_0}\dfrac{1+\xi_0}{1-\omega}, \overline{a_1}\dfrac{1+\xi_1}{1-\omega}, \overline{a_2}\dfrac{1+\xi_2}{1-\omega}\right)$。

结合复杂装备分布式协同研制下的资源整合问题，上述 ω、ξ_0、ξ_1、ξ_2 四个参数所表示的多项式均详细地阐述了主制造商与两个供应商这三者之间的相互影响关系。

1）ω 的现实含义

基于复杂装备协同研制合作整体的角度，ω 阐述了合作中资源整合行为产生的综合影响程度。这种影响程度可分为两大类，一类是主体间两两交叉的影响，另一类是三者之间的循环影响（有正逆向之分），此处所指的"影响"是由主体间的资源互补程度来表达的，也就是说，在整个合作过程中，主体间的资源互补情况决定着相互之间的资源贡献率增长情况，如图 3.4 所示。

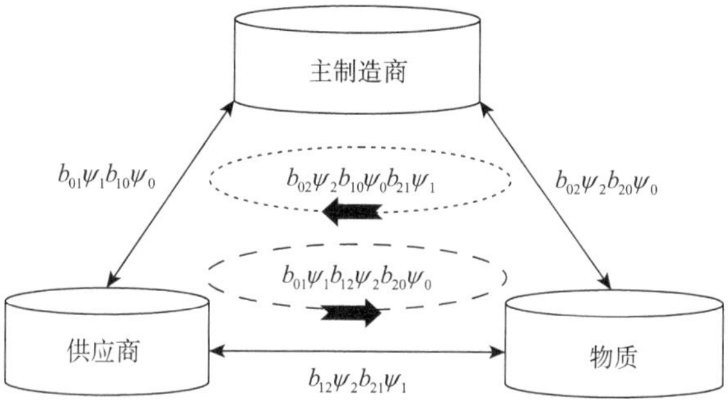

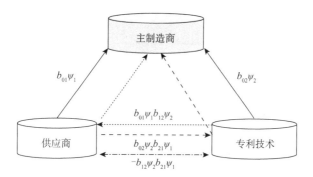

图 3.4　资源整合行为对合作整体的综合影响程度示意图

2）$\xi_i(i=0,1,2)$ 的现实含义

基于复杂装备协同研制合作个体的角度，ξ_i 阐述了对于主体 i 而言，其他参与主体凭借资源互补效应对主体 i 资源贡献率的影响程度。以主制造商为例，供应商 S_1 和 S_2 分别对主制造商产生影响，此外两个供应商之间的相互影响也对会主制造商产生二次影响，如图 3.5 所示。

图 3.5　资源整合行为对合作个体的影响程度示意图

2. 多主体协同共生模型的稳定性分析

显然，只有平衡点 P_8 达到稳定时才表明三个参与主体在复杂装备的协同研制过程中实现了共生发展，因此，$P_1 \sim P_7$ 七个平衡点本章就不进行详细讨论了，仅针对平衡点 P_8 进行稳定性分析。

（1）根据微分方程稳定性理论可以判定，当且仅当 $\omega<1$ 时，平衡点 P_8 是方程组的稳定点。$\omega<1$ 是指各主体之间的资源整合行为对企业利益的影响程度小于企业自身实力对利益的影响程度。它的现实意义是指在复杂装备的合作研发过程中，虽然企业间存在着积极的相互影响，但是，影响企业资源贡献率的首要因素仍然是企业的自身属性，这是由企业自有的核心竞争力所决定的，是

任何企业都不能取代的。对于复杂装备的全生命周期而言，在当前技术发展环境下，主制造商与供应商之间的相互影响程度被不断增强，资源贡献率不断提升，但是，资源贡献率的增长空间会受到各企业科研能力以及当前所处的社会科技水平的影响。

（2）当 $\omega \geqslant 1$ 时，微分方程组（3.9）的平衡点 P_8 不稳定。$\omega \geqslant 1$ 是指各主体之间的资源整合行为对企业利益的影响程度已经等于或超过企业自身实力对利益的影响程度。对于复杂装备而言，当一种全新的生产技术得以被发明并投入生产，并且带动协同企业实现了科学技术发展里程碑式的跨越时，对于任何一个合作主体而言，现有科技生产力下的共生稳定都将会被打破，资源贡献率会在新的技术发展环境中不断增长并寻求新的稳定。

3. 主动–随动行为下多主体协同共生模型的构建

由于主制造商与供应商是一种"主动–随动"的非对等关系，两类主体在复杂装备协同合作中的内在决策权差异构成了"主动–随动"的行为特征，使得这种决策权差异体现在资源整合行为中，并且最终通过"非对称互惠"的方式影响合作效益的分配，如图 3.6 所示。

图 3.6　主制造商"主动"地位的逻辑关系分析图

本部分从"非对称互惠"的利益分配的角度出发，分析多主体协同共生过程中主制造商的主动性。"非对称互惠"是指主制造商与供应商进行最终合作效益分配过程中的非公平性利益分配。导致主制造商与供应商之间的非公平性利益分配问题的根本原因是各自决策权的不对等。从委托–代理理论的角度来分析，主制造商在合作过程中，不仅肩负着作为制造商的本职工作，它还担任着"委托人"的角色，向其他供应商委托复杂装备子系统协同研制的工作。因此，作为复杂装备的总负责人，主制造商不仅具有供应商的选择权，还掌握着最终利益的分配权。按照西方经济学的观点，资源优化配置归根结底是一个起初源于生产关系分析并最终落脚于价值利益分配的过程。因此，对于主制造商而言，资源整合行为的最终体现是整体利益的分配。

一般来说，最合理的合作利益分配原则是：每位参与者获得自己创造的成果，即从资源整合增值利润中分得由自己提供的资源所创造的那部分价值 X_i，如式（3.6）所示。但是，当考虑合作主体地位不对等的因素后，作为理性经济人的主制造商可以凭借自己的决策权利对理论利益分配值 X_t 进行利益重新分配。如图 3.7 所示，无论是主制造商还是供应商，当各自的资源投入价值保持不变时，其资源贡献值（即利益）有三个特殊的数值：独立状态下的原始利益、合作状态下的理论利益分配值以及合作状态下的实际利益分配值。从独立状态向合作状态转化，主体间的合作创造了资源整合增值利润；在合作状态中，主体间的地位不对等使得利益分配值出现了理论与实际的不对等。

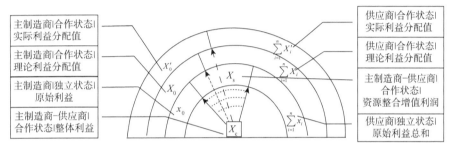

图 3.7　主制造商与供应商的协同合作利益分配图

1）协同主体的实际利益分配值

假设主制造商的实际利益分配值为

$$X_0' = \left(1 + \sum_{j=0}^{n} b_{0j}\psi_j\right) a_0 R_0' + \Delta X_s \quad (3.11)$$

其中，ΔX_s 表示主制造商从资源整合增值利润中获得的非自身资源所创造的利润值。

因此，所有供应商的实际利益总和为

$$\sum_{i=1}^{n} X_i' = \sum_{i=1}^{n} X_i - \Delta X_s \quad (3.12)$$

根据资源贡献率的定义可知：

$$a_i = \frac{X_i}{R_t'} \quad (3.13)$$

当企业的实际资源投入价值 R_t' 相对固定时，资源贡献率与其所得利益成正相关。因此，根据式（3.11）可知，当所得利益发生变动时，实际资源贡献率也发生变化。与前面内容的研究思路相似，假定资源投入价值固定，主制造商和供应商在合作状态下的资源贡献率满足式（3.14）：

$$\begin{cases} \dfrac{\mathrm{d}a_0}{\mathrm{d}t} = k_0 a_0 \left(1 - \dfrac{a_0}{a_0} + \sum_{j=1}^{n} b_{0j} \psi_j \dfrac{a_j}{a_j} + \vartheta_0 \right) \\ \dfrac{\mathrm{d}a_i}{\mathrm{d}t} = k_i a_t \left(1 - \dfrac{a_i}{a_i} + \sum_{j=0}^{n} b_{ij} \psi_j \dfrac{a_j}{a_j} + \vartheta_i \right) \end{cases} \qquad (3.14)$$

其中，ϑ_i 表示实际与理论利益的变动值对资源贡献率所产生的影响系数。结合主制造商与供应商的合作模式，影响系数 ϑ_i 之间的关系可以分为以下三类。

第一类：当 $\vartheta_i = 0 (i = 0,1,2,\cdots,n)$ 时，即各合作主体的实际利益分配值与理论利益分配值相等时，主制造商的利益分配权利并没有对各主体的资源贡献率产生影响。

第二类：当 $\vartheta_0 > 0$ 时，主制造商通过自身的决策权利获得了超额的利益，使得其自身的资源贡献率得到了提升。由于复杂装备协同合作所产生的资源整合增值利益是一个相对固定值，主制造商的超额获利直接导致了所有供应商的利润总额变少。因此，对于集合 $\{\vartheta_1, \vartheta_2, \cdots, \vartheta_n\}$ 而言，至少存在一个 $\vartheta_i < 0$，即至少存在一个供应商的实际利益分配值受到损失。

第三类：当 $\vartheta_0 < 0$ 时，主制造商在最终的利益分配中选择将自身应得的利益分配给供应商，此时，主制造商的资源贡献率会降低。因此，对于集合 $\{\vartheta_1, \vartheta_2, \cdots, \vartheta_n\}$ 而言，至少存在一个 $\vartheta_i > 0$，即至少存在一个供应商的实际利益分配值得到增加。

为研究方便，在本节中假定，无论主制造商采取何种利益分配方案，供应商之间不存在差别对待，即供应商的实际利润分配值相较于理论利润分配值而言，实行与其投入成比例的同增同减。

2）主动–随动行为下的多主体协同共生模型

复杂装备的创新协同涉及 $n+1$ 个主体，因此，所构建的共生模型是一个 $n+1$ 维的方程组。为简化研究运算，本部分取 $n=2$，即研究一个主制造商和两个供应商的共生情形。

将式（3.14）写成如下方程组：

$$\begin{cases} f(a_0, a_1, a_2) \equiv \dfrac{\mathrm{d}a_0}{\mathrm{d}t} = k_0 a_0 \left(1 - \dfrac{a_0}{a_0} + b_{01}\psi_1 \dfrac{a_1}{a_1} + b_{02}\psi_2 \dfrac{a_2}{a_2} + \vartheta_0 \right) = 0 \\ g(a_0, a_1, a_2) \equiv \dfrac{\mathrm{d}a_1}{\mathrm{d}t} = k_1 a_1 \left(1 - \dfrac{a_1}{a_1} + b_{10}\psi_0 \dfrac{a_0}{a_0} + b_{12}\psi_2 \dfrac{a_2}{a_2} + \vartheta_1 \right) = 0 \\ k(a_0, a_1, a_2) \equiv \dfrac{\mathrm{d}a_2}{\mathrm{d}t} = k_2 a_2 \left(1 - \dfrac{a_2}{a_2} + b_{20}\psi_0 \dfrac{a_0}{a_0} + b_{21}\psi_1 \dfrac{a_1}{a_1} + \vartheta_2 \right) = 0 \end{cases} \qquad (3.15)$$

求解上述方程组，可解得如下八个平衡点：

$$P_1(0,0,0), \quad P_2\left(0,0,(1+\vartheta_2)\overline{a_2}\right), \quad P_3\left(0,(1+\vartheta_1)\overline{a_1},0,\right), \quad P_4\left((1+\vartheta_0)\overline{a_0},0,0\right)$$

$$P_5\left(\overline{a_0}\frac{1+\vartheta_0+(1+\vartheta_1)b_{01}\psi_1}{1-b_{01}\psi_1 b_{10}\psi_0},\overline{a_1}\frac{1+\vartheta_1+(1+\vartheta_0)b_{10}\psi_0}{1-b_{01}\psi_1 b_{10}\psi_0},0\right)$$

$$P_6\left(\overline{a_0}\frac{1+\vartheta_0+(1+\vartheta_2)b_{02}\psi_2}{1-b_{02}\psi_2 b_{20}\psi_0},0,\overline{a_2}\frac{1+\vartheta_2+(1+\vartheta_2)b_{20}\psi_0}{1-b_{02}\psi_2 b_{20}\psi_0}\right)$$

$$P_7\left(0,\overline{a_1}\frac{1+\vartheta_1+(1+\vartheta_2)b_{12}\psi_2}{1-b_{12}\psi_2 b_{21}\psi_1},\overline{a_2}\frac{1+\vartheta_2+(1+\vartheta_1)b_{21}\psi_1}{1-b_{12}\psi_2 b_{21}\psi_1}\right)$$

令
$$\begin{cases}\zeta_0 = \vartheta_1 b_{01}\psi_1 + \vartheta_2 b_{02}\psi_2 + \vartheta_2 b_{01}\psi_1 b_{12}\psi_2 + \vartheta_1 b_{02}\psi_2 b_{21}\psi_1 - \vartheta_0 b_{12}\psi_2 b_{21}\psi_1 \\ \zeta_1 = \vartheta_0 b_{10}\psi_0 + \vartheta_2 b_{12}\psi_2 + \vartheta_2 b_{10}\psi_0 b_{02}\psi_2 + \vartheta_0 b_{12}\psi_2 b_{20}\psi_0 - \vartheta_1 b_{20}\psi_0 b_{02}\psi_2 \\ \zeta_2 = \vartheta_1 b_{21}\psi_1 + \vartheta_0 b_{20}\psi_0 + \vartheta_0 b_{21}\psi_1 b_{10}\psi_0 + \vartheta_1 b_{20}\psi_0 b_{01}\psi_1 - \vartheta_2 b_{01}\psi_1 b_{10}\psi_0\end{cases} \quad (3.16)$$

则 平 衡 点 P_8 可 以 表 示 为 $P_8\left(\overline{a_0}\frac{1+\vartheta_0+\zeta_0+\xi_0}{1-\omega},\overline{a_1}\frac{1+\vartheta_1+\zeta_1+\xi_1}{1-\omega},\right.$
$\left.\overline{a_2}\frac{1+\vartheta_2+\zeta_2+\xi_2}{1-\omega}\right)$。

结合复杂装备协同研制合作的特点，平衡点 P_8 中的符号 ζ_0、ζ_1、ζ_2 分别表示考虑修正影响因素下的各主体间的资源互补影响关系。将式（3.16）与式（3.10）进行对比可以发现，$\zeta_i(i=0,1,2)$ 与 $\xi_i(i=0,1,2)$ 之间的差别在于修正因素的存在，下面以 ζ_0 为例进行详细说明。

根据图 3.8 可知，ζ_0 阐述了考虑主制造商主动干预资源整合行为下的供应商对主制造商资源贡献率的影响程度。供应商会直接影响主制造商，也会通过影响传递关系对主制造商产生间接影响。

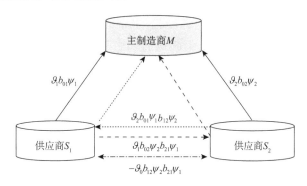

图 3.8 主制造商主动干预资源整合行为下的影响示意图

4. 主动-随动行为下多主体协同共生模型的稳定性分析

显然只有当平衡点 P_8 达到稳定时才表明所有主体在复杂装备的协同研制过程中实现了共生发展，同样的，本部分仅针对平衡点 P_8 展开稳定性分析。

根据微分方程稳定性理论可以判定，当满足条件

$$\begin{cases} \vartheta_0 > 0 \\ -(1+\zeta_1+\xi_1) < \vartheta_1 < 0 \\ -(1+\zeta_2+\xi_2) < \vartheta_2 < 0 \\ \omega < 1 \end{cases} \quad (3.17)$$

或者

$$\begin{cases} -(1+\zeta_0+\xi_0) < \vartheta_0 < 0 \\ \vartheta_1 > 0 \\ \vartheta_2 > 0 \\ \omega < 1 \end{cases} \quad (3.18)$$

时，平衡点 P_8 是方程组的稳定点。

使得平衡点 P_8 实现稳定的条件可以分为两类情况：第一类，条件（3.17）表示的是当主制造商存在利己偏好时（ $\vartheta_0 > 0$ ），供应商的利润必定会下降，其修正系数为负，但是，这种下降幅度是有限制的，不得大于其参与协同共生中所获得的协同共生增值程度（ $\vartheta_i > -(1+\zeta_i+\xi_i)$ ）；第二类，条件（3.18）表示的是当主制造商存在利他偏好时（ $\vartheta_0 < 0$ ），供应商的利润会增加，其修正系数为正，但是这种利润的增加幅度也是有限制的，主制造商采取利他行为的前提是不损害自身在合作当中的基本利益（ $\vartheta_0 > -(1+\zeta_0+\xi_0)$ ）。

上述两类稳定条件的现实意义主要有如下三个。

第一，主制造商与供应商存在协同共生中的主动-随动地位差异，使得主制造商与供应商的策略顺序不同。主制造商拥有决策权利，可以主动采用具有利己或利他偏好的合作管理策略，供应商则只能在主制造商设定策略之后决定是否合作。

第二，无论主制造商采取何种管理策略，策略的作用力度均需要处在所有协同主体的可接受范围之内。当主制造商希望尽可能地从供应商的协同合作中获取更多的额外利润时，只能从供应商的协同共生增值利益中进行修正，不能侵犯供应商凭借自身资源所创造的利益。当主制造商自愿将自身的利益与供应商进行分享时，也必然要保证凭借自身资源创造的利益不受损失。

第三，无论采取何种合作方式，只要供应商的最终利润所得处在一个可以被接受的范围内，则在该协同共生关系中，任何一个供应商都会长期存在，直至合

作的发展受到客观因素制约，各企业的资源贡献率将不再增长并趋于稳定。一旦主制造商的行为所产生的影响超出合作主体的接受范围，则协同共生关系将不再稳定直至瓦解。

3.2.4　多主体协同共生行为影响因素的仿真分析

结合上述分析，本节将影响多主体资源整合行为变化的关键因素分为三大类。

第一类，企业自身基本属性，主要通过 k_i、$\overline{a_i}$、ψ_i 和 a_i 的初始值这四个变量来表现。

第二类，各企业间的相互影响，主要通过 b_{ij} 来表现。

第三类，主制造商对各参与主体采取的主动行为（即主制造商主动性），主要通过 ϑ_i 来表现。

为了更为直观地将上述三大类关键因素进行对比分析，本节采用控制变量法进行相关数值假定，并运用 MATLAB 进行图形仿真，相关仿真图形与结论如下。

1. 独立状态与协同共生的比较

当各参与主体为独立状态时，随着时间的变化，其资源贡献率可按照式（3.7）进行仿真得到图3.9（a）。在不考虑参与主体间的基本属性差异和地位不对等问题时，随着时间的变化，三个主体（即一个主制造商和两个供应商）在协同共生状态下各自的资源贡献率可按照式（3.9）进行仿真得到图3.9（b）。

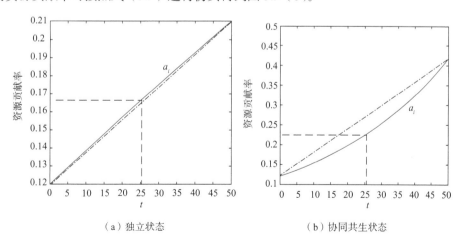

（a）独立状态　　　　　　　　（b）协同共生状态

图 3.9　独立状态与协同共生状态下的对比图

横坐标 t 表示生产周期，无单位；图中点画线斜率表示资源贡献率的平均增长速度，下同可以发现，当 $t=25$ 时，独立状态下各主体的资源贡献率约为 0.165，协同共生状态下约为 0.23。在多主体协同共生状态下，资源贡献率的增长幅度明显大于独立状态。这表明，对于各主体而言，协同共生的合作行为使得各自的资源利用率变得更大，同时单位资源投入的利益所得也变得更大。

2. 企业自身基本属性的影响

在不考虑企业相互之间影响差异的前提下，假定 $b_{ij}(i \neq j)$ 为相同的数值，设定"主制造商 M 企业综合能力优于供应商 S_1、供应商 S_2 最弱"。对比图 3.9（b）和图 3.10 可以发现，主制造商 M、供应商 S_1、供应商 S_2 的初始资源贡献率分别为 0.15、0.125、0.1，且各自协同研制水平依次递减，当 $t=25$ 时，主制造商的资源贡献率增长幅度最大。这表明，当企业自身的资源贡献率较高且技术创新能力最强时，在协同共生行为中，其资源贡献率的增速是最快的。

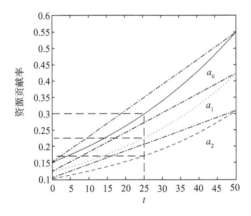

图 3.10　企业自身基本属性的差异对比图

3. 各企业间相互影响的作用

假定企业间的相互影响是相等的，b_{ij} 数值变化下的仿真结果见图 3.11（a）和（b）。在图 3.11（a）中假定 $b_{ij}=0.5(i \neq j)$，在图 3.11（b）中假定 $b_{ij}=0.9(i \neq j)$。很显然可以发现，当 b_{ij} 的数值越大时，各主体的资源贡献率增速越快。这表明，当企业间的相互影响越大时，各企业在协同共生中所产生的外溢效果越明显。与此同时，可以发现，虽然企业间的相互影响程度会对各自的资源贡献率产生增减变化，但各主体的资源贡献率大小排序还是由其企业自身基本属性决定的。

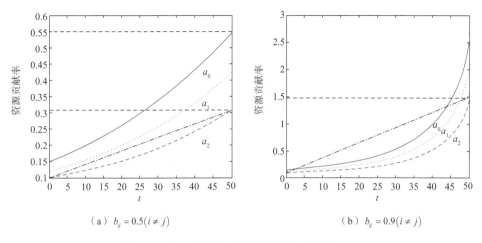

（a）$b_{ij} = 0.5(i \neq j)$　　　　　　　（b）$b_{ij} = 0.9(i \neq j)$

图 3.11　各企业间绝对影响程度的对比图

在实际操作中，各参与主体之间的相互影响并非一个相同的值。本节在假定"主制造商 M 企业综合能力优于供应商 S_1、供应商 S_2 最弱"的前提下，假定企业之间的相互影响系数为 $b_{ij} = \begin{bmatrix} 0 & 0.5 & 0.3 \\ 0.7 & 0 & 0.4 \\ 0.8 & 0.6 & 0 \end{bmatrix}$。

根据上述数据仿真得到图 3.12（b）。通过对比可以发现，若考虑企业间的非对称影响关系，当 $t = 50$ 时，合作主体间最高、最低资源贡献率的差值大约由 0.24 缩小到 0.11。这表明，当不同属性的企业进行合作时，强弱企业之间的影响随着自身企业属性发生变化，在协同共生过程中，企业间资源贡献率差距会被逐渐缩小，从而实现强弱企业间的互帮互助，缩短企业间的相对差距。

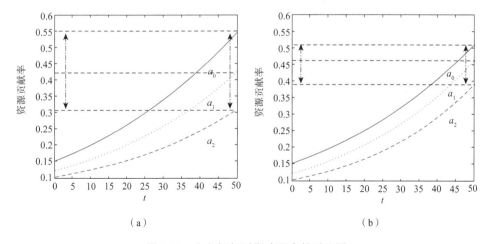

（a）　　　　　　　　　　　　（b）

图 3.12　企业间相对影响程度的对比图

4. 主制造商主动性的影响

对于主制造商而言，其主要存在两种修正行为：利己行为和利他行为。为研究方便，假定主制造商对各供应商进行无差别修正，并且在图 3.9（b）的基础上添加修正系数。

当主制造商选择利己行为时，令 $\vartheta_0 = 0.005, \vartheta_1 = \vartheta_2 = -0.0025$，得仿真图形（图 3.13（a）），可以发现，其在协同共生过程中获得的利益多，其资源贡献率也大。此时，在保证供应商合作利润所得大于独立利润所得的前提下，供应商的资源贡献率增长幅度明显降低。当主制造商选择利他行为时，令 $\vartheta_0 = -0.0025, \vartheta_1 = \vartheta_2 = 0.00125$，可得仿真图形（图 3.13（b）），可以发现，主制造商的利他行为能够使得供应商自身的利益得到明显提升，例如，在 A 点、B 点，供应商 S_2 和 S_1 的资源贡献率就分别开始高于主制造商，并快速增长，而主制造商的资源贡献率则增长相对缓慢。

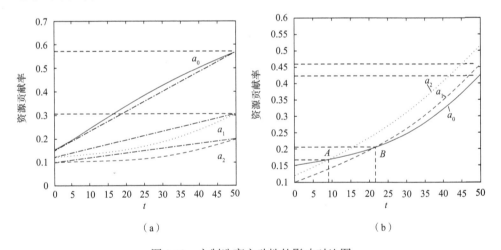

图 3.13　主制造商主动性的影响对比图

3.3　复杂装备主制造商–供应商协同研制最优资源整合策略建模分析

为了更好地推进复杂装备分布式创新协同模式下主制造商与各类供应商间的资源整合问题，主制造商不仅需要明晰合作主体进行资源整合行为的内在关联，还需要结合关键因素制订出适合当前复杂装备研发的最优资源整合策略。最优资源整合策略是指，在复杂装备研发过程中，主制造商充分考虑各类分布式供应商之间的相互作用及影响，综合利用供应商资源以谋求航空产品效益最大化时所采取的策略。对于主制造商而言，航空产品的资源整合是一个具有系统性与科学性的资源获取与配置的综合行为。主制造商需要充分考虑供应商之间的关联性，有计划地整合各类供应商的可用资源，以实现复杂装备技术创新程度最大限度的提升。因此，基于复杂装备的研发特征，如何合理地寻找各类供应商之间的最优资源整合策略，是主制造商提升航空产品技术创新水平所需要解决的重要问题。

3.3.1　资源整合行为的对象及特性

1. 资源整合的对象及行为主体

1）资源整合的对象

在复杂装备的研制阶段，资源整合的对象是主制造商以及各类供应商所额外提供的资源。其中，各类供应商额外提供的资源是主制造商进行资源整合的关键。为研究方便，本节假定供应商的综合资源投入价值为 R_i' ，按照用途可以分为两类：一类是用于生产所承担子系统的固定性资源投入价值 R_i ；另一类是用于提升产品技术水平而进行资源整合所需的变动性资源投入价值 r_i ，即 $R_i'=R_i+r_i$ ，如图 3.14 所示。当供应商投入变动性资源能够带来变动性收益时，在保证自身经济利益不受损失的前提下，供应商都会尽可能多地投入额外资源以寻求最佳效益。因而，这部分变动性资源投入就成为复杂装备集成阶段可以被主制造商进行管理与协调的动态资源。

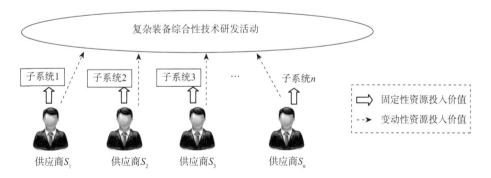

图 3.14　复杂装备分布式协同研制模式下的资源整合对象

2）资源整合的主体与客体

在复杂装备的研制阶段，资源整合行为的主体是主制造商，客体是供应商。

主制造商是资源整合行为的倡导者与执行者，供应商是资源整合行为的参与者。主制造商根据复杂装备的具体研发思路和要求，对供应商提供的资源进行综合配置与整合，并通过研制阶段的产品创新，增加产品的技术附加值，并最终以资源整合效益的方式反馈给所有参与协同研制的合作主体，如图 3.15 所示。在这个过程中，主制造商积极推进资源整合的根本目的是，期望通过各类供应商额外资源的投入，在提升产品技术创新获得更高效益的同时，实现自身效益的最大化，也就是说，主制造商希望通过供应商积极地参与资源整合行为来获得供应商利润流中的一部分利益。

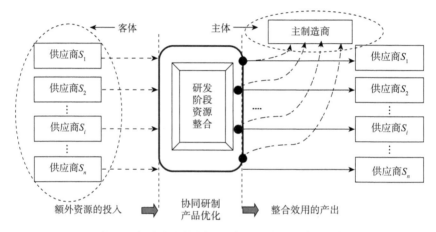

图 3.15　复杂装备分布式协同研制模式下资源整合的主体与客体

2. 资源整合的阶段性动态优化

复杂装备的研制活动是由初步设计阶段、试验试制阶段、集成阶段、批量生产阶段构成的。在这四个阶段中，主制造商与各类供应商之间以分布式创新协同的合作方式开展活动。为了提升复杂装备的技术创新程度，主制造商希望在现有合作的基础上，通过整合供应商资源的方式进一步推动产品的技术创新，寻找各类供应商的最优资源参与度，并实现产品的最优创新。主制造商的资源整合行为贯穿复杂装备研制活动的四个阶段。为了实现产品技术创新及产品质量的最优，在每一个阶段，主制造商都会根据当前的研发成效采取相应的资源整合策略，以使复杂装备在当前阶段内实现效用最优，从而逐步实现动态优化，如图 3.16 所示。

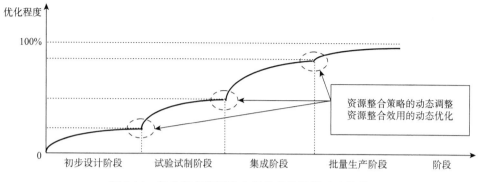

图 3.16　复杂装备资源整合行为的阶段性动态优化

3. 资源整合中的不确定性因素

为推进复杂装备更加高效率地研发，主制造商有必要在合作初始确定各供应商提供的额外资源量范围，以有效地整合多方资源并实现复杂装备的成功研制。然而，当复杂装备属于一个全新的产品类型时，在缺乏历史先验数据的情况下，确定集成阶段各供应商所需要提供的资源投入量是一件困难的事情。因此，主制造商是在资源需求量不确定的情形下对集成阶段的资源整合进行管理与协调。

资源整合中需求量的不确定性易导致以下两类问题：第一，主制造商的资源整合策略选择会缺乏合理的科学依据。由于主制造商无法根据历史数据制订具体的资源整合策略，其资源整合行为容易掺杂太多的随意性与主观性。第二，供应商的资源整合行为会缺乏合理的指导与协调。当主制造商无法有效发挥自身的统筹规划功能时，供应商仅会考虑自身的资源整合效用来决定额外资源的投入量，而忽略供应商之间的协同问题，容易造成资源投入的不协调，致使资源使用率出现人为降低的现象，这显然与当前可持续发展的理念不相符合。

因此，对于主制造商而言，进行资源整合策略选择时需要综合考虑资源整合策略执行过程中所要面对的不确定性因素，结合具体的问题情境，设定具体的策略选择方案，这对推进复杂装备高效率研发具有重要意义。

3.3.2　资源整合策略建模系统分析

1. 资源整合的任务分解

在复杂装备的研发过程中，主制造商在对整个复杂装备系统框架以及功能需求进行分析的基础之上进行复杂装备研发任务的模块划分，并从计划编制的角度制订严格的复杂装备的 WBS。WBS 是一种进行工作任务分解的项目管理工具，在复杂装备的研发领域已经得到了广泛的运用与发展，如船舶、动车、卫星等。

特别的，何恒、邓家禔提出了一种由三个层次的分解结构组成的构造法，认为复杂装备研发任务首先按照产品结构分解，其次按照交付物分解，最后按照活动分解。结合复杂装备的研发特点，本节借鉴上述方法从多主体资源整合的角度，对复杂装备的分布式技术创新协同研制活动进行如下分解，见图 3.17。

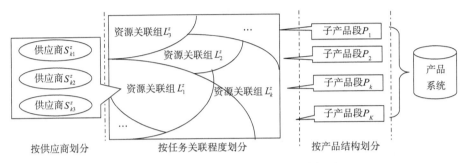

图 3.17　复杂装备资源整合的逐层分解图

第一层，按产品结构划分。根据公理化设计（axiomatic design）原理可知，产品设计是一个从顶层设计开始自上而下逐层分解的过程，因此，从复杂装备的最终交付物形态出发，遵从独立性公理，首先将复杂装备按照产品结构划分为不同的子产品段，各个子产品段之间相互独立又相互联结。

定义 3.1　某一类复杂装备均可以被科学地划分为 K 个子产品段以进行分段研发，每一个子产品段记为 $P_k(k=1,2,\cdots,K)$。

第二层，按任务关联程度划分。对于某一个航空产品而言，其子产品段的研制活动仍然是一个很复杂的过程，包含数量繁多的工序和流程，需要庞大的资源作为研发基础。因此，对于每一个子产品段，主制造商需要厘清各类工序所需资源之间的关联性，根据任务之间的关联程度进行划分，将资源关联程度较高的任务归类为一个资源关联组，资源关联组内需要高度协同与合作，资源关联组之间则存在一定的相对独立性。

定义 3.2　复杂装备的每一个子产品段 P_k 均可以根据每个任务所需资源的关联程度被合理地划分为 Z_k 个资源关联组，每一个资源关联组记为 $L_k^z(k=1,2,\cdots,Z_k)$。

第三层，按供应商划分。每一个资源关联组所需的资源类别众多，由不同的供应商提供。对于每一个供应商而言，由于其参与协同合作的任务不同，其投入的资源也不同，供应商在资源关联组中所担任的角色及其地位也是不同的。因此，按照供应商重要程度，可以将供应商分为战略供应商、核心供应商和一般供应商。战略供应商、核心供应商凭借资源优势在合作中具有决定性作用，一般供应商则需要在主制造商与战略供应商、核心供应商的共同约束下参与协同合作。

定义 3.3　对于复杂装备子产品段 P_k 中的每一个资源关联组 L_k^z 而言，存在 j_k^z

个供应商参与协同研制，记每一个供应商为 $S_{ki}^z\left(i=1,2,\cdots,j_k^z\right)$。

很显然，对于主制造商而言，资源整合的切入点是具有资源关联影响的供应商群体，即资源关联组 L_k^z 中所涉及的资源整合行为主体和客体。

2. 资源整合的效用分析

1）资源整合的成本

资源整合所需投入的成本对最终资源整合的效益存在明显的影响作用，因此，对于整个复杂装备而言，资源整合行为所产生的成本分为两类：一类是供应商提供额外资源所需要支付的费用（包括调试设备等物质资源的成本、物料的运输成本以及人力资源的消耗成本）；另一类是主制造商组织复杂装备集成所产生的成本（包括主制造商本身参与所投入的资源成本和对供应商资源进行整合的管理成本）。

定义 3.4　复杂装备研制过程中资源整合的总成本记为 C，满足式（3.19）：

$$C=\sum_{k=1}^K\sum_{z=1}^{Z_k}\sum_{i=1}^{j_k^z}\left[r_{ki}^z+\frac{1}{2}\varepsilon_{ki}^z\left(r_{ki}^z\right)^2\right]+r_M+c_M \tag{3.19}$$

为研究方便，假定投入的资源价值量与资源整合所消耗的资源成本等价。其中，r_{ki}^z 为子产品段 P_k 中供应商 S_{ki}^z 所提供的资源价值量；ε_{ki}^z 表示供应商 S_{ki}^z 由于地域分布问题所产生的额外资源整合成本系数；r_M 表示主制造商投入复杂装备集成阶段的资源价值量；c_M 表示主制造商对各供应商进行资源整合所产生的管理类成本。

2）资源整合的收益

复杂装备中主制造商与供应商之间的资源整合行为所产生的收益可以按时效分为现实收益和期望收益。现实收益是指主制造商及供应商参与资源整合所获得的当前收益。期望收益是指凭借该资源整合行为给主制造商、供应商带来的长期收益。

根据 3.2 节的研究可以发现，现实收益与参与者投入的资源价值量相关，也与该参与者自身的基本属性相关（如产品的技术含量、企业规模等）。

定义 3.5　复杂装备研制过程中供应商 S_{ki}^z 的现实收益记为 T_{ki}^z，满足如下关系：

$$T_{ki}^z=\left(1+a_{ki}^z\right)r_{ki}^z \tag{3.20}$$

其中，a_{ki}^z 为复杂装备研制过程中供应商 S_{ki}^z 的资源贡献率。

对于供应商的期望收益，国内学者姚建明认为多个企业间的资源整合行为所产生的期望收益与各企业的自身基本属性密切相关。对于规模大、运营效率高、企业竞争力强的企业而言，资源整合是一种锦上添花的行为；对于在市场占有率、生产效率、企业知名度等相关方面较弱的企业而言，资源整合的后续效益反馈会表现得更为突出。

定义 3.6 供应商 S_{ki}^z 的期望收益记为 E_{ki}^z，且期望收益与现实收益的比值满足如下关系：

$$\frac{E_{ki}^z}{T_{ki}^z} = \lambda e^{\delta\left(1/F_{ki}^z\right)} \tag{3.21}$$

其中，F_{ki}^z 为供应商 S_{ki}^z 自身基本属性的综合指数（涵盖企业规模、企业竞争力、企业影响力等反映企业基本属性的因素）；λ 和 δ 为式（3.21）的关系调整系数。很显然，当供应商 S_{ki}^z 的 F_{ki}^z 较大时，其相对期望收益较小；当 F_{ki}^z 较小时，其相对期望收益较大。

因此，供应商与主制造商进行资源整合所获得的效益函数可以进行如下表示。

定义 3.7 在复杂装备研制过程中，供应商 S_{ki}^z 参与资源整合的收益是由现实收益与期望收益共同构成的，记为 $B_{S_{ki}^z}$，表达式如下：

$$B_{S_{ki}^z} = E_{ki}^z + T_{ki}^z = \left(1 + \lambda e^{\delta\left(1/F_{ki}^z\right)}\right)T_{ki}^z \tag{3.22}$$

对于主制造商而言，由于供应商之间的资源整合行为是一个资源相互配合下实现价值转化的过程，因此，主制造商在资源整合过程中的总收益不仅与供应商提供的资源投入量有关，还与供应商之间的合作配合程度、资源的匹配程度有关。

定义 3.8 在复杂装备研制过程中，主制造商对航空产品整体进行资源整合的总收益为 B_M，满足如下公式：

$$B_M = T_M + E_M + \sum_{k=1}^{K}\sum_{z=1}^{Z_k}\sum_{i=1}^{j_k^z}\left(\alpha_{ki}^z T_{ki}^z + \beta_{ki}^z E_{ki}^z\right) \tag{3.23}$$

其中，T_M 和 E_M 分别表示主制造商在资源整合过程中凭借自身资源投入所获得的现实收益和期望收益；α_{ki}^z 和 β_{ki}^z 分别表示供应商 S_{ki}^z 有效地参与资源整合后现实收益与期望收益对主制造商的贡献程度。

3）资源整合的效用函数

定义 3.9 供应商 S_{ki}^z 提供额外资源参与复杂装备协同研制的效用值记为 I_{ki}^z，其表达式为

$$I_{ki}^z = T_{ki}^z + E_{ki}^z - r_{ki}^z - \frac{1}{2}\varepsilon_{ki}^z\left(r_{ki}^z\right)^2 \tag{3.24}$$

主制造商在复杂装备的研发过程属于管理者的角色，更加关注由供应商合作行为所带来的变动性收益，因此，为重点表达供应商额外资源投入对主制造商的效用影响程度，本节剔除式（3.23）中主制造商凭借自身生产资源投入所获得的现实收益（T_M）与期望收益（E_M）。

定义 3.10　主制造商 M 对复杂装备整体进行资源整合时的效用值记为 I_M，其表达式为

$$I_M = \sum_{k=1}^{K} \sum_{z=1}^{Z_k} \sum_{i=1}^{j_k^z} \left(\alpha_{ki}^z T_{ki}^z + \beta_{ki}^z E_{ki}^z \right) c_M \qquad (3.25)$$

3.3.3　最优资源整合策略模型的构建

1. 整体最优资源整合策略建模

整体最优资源整合策略是指从合作整体的角度出发，综合考虑合作群体的相互影响作用，以追求复杂装备最优技术创新水平提升而采取的综合性资源整合策略。主制造商采取整体最优资源整合策略时，需要厘清供应商之间的关联性，发挥主制造商的主动控制权来协调供应商之间的资源整合行为，从而实现复杂装备技术创新水平的提升。

1）供应商资源关联约束

复杂装备供应商之间的关联性建立在资源有效互补的基础之上，寻找供应商之间的合作关联需要以资源互补为切入点。航空产品研发资源需求量存在一定的配比约束，这与当前制造工业追求的生产资源要素配置匹配的理念是类似的，如钢铁企业烧结问题、食品配比问题等。只有遵循产品设计要求、遵循产品所需资源要素之间的协调关系，才能高效率地生产出优质产品。本书所探讨的复杂装备也相当注重资源配比的问题，各类资源必须要遵循复杂装备的设计要求，按照一定的比例关系进行配置与整合，这样才能实现复杂装备性能的不断优化与改进，这也是体现复杂装备分布式技术创新协同的关键所在。因此，对于复杂装备研发各阶段的资源整合问题，需要考虑不同资源配比下各个供应商资源投入之间的协调问题。

定义 3.11　参与子产品段 P_k 中资源关联组 L_k^z 协同技术创新合作的供应商 S_{ki}^z 所提供的资源价值量与总资源投入量之间满足如下关系：

$$\frac{r_{ki}^z}{\sum\limits_{z=1}^{Z_k} r_{ki}^z} = \theta_{ki}^z(\otimes) \qquad (3.26)$$

其中，θ_{ki}^z 表示供应商 S_{ki}^z 所提供资源价值量占资源关联组 L_k^z 所需资源总量的比值，θ_{ki}^z 是由复杂装备的总体设计规划所决定的，它并非一个确定的值，而是一个灰数，满足 $\underline{\theta_{ki}^z} \leqslant \theta_{ki}^z(\otimes) \leqslant \overline{\theta_{ki}^z}$，也就是说，供应商 S_{ki}^z 所提供的资源占比可以是对应可行域 $\left[\underline{\theta_{ki}^z}, \overline{\theta_{ki}^z} \right]$ 内的任意一个值。这里的 $\underline{\theta_{ki}^z}$ 和 $\overline{\theta_{ki}^z}$ 分别指比值的最小可能值

和最大可能值。

有研究表明，在对复杂装备进行多任务调度和管理的活动中，管理者基于关键链项目管理原则来确定资源受限状态的资源配置、资源利用等资源整合问题，可以有效提高资源整合效率及科学性。本节通过选择核心供应商的方式，基于资源配比约束搭建同一个资源关联组中各类供应商之间的约束关系。主制造商需要通过综合评价的方式确定每一个资源关联组中最关键的供应商及其所对应的关键资源，然后对该关键资源的比重进行白化处理以解决信息不确定的问题。此处，白化方法的具体选择取决于主制造商对于该类别资源的认知程度。为研究方便，本书采用等权均值白化方法。假定 r_{k1}^z 是该资源关联组中最关键的资源，则取 $\theta_{k1}^z = \frac{1}{2}\left(\underline{\theta_{k1}^z} + \overline{\theta_{k1}^z}\right)$。将资源关联组 L_k^z 中 j_k^z 个供应商的效用函数表示为关于 r_{k1}^z 的函数表达式，建立起各类供应商之间的关联约束。

2）模型建立

根据相关假设与定义，对于整合复杂装备而言，主制造商对各类供应商采取整体最优资源整合策略时，主制造商的最优资源聚合效用目标函数如下：

$$\max I_M = \sum_{k=1}^{K} \sum_{z=1}^{Z_k} \sum_{i=1}^{j_k^z} \left[\alpha_{ki}^z + \beta_{ki}^z \lambda \mathrm{e}^{\delta\left(1/F_{ki}^z\right)} \right] \left(1 + a_{ki}^z\right) - c_M$$

$$\text{s.t.} \begin{cases} \left[\left(1 + \lambda \mathrm{e}^{\delta\left(1/F_{ki}^z\right)}\right)\left(1 + a_{k1}^z\right) - 1 \right] r_{k1}^z - \dfrac{1}{2} \varepsilon_{k1}^z \left(r_{k1}^z\right)^2 \geqslant 0 \\[2mm] \left[\left(1 + \lambda \mathrm{e}^{\delta\left(1/F_{ki}^z\right)}\right)\left(1 + a_{ki}^z\right) - 1 \right] \omega_{ki}^z r_{k1}^z - \dfrac{1}{2} \varepsilon_{ki}^z \left(\omega_{ki}^z r_{k1}^z\right)^2 \geqslant 0 \\[2mm] r_{ki}^z = \omega_{ki}^z r_{k1}^z \\[2mm] \dfrac{1}{1 + \sum\limits_{i=2}^{j_k^z} \omega_{ki}^z} = \theta_{k1}^z \\[2mm] \dfrac{\omega_{ki}^z}{1 + \sum\limits_{i=2}^{j_k^z} \omega_{ki}^z} = \theta_{ki}^z \\[2mm] \underline{\theta_{ki}^z} \leqslant \theta_{ki}^z(\otimes) \leqslant \overline{\theta_{ki}^z} \\[1mm] 0 < r_{ki}^z \leqslant R_{ki}^z \\[1mm] i = 1, 2, \cdots, j_k^z \\[1mm] z = 1, 2, \cdots, Z_k \\[1mm] k = 1, 2, \cdots, K \end{cases} \tag{3.27}$$

为研究方便，本章按照如下方法对上述灰色区间进行转化。

给定一个灰数 $\otimes_i = [a_i, b_i](i=1,2,\cdots)$，对其进行变换，有

$$\begin{aligned}\otimes_i = [a_i, b_i] &= [a_i, b_i] + a_i - a_i\\&= a_i + [0, b_i - a_i] = a_i + (b_i - a_i)[0,1] = a_i + \chi_i \cdot \gamma_i\end{aligned}\tag{3.28}$$

其中，a_i 为 $\otimes_i$ 的白部；$\chi_i \cdot \gamma_i$ 是 $\otimes_i$ 的灰部，$\chi_i = b_i - a_i$ 是该灰数的灰系数，$\gamma_i \in [0,1](i=1,2,\cdots)$。

根据式（3.27）对 ω_{ki}^z 进行如下变换，记 $r_{ki}^z \in [0,1](i=2,3,\cdots,j_k^z)$，则

$$\omega_{ki}^z = \left(1 + \sum_{i=2}^{j_k^z} \omega_{ki}^z\right)\theta_{ki}^z = \frac{1}{\theta_{k1}^z}\theta_{ki}^z \in \left[\frac{\theta_{ki}^z}{\theta_{k1}^z}, \frac{\overline{\theta_{ki}^z}}{\theta_{k1}^z}\right], \quad \omega_{ki}^z \in \left[\frac{\underline{\theta_{ki}^z}}{\theta_{k1}^z}, \frac{\overline{\theta_{ki}^z}}{\theta_{k1}^z}\right] = \frac{\underline{\theta_{ki}^z}}{\theta_{k1}^z} + \left(\frac{\overline{\theta_{ki}^z} - \underline{\theta_{ki}^z}}{\theta_{k1}^z}\right)r_{ki}^z\tag{3.29}$$

此时，模型（3.27）可以转化为关于变量 $r_{k1}^z, \gamma_{k2}^z, \gamma_{k3}^z, \cdots, \gamma_{kj}^z$ 的函数表达式：

$$\begin{aligned}\max I_M = \sum_{k=1}^{K}\sum_{z=1}^{Z_k}&\left\{\left(\alpha_{k1}^z + \beta_{k1}^z\lambda e^{\delta(1/F_{k1}^z)}\right)(1+a_{k1}^z)r_{k1}^z + \sum_{i=2}^{j_k^z}\left(\alpha_{ki}^z + \beta_{ki}^z\lambda e^{\delta(1/F_{ki}^z)}\right)(1+a_{ki}^z)\left[\frac{\underline{\theta_{ki}^z}}{\theta_{k1}^z}r_{k1}^z + \left(\frac{\overline{\theta_{ki}^z} - \underline{\theta_{ki}^z}}{\theta_{k1}^z}\right)\gamma_{ki}^z r_{k1}^z\right]\right\}\\&- c_M\end{aligned}$$

$$\text{s.t.}\begin{cases}\left[\left(1 + \lambda e^{\delta(1/F_{k1}^z)}\right)(1+a_{k1}^z) - 1\right]r_{k1}^z - \dfrac{1}{2}\varepsilon_{k1}^z(r_{k1}^z)^2 \geqslant 0\\[2mm]\left[\left(1 + \lambda e^{\delta(1/F_{ki}^z)}\right)(1+a_{ki}^z) - 1\right]\left[\dfrac{\underline{\theta_{ki}^z}}{\theta_{k1}^z}r_{k1}^z + \left(\dfrac{\overline{\theta_{ki}^z} - \underline{\theta_{ki}^z}}{\theta_{k1}^z}\right)\gamma_{ki}^z r_{k1}^z\right] - \dfrac{1}{2}\varepsilon_{ki}^z\left[\dfrac{\underline{\theta_{k1}^z}}{\theta_{k1}^z}r_{k1}^z + \left(\dfrac{\overline{\theta_{ki}^z} - \underline{\theta_{ki}^z}}{\theta_{k1}^z}\right)\gamma_{ki}^z r_{k1}^z\right]^2 \geqslant 0\\[2mm]0 \leqslant \dfrac{\underline{\theta_{ki}^z}}{\theta_{k1}^z}r_{ki}^z + \left(\dfrac{\overline{\theta_{ki}^z} - \underline{\theta_{ki}^z}}{\theta_{k1}^z}\right)\gamma_{ki}^z r_{k1}^z \leqslant R_{ki}^z\\[2mm]\gamma_{ki}^z \in [0,1]\\i = 2,3,\cdots,j_k^z\\z = 1,2,\cdots,Z_k\\k = 1,2,\cdots,K\end{cases}\tag{3.30}$$

3）模型求解

定理 3.1　若主制造商采取整体最优资源整合策略对供应商进行协调管理，则当主制造商实现资源整合效用最优时，各类供应商的最优资源投入量记为 r_{ki}^{z***}，则其策略集合为

$$\left\{ r_{k1}^{z***}, \frac{\theta_{k2}^z}{\theta_{k1}^z} + \left(\frac{\overline{\theta_{k2}^z} - \theta_{k2}^z}{\theta_{k1}^z} \right) \gamma_{k2}^{z*}, \cdots, \frac{\theta_{ki}^z}{\theta_{k1}^z} + \left(\frac{\overline{\theta_{ki}^z} - \theta_{ki}^z}{\theta_{k1}^z} \right) \gamma_{ki}^{z*}, \cdots, \frac{\theta_{kj_k^z}^z}{\theta_{k1}^z} + \left(\frac{\overline{\theta_{kj_k^z}^z} - \theta_{kj_k^z}^z}{\theta_{k1}^z} \right) \gamma_{kj_k^z}^{z*} \right\}$$

（3.31）

证明 当主制造商合理控制供应商的资源整合行为时，同属于同一个资源关联组内的供应商之间受到资源配比的约束，此时主制造商的整体最优资源整合策略模型即式（3.30）。求式（3.30）中目标函数的一阶偏导数，当 j_k^z 个供应商满足如下条件时：

$$\begin{cases} \dfrac{\partial I_{Mk}^z}{\partial r_{k1}^z} = 0 \\ \dfrac{\partial I_{Mk}^z}{\partial \gamma_{ki}^z} = 0 \end{cases}, \quad i = 2, 3, \cdots, j_k^z$$

（3.32）

且 $r_{k1}^z, \gamma_{k2}^z, \cdots, \gamma_{ki}^z, \cdots, \gamma_{kj_k^z}^z$ 的可行域范围满足如下条件时即可求得 γ_{ki}^{z***}：

$$\begin{cases} 0 \leqslant r_{k1}^z \leqslant \dfrac{2\left[\left(1 + \lambda e^{\delta(1/F_{k1}^z)} \right)\left(1 + a_{k1}^z \right) - 1 \right]}{\varepsilon_{k1}^z} \\ 0 \leqslant \gamma_{ki}^z \leqslant \left\{ \dfrac{2\left[\left(1 + \lambda e^{\delta(1/F_{ki}^z)} \right)\left(1 + a_{ki}^z \right) - 1 \right]}{\varepsilon_{ki}^z r_{k1}^z} - \dfrac{\theta_{ki}^z}{\theta_{k1}^z} \right\} \left(\dfrac{\theta_{k1}^z}{\overline{\theta_{ki}^z} - \underline{\theta_{ki}^z}} \right) \\ 0 \leqslant \dfrac{\theta_{ki}^z}{\theta_{k1}^z} r_{k1}^z + \left(\dfrac{\overline{\theta_{ki}^z} - \theta_{ki}^z}{\theta_{k1}^z} \right) \gamma_{ki}^z r_{k1}^z \leqslant R_{ki}^z \end{cases}$$

（3.33）

由于解析解表达复杂，记满足条件的解集为 $\left\{ r_{k1}^{z***}, \gamma_{k2}^{z*}, \cdots, \gamma_{ki}^{z*}, \cdots, \gamma_{kj_k^z}^{z*} \right\}$，则可求得 $r_{ki}^{z***} = \dfrac{\theta_{ki}^z}{\theta_{k1}^z} + \left(\dfrac{\overline{\theta_{ki}^z} - \theta_{ki}^z}{\theta_{k1}^z} \right) \gamma_{ki}^{z*}$。

证毕。

定理 3.2 当主制造商采取整体最优资源整合策略时，资源关联组 L_k^z 中的主制造商以及供应商参与资源整合时所获得的效益分别满足如下公式：

$$I_{Mk}^z = \left(\alpha_{k1}^z + \beta_{k1}^z \lambda e^{\delta(1/F_{k1}^z)} \right)\left(1 + a_{k1}^z \right) r_{k1}^{z***}$$

$$+ \sum_{i=2}^{j_k^z} \left(\alpha_{ki}^z + \beta_{ki}^z \lambda e^{\delta(1/F_{ki}^z)} \right)\left(1 + a_{ki}^z \right) \left[\frac{\theta_{ki}^z}{\theta_{k1}^z} \cdot r_{k1}^{z***} + \left(\frac{\overline{\theta_{ki}^z} - \theta_{ki}^z}{\theta_{k1}^z} \right) \cdot \gamma_{ki}^{z*} r_{k1}^{z***} \right] - c_{kz}$$

（3.34）

$$
I_{ki}^z = \begin{cases}
\left[\left(1 + \lambda e^{\delta\left(1/F_{k1}^z\right)} \right)\left(1 + a_{k1}^z\right) - 1 \right] r_{k1}^{z**} - \dfrac{1}{2}\varepsilon_{k1}^z \left(r_{k1}^{z**} \right)^2, \ i = 1 \\[3mm]
\left[\left(1 + \lambda e^{\delta\left(1/F_{ki}^z\right)} \right)\left(1 + a_{ki}^z\right) - 1 \right]\left[\dfrac{\theta_{ki}^z}{\theta_{k1}^z} r_{k1}^{z**} + \left(\dfrac{\overline{\theta_{ki}^z} - \theta_{ki}^z}{\theta_{k1}^z} \right)\gamma_{ki}^{z*} r_{k1}^{z**} \right] \\[4mm]
- \dfrac{1}{2}\varepsilon_{ki}^z \left[\dfrac{\theta_{ki}^z}{\theta_{k1}^z} r_{k1}^{z**} + \left(\dfrac{\overline{\theta_{ki}^z} - \theta_{ki}^z}{\theta_{k1}^z} \right)\gamma_{ki}^{z*} r_{k1}^{z**} \right]^2, \ i = 2,3,\cdots,j_k^z
\end{cases}
\tag{3.35}
$$

证明　将定理 3.1 所得的各类供应商最优资源投入策略集合内的数值分别代入模型（3.30），即可求得定理 3.2。

证毕。

根据定理 3.1、定理 3.2 可以发现，当主制造商将供应商进行合理归类后，供应商参与资源整合的行为不仅受到自身技术创新水平、分布度、资源储备情况等因素的影响，还受到其他相关联供应商的影响。供应商的行为决策在主制造商的协调管理下变得更加科学和理性。

2. 个体最优资源整合策略建模

个体最优资源整合策略是指从合作个体的角度出发，不考虑合作群体的相互影响，以追求单个合作主体自身经济利益最优而采取的独立性资源整合策略。在复杂装备的协同研制过程中，供应商作为航空产品的参与者，并不追求航空产品的最终效益，更加关注参与资源整合所能获得的个体利益，因此，当主制造商采取完全自主的资源整合策略时，供应商在无约束情形下采取的是个体最优资源整合策略。

1）模型建立

根据相关假设与说明，供应商追求个体最优时的最优资源整合效用目标函数如下：

$$
\max I_{ki}^z = \left[\left(1 + \lambda e^{\delta\left(1/F_{ki}^z\right)} \right)\left(1 + a_{ki}^z\right) - 1 \right] r_{ki}^z - \dfrac{1}{2}\varepsilon_{ki}^z \left(r_{ki}^z \right)^2
$$
$$
\text{s.t.} \begin{cases} I_{ki}^z \geqslant 0 \\ 0 \leqslant r_{ki}^z \leqslant R_{ki}^z \end{cases}
\tag{3.36}
$$

供应商的资源整合策略必须要保证自身有利可图，同时还需要在自身资源可使用范围内。

2）模型求解

个体最优资源整合策略是供应商单方面自主决策的最优资源整合策略，"最优"是基于供应商角度的理想最优,当供应商提供的资源参与到复杂装备的系统性技术创新活动时,资源之间彼此协调与融合,并最终发挥效用,实现产品技术水平的提升。资源的剩余或者缺失都将导致资源利用率出现波动,从而使得供应商参与资源整合的实际效用与理论效用之间产生偏差。

定理 3.3 当主制造商采取供应商自主参与资源整合行为策略时,在不考虑供应商之间相互影响的情况下,供应商 S_{ki}^z 追求个体最优资源整合策略时的最优资源投入量理论值(记为 r_{ki}^{z*})满足:

$$r_{ki}^{z*} = \begin{cases} \dfrac{\left(1+\lambda e^{\delta\left(1/F_{ki}^z\right)}\right)\left(1+a_{ki}^z\right)-1}{\varepsilon_{ki}^z}, & \dfrac{\left(1+\lambda e^{\delta\left(1/F_{ki}^z\right)}\right)\left(1+a_{ki}^z\right)-1}{\varepsilon_{ki}^z} \leqslant R_{ki}^z \\[4mm] R_{ki}^z, & \dfrac{\left(1+\lambda e^{\delta\left(1/F_{ki}^z\right)}\right)\left(1+a_{ki}^z\right)-1}{\varepsilon_{ki}^z} > R_{ki}^z \end{cases} \tag{3.37}$$

证明 若供应商不受主制造商约束,当且仅当满足条件

$$\begin{cases} \dfrac{\partial I_{ki}^z}{\partial r_{ki}^z} = 0 \\[3mm] \dfrac{\partial^2 I_{ki}^z}{\partial \left(r_{ki}^z\right)^2} < 0 \end{cases} \tag{3.38}$$

时式(3.24)取得最大值。易得

$$\begin{cases} \dfrac{\partial I_{ki}^z}{\partial r_{ki}^z} = \left(1+\lambda e^{\delta\left(1/F_{ki}^z\right)}\right)\left(1+a_{ki}^z\right)-1-\varepsilon_{ki}^z r_{ki}^z = 0 \\[3mm] \dfrac{\partial^2 I_{ki}^z}{\partial \left(r_{ki}^z\right)^2} = -\varepsilon_{ki}^z < 0 \end{cases} \tag{3.39}$$

此时,供应商最优资源投入量为 $\dfrac{\left(1+\lambda e^{\delta\left(1/F_{ki}^z\right)}\right)\left(1+a_{ki}^z\right)-1}{\varepsilon_{ki}^z}$。由于供应商自身可以投入的资源量存在上限,因此,当 $\dfrac{\left(1+\lambda e^{\delta\left(1/F_{ki}^z\right)}\right)\left(1+a_{ki}^z\right)-1}{\varepsilon_{ki}^z} > R_{ki}^z$ 时,供应商只能投入其资源上限 R_{ki}^z。

证毕。

根据定理 3.3 可以发现,供应商完全自主参与资源整合时,若供应商自身技术创新水平较高,其更愿意投入资源参与整合;供应商的分布度越大,资源整合环节所产生的成本就越大,供应商投入协同合作的资源量就越少。

在供应商采取个体最优资源整合策略时，同属于一个资源关联组的供应商之间的资源关联影响容易被忽略，易出现复杂装备技术研发所需资源的紧缺或剩余。由于供应商的资源整合投入行为与资源整合的最终利益分配存在时间上的先后顺序，基于个体最优资源整合的策略行为并不能实现产品的最优，致使出现供应商的实际资源整合利润所得小于理论值的现象。

定理 3.4　当供应商 S_{ki}^z 按照个体最优资源整合策略的最优资源投入量理论值 r_{ki}^{z*} 参与到复杂装备资源整合时，资源的实际有效投入量记为 $\overline{r_{ki}^{z*}}$，则 $\overline{r_{ki}^{z*}}$ 满足如下关系：

$$\overline{r_{ki}^{z*}} = \begin{cases} r_{ki}^{z**}, & r_{ki}^{z*} \geqslant r_{ki}^{z**} \\ r_{ki}^{z*}, & r_{ki}^{z*} < r_{ki}^{z**} \end{cases} \quad (3.40)$$

证明　由定理 3.1 可知，对于复杂装备而言，供应商 S_{ki}^z 所需提供的资源量为 r_{ki}^{z**}。

记 $\Delta r_{ki}^z = r_{ki}^{z*} - r_{ki}^{z**}$，则当 $r_{ki}^{z*} \geqslant r_{ki}^{z**}$ 时，$\Delta r_{ki}^z \geqslant 0$，此时供应商处于资源投入过剩状态，由于超额投入的资源无法单独地实现效用产出，因此超额部分属于无效资源投入；当 $r_{ki}^{z*} < r_{ki}^{z**}$ 时，$\Delta r_{ki}^z < 0$，此时供应商处于资源投入不足状态，因此，供应商所投入的资源均为有效投入。

证毕。

因此，当供应商 S_{ki}^z 追求个体最优资源整合策略时，主制造商的资源整合效用、供应商的实际资源整合效用分别满足如下关系：

$$\begin{cases} I_M^* = \sum_{k=1}^{K} \sum_{z=1}^{Z_k} \sum_{i=1}^{j_k^z} \left[\alpha_{ki}^z + \beta_{ki}^z \lambda e^{\delta\left(1/F_{ki}^z\right)} \right] \left(1 + a_{ki}^z\right) \overline{r_{ki}^{z*}} - c_M \\ I_{ki}^{z*} = \left[\left(1 + \lambda e^{\delta\left(1/F_{ki}^z\right)}\right)\left(1 + a_{ki}^z\right) - 1 \right] \overline{r_{ki}^{z*}} - \frac{1}{2} \varepsilon_{ki}^z \left(\overline{r_{ki}^{z*}}\right)^2 \end{cases} \quad (3.41)$$

3.3.4　算例分析

1. 算例介绍

某飞机制造企业采用主制造商-供应商分布式协同模式研发生产一种新型商用飞机，资源整合建立在异质性资源匹配互补的前提下，假定某子产品段 P_k 是由 9 个供应商参与整合的，可分为 3 个资源关联组，每个资源关联组所涉及的供应商数量见表 3.3。现在，在采取整体最优资源整合策略时，主制造商需要在资源需求量不确定的前提下，科学地确定各类供应商相对较优的额外资源投入量。

表 3.3 某飞机子产品段的供应商关联分析

子产品段	子产品段 P_k		
资源关联组	资源关联组 L_1^z	资源关联组 L_2^z	资源关联组 L_3^z
供应商	供应商 S_{k1}^1	供应商 S_{k1}^2	供应商 S_{k1}^3
	供应商 S_{k2}^1	供应商 S_{k2}^2	供应商 S_{k2}^3
	供应商 S_{k3}^1	供应商 S_{k3}^2	—
	供应商 S_{k4}^1	—	—

对于主制造商而言，根据该飞机的产品设计要求及总装制造要求、机头部件制造工艺总方案等内容确定资源关联组内的资源配比灰区间 $\left[\underline{\theta_{ki}^z}, \overline{\theta_{ki}^z}\right]$、各类供应商对资源整合总体效益的贡献因子 α_{ki}^z 和 β_{ki}^z，记集合 $\varsigma_{ki}^z = \left\{\left[\underline{\theta_{ki}^z}, \overline{\theta_{ki}^z}\right], \alpha_{ki}^z, \beta_{ki}^z\right\}$，则各供应商的 ς_{ki}^z 见表 3.4。

表 3.4 各类供应商的资源配比灰区间及效益贡献因子

数量		资源关联组 L_1^z	资源关联组 L_2^z	资源关联组 L_3^z
供应商	1	{[0.49, 0.51], 0.22, 0.25}	{[0.34, 0.36], 0.20, 0.23}	{[0.64, 0.66], 0.27, 0.35}
	2	{[0.23, 0.27], 0.18, 0.24}	{[0.30, 0.33], 0.24, 0.32}	{[0.37, 0.42], 0.25, 0.28}
	3	{[0.14, 0.16], 0.20, 0.23}	{[0.28, 0.32], 0.19, 0.22}	—
	4	{[0.08, 0.12], 0.16, 0.20}	—	—

对于供应商而言，企业资源约束值 R_{ki}^z 是已知的；由于协同合作中的地域分布信息以及运输成本信息是可获得的，所以可以确定供应商 S_{ki}^z 分布式资源整合成本系数 ε_{ki}^z，主制造商资源整合的固定成本 $c_k^z = \left\{c_k^1, c_k^2, c_k^3\right\} = \{0.5, 0.35, 0.3\}$；根据企业规模、企业竞争力、企业影响力等反映企业基本属性的因素确定其各自的企业综合指数 F_{ki}^z；根据供应商的企业实力可以确定当前供应商的资源贡献率 a_{ki}^z。为了表达方便，记集合 $\tau_{ki}^z = \left\{R_{ki}^z, \varepsilon_{ki}^z, F_{ki}^z, a_{ki}^z\right\}$，各供应商的 τ_{ki}^z 如表 3.5 所示。

表 3.5 各类供应商的自身企业基本属性

数量		资源关联组 L_1^z	资源关联组 L_2^z	资源关联组 L_3^z
供应商	1	{10, 0.36, 2.47, 0.35}	{8, 0.52, 2.25, 0.32}	{6, 0.28, 1.85, 0.26}
	2	{8, 0.28, 1.88, 0.27}	{7, 0.30, 1.95, 0.28}	{8, 0.32, 2.05, 0.31}
	3	{8, 0.35, 1.79, 0.26}	{6, 0.42, 2.45, 0.35}	—
	4	{6, 0.32, 2.12, 0.31}	—	—

2. 算例求解

下面对主制造商合理控制下的最优资源整合策略进行算例求解分析。

第一步，以资源关联组中比重最大者为关键变量，则供应商 S_{k1}^1、S_{k1}^2、S_{k1}^3 分别为资源关联组 L_1^r、资源关联组 L_2^r、资源关联组 L_3^r 的关键变量，令其资源配比值为均值白化值，分别为 $\theta_{k1}^1=0.5,\theta_{k1}^2=0.35,\theta_{k1}^3=0.65$。

第二步，将同一资源关联组的其他供应商的资源投入量变换为关于关键变量的关系式。

第1组：$r_{k2}^1 = r_{k1}^1\left(0.46+0.08\gamma_{k2}^1\right)$；$r_{k3}^1 = r_{k1}^1\left(0.28+0.04\gamma_{k3}^1\right)$；$r_{k4}^1 = r_{k1}^1\left(0.16+0.08\gamma_{k4}^1\right)$。

第2组：$r_{k2}^2 = r_{k1}^2\left(0.86+0.09\gamma_{k2}^2\right)$；$r_{k3}^2 = r_{k1}^2\left(0.80+0.11\gamma_{k3}^2\right)$。

第3组：$r_{k2}^3 = r_{k1}^3\left(0.57+0.08\gamma_{k2}^3\right)$。

第三步，令调整系数 $\lambda=1,\delta=1$，求出供应商期望收益与现实收益的相互关系（$\lambda e^{\delta\left(1/F_{ki}^z\right)}$）、供应商综合收益对主制造商资源整合效益的贡献系数（$\alpha_{ki}^z+\beta_{ki}^z\lambda e^{\delta\left(1/F_{ki}^z\right)}$），为了表达方便，记为 $\left\{\lambda e^{\delta\left(1/F_{ki}^z\right)},\alpha_{ki}^z+\beta_{ki}^z\lambda e^{\delta\left(1/F_{ki}^z\right)}\right\}$，见表3.6。

表 3.6　各类供应商的资源整合效益系数

数量		资源关联组 L_1^r	资源关联组 L_2^r	资源关联组 L_3^r
供应商	1	{1.499, 0.595}	{1.560, 0.559}	{1.717, 0.871}
	2	{1.702, 0.588}	{1.760, 0.691}	{1.629, 0.706}
	3	{1.748, 0.602}	{1.504, 0.521}	—
	4	{1.603, 0.481}	—	—

第四步，将相关数据代入模型（3.30），运用 LINGO11.0 软件进行运算，所得结果如下：

$$r_{k1}^{1**} = 10,\ \gamma_{k2}^{1*}=1,\ \ \gamma_{k3}^{1*}=1,\ \ \gamma_{k4}^{1*}=1$$

也就是说，各供应商的额外资源投入量为：$r_{k1}^{1**} = 10$，$r_{k2}^{1**}=5.4$，$r_{k3}^{1**}=3.2$，$r_{k4}^{1**}=2.4$。

此时，主制造商对该资源关联组进行资源整合时的效用值为 $I_{Mk}^{1**}=15.497$，各供应商参与资源整合的效用值分别为 $I_{k1}^{1**}=5.737$，$I_{k2}^{1**}=9.048$，$I_{k3}^{1**}=6.053$，$I_{k4}^{1**}=4.682$。

同理可得出其余五个供应商的额外资源投入量，以及主制造商与供应商的额外资源整合效用值，见表3.7。

表 3.7 整体最优资源整合策略下的数值结果分析表

项目	子产品段 P_k								
	资源关联组 L_1^z				资源关联组 L_2^z			资源关联组 L_3^z	
资源整合效用 I_{Mk}^{z***}	15.497				15.596			9.892	
供应商编号	供应商 S_{k1}^1	供应商 S_{k2}^1	供应商 S_{k3}^1	供应商 S_{k4}^1	供应商 S_{k1}^2	供应商 S_{k2}^2	供应商 S_{k3}^2	供应商 S_{k1}^3	供应商 S_{k2}^3
可投入资源上限	10	8	8	6	8	7	6	6	8
额外资源投入量	10	5.4	3.2	2.4	7.5	7	6	6	3.9
额外资源整合效用值	5.737	9.048	6.053	4.682	3.219	10.380	6.722	9.501	7.098

此时，主制造商的资源整合效用为：$I_{Mk}^{**} = \sum_{z=1}^{3} I_{Mk}^{z**} = 40.985$。

根据定理 3.3、定理 3.4 可算出当主制造商采取完全自主式资源整合策略、供应商采取个体最优资源整合策略时，该航空产品的子产品段最优资源整合的数值结果，如表 3.8 所示。

表 3.8 个体最优资源整合策略下的数值结果分析表

项目	子产品段 P_k								
	资源关联组 L_1^z				资源关联组 L_2^z			资源关联组 L_3^z	
资源整合效用 I_{Mk}^{z**}	12.766				13.245			9.892	
供应商编号	供应商 S_{k1}^1	供应商 S_{k2}^1	供应商 S_{k3}^1	供应商 S_{k4}^1	供应商 S_{k1}^2	供应商 S_{k2}^2	供应商 S_{k3}^2	供应商 S_{k1}^3	供应商 S_{k2}^3
可投入资源上限	10	8	8	6	8	7	6	6	8
额外资源投入量	6.6	8	7	6	4.6	7	5.7	6	7.6
有效资源投入量	6.6	5.4	3.2	2.4	4.6	7	5.7	6	3.9
资源整合效用理论值	7.825	10.492	8.585	8.700	5.443	10.380	6.745	9.501	9.333
资源整合效用实际值	7.825	9.048	6.053	4.682	5.443	10.380	6.745	9.501	7.098

此时，主制造商的资源整合效用为 $I_{Mk}^{*} = \sum_{z=1}^{3} I_{Mk}^{z*} = 12.766 + 13.245 + 9.892 = 35.903$。

3. 结果分析

通过算例可以发现，主制造商根据复杂装备的设计要求、供应商的企业综合属性、供应商的可用资源数量、供应商的合作贡献程度等相关信息，可以在复杂装备首次研发阶段且资源需求量未知的情形下，运用本章提出的最优资源整合策略模型求出资源整合效益最大时各供应商应当投入的资源量。

对比表 3.7 和表 3.8 可以发现以下结论。

（1）对于主制造商而言，整体最优资源整合策略优于个体最优资源整合策略。当主制造商对供应商进行科学管理与控制时，供应商之间的关联作用直接指导供应商的资源整合行为，并促使供应商之间由以自我为中心进行决策向以整体为中心进行决策转化。异质性资源之间的高度匹配使得资源的价值增值效应被不断放大，整体最优资源整合策略也因此要优于个体最优资源整合策略。

（2）对于单个供应商而言，采取个体最优资源整合策略时，其所获得的资源整合效益不少于其采取整体最优资源整合策略时所获得的实际资源整合效益。通过对比可以发现，表 3.8 中供应商的资源整合效用实际值均大于等于表 3.7 中供应商的资源整合效用值。特别的，对于供应商 S_{k1}^1、S_{k1}^2、S_{k3}^2 来说，采取个体最优资源整合策略时其资源整合效用实际值均比整体最优资源整合策略下的数值要高。同时，还可以发现，实现资源关联组资源整合效用最大时，供应商所投入的额外资源量不一定是供应商各自的最优资源投入量。以供应商 S_{k1}^1 为例，其资源整合效用最大时的最优资源投入量为 6.6，资源整合效用最大值为 7.825。但是在整体最优资源整合策略下，供应商 S_{k1}^1 额外资源的实际投入量为 10，资源整合效用值是 5.737，并非其最大资源整合效用值。

（3）对于同一资源关联组的供应商群体而言，供应商在复杂装备研发阶段所投入的资源量不仅受到自身资源约束，还会受到其他供应商的影响。以供应商 S_{k1}^3 为例，根据计算可知当 $r_{k1}^{3*}=6.325$ 时其资源整合效用达到最优，但其额外资源投入量上限为 6，小于 r_{k1}^{3*}，可见供应商的额外资源投入量会受到自身的资源有限性的约束。对于供应商 S_{k2}^3 而言，根据计算可知当 $r_{k2}^{3*}=7.637$ 时其资源整合效用达到最优，虽然 $r_{k2}^{3*}<8$，但是考虑到资源匹配的基本原则，由于供应商 S_{k1}^3 自身的资源不足，供应商 S_{k2}^3 自身的额外资源投入量为 7.6，未达到最优投入量。

（4）对于整个供应商群体而言，在复杂装备的资源整合过程中，采取整体最优资源整合策略时的资源增值效率要明显高于采取个体最优资源整合策略时的资源增值效率。通过计算可以发现，当供应商均采取整体最优资源整合策略时，资源总体的增值效率为 0.797，当供应商均采取个体最优资源整合策略时，资源总体的增值效率为 0.614。很显然，当主制造商对复杂装备技术创新活动进行有序调节与控制时，供应商的各类资源使用效率会得到提升，最终的效用产出也会有所增加。

3.3.5 对策与建议

通过上述研究，本节从主制造商优化复杂装备资源整合效用的角度，提出如下对策建议。

（1）结合复杂装备的固有属性及研发特点，科学合理地确定资源整合的对象及客体。主制造商所有的资源整合行为均是围绕着复杂装备研制活动而开展的，因此，主制造商必须将复杂装备的固有属性（产品研制的难易程度、稀缺资源的需求程度等）作为制订最优资源整合策略的首要出发点。资源整合的首要任务是进行复杂装备的任务分解，"整体到局部"的科学划分是"局部到整体"高效整合的前提。本章中所构建的模型建立在供应商合作任务科学分解的基础之上。复杂装备由一个整体按照产品结构被划分为多个子产品段，每个子产品段又按照供应商之间的任务关联性被划分为多个资源关联组。主制造商可以通过资源缺口分析，确定资源整合的主要对象。同时，主制造商还需要厘清同一层级间供应商之间的协同关系、不同层级间供应商之间的传递关系，找出关键供应商以及与之直接相关联的供应商组群，这样才能保证复杂装备集成阶段各供应商参与到资源整合环节中并高效有序地开展。

（2）结合分布式技术协同研制的组织特点，综合考虑供应商之间的协同匹配关系。主制造商进行资源整合的过程中还应该考虑供应商之间的协同匹配问题。复杂装备的前期设计阶段决定了各类供应商之间的合作关系，因此，在主制造商进行资源整合时，对于供应商必须采用关联式管理方法，综合考虑供应商之间的协同匹配作用。尽量通过资源匹配度这一客观的合作约束，将相对独立的供应商维系在一起，并综合供应商之间的相互影响关系。要尽可能地避免供应商在资源整合行为中出现过于利己的行为，以保证各类供应商所投入的额外资源之间处于一个有效匹配的状态。只有这样才能有效避免供应商在资源整合行为中出现"资源过多或缺失"的现象，进而有效避免资源整合行为中出现资源浪费或不足等现象。

（3）结合供应商之间的层级地位关系，科学地进行供应商的类别划分。主制造商需要结合供应商所负责的产品重要程度、供应商投入资源的占比程度、供应商的研发技术水平等因素慎重地选择"关键变量"。结合本章的模型设计可以发现，关键变量的选择是进行未知变量分析最重要的前提。科学合理的关键变量是资源关联组的核心变动因素，它关系到其他供应商投入于复杂装备集成阶段的资源的整合效率与价值增值情况。因此，主制造商在进行资源策略选择的时候，需要首先确定复杂装备研发阶段的"核心供应商"，以它们为研究中心，然后依次确定每一个核心供应商所需的辅助供应商类别，遵循"由主到次、由点到面"的资源整合关键因素选择原则。

（4）结合合作博弈的相关理论知识，适当地对供应商的资源整合行为进行激励与优化。为进一步保障整体资源整合效用按照主制造商最优的目标发展，主制造商还需要根据供应商参与资源整合效用的大小采取一定的修正优化措施，以防止供应商参与资源整合的行为中过于偏好个体最优资源整合策略而产生"道德风险"。根据本章的运算结果可以发现，当主制造商实现整体资源整合效用最优时，供应商的资源整合效用仅仅是满足了参与合作不造成额外损失的最低要求，并不一定是供应商的个体最优资源整合策略。因此，对于一个利润追逐组织而言，供应商发生合作"道德风险"的可能性很大，也就是说，为追求自身利益最大，供应商不按照主制造商提出的资源整合策略要求进行额外资源投入的概率很大。很显然，这种风险会对主制造商以及其他存在直接关联的供应商产生一定的负面影响。有研究表明，合作企业之间进行激励、沟通对复杂装备创新中的资源获取均有明显的正向作用（叶健青，2012）。因此，主制造商需要结合供应商的各自企业属性实行一定程度的激励措施。具体激励措施有：对地域分布度较大的供应商进行分布式资源整合成本的分摊、对资源重要度大但自身资源整合效用低的供应商进行利益补偿激励等。

第4章 复杂装备主制造商-供应商协同研制利益分配决策研究

4.1 复杂装备主制造商-供应商协同研制利益分配概述

我国的汽车制造业、航空制造业起步比较晚，发展也比较缓慢。在供应商的管理模式上主要借鉴美国、日本以及欧洲发达国家的管理模式。对于主制造商-供应商协同研制模式的研究在我国并不多见，已有的研究主要局限于传统的制造商和供应商之间的合作模式。竞争和合作是当前研究复杂制造网络中主制造商和供应商之间关系的主要出发点。合作是群体成员为了实现各自的目标，在异中求同而进行的全面协作。国外学者对供应链协同研制及合作利益分配问题进行了相对较为深入的研究，而且已经深入到很多的领域中。随着我国经济的快速发展和制造行业的崛起，人们对协同研制都有了全新的认识，这使得对协同研制问题的理论和应用进行更深入的研究成为学术界的一种迫切需求。

4.1.1 协同研制利益分配现状

Casey（2001）讨论了企业在进行投资活动时，未来资金流的波动风险以及破产风险，同时计算了预期的收益，以及这些参数如何影响企业利益的分配策略。Duca 和 van Hoose（1998）提出了有关市场竞争与利益共享的理论模型。通过对多个企业的研究可知，越来越激烈的市场竞争促使企业通过优化合约来增加收益。Morasch（2000）研究了在以垄断公司形式形成的战略供应链中通过适当的委托机制，一个生产型合作企业如何传递价格和利益共享，确定了在不同供应链结构下，供应链成员的利益分配结构，进而分析了供应链的形成过程。Giannoccaro 和 Pontrandolfo（2004）提出了一个供应链契约模型，通过改变契约参数来实现合作利益在供应链间的合理分配，使供应链上的企业采取一致的行动。Paul 等（2000）研究了利益分配中员工参与企业决策的一些形式。Chauhan 和 Proth（2005）研究了生产商或批发商与零售商之间的利润分配模型，提出了双方应该按照各方承担风险和投资比例进行利润的分享。Cachon 和 Lariviere（2005）提出了在供应链的合作中基于收入分配（revenue-sharing）的经济学模型，指出这种模型尤其适用于价格依赖性的需求（price-depend demand）情况，即适用于价格需求弹性比较大的产品。Cho 和 Gerchank（2005）研究了购买商的可变成本为线性和非线性函数的情况下，创新投入降低成本的供应链协调问题。

在合作利益分配问题的研究中，潘会平和陈荣秋（2005）基于 Stackelberg 博弈，针对制造商参与零售商的零售业务销售情形下的利益分配问题进行了相关研究。徐晓燕和李四杰（2005）基于合作贡献率探讨了在市场需求不确定的条件下制造商与零售商合作意愿的问题。柳键和马士华（2004）通过引入利润分配因子，研究了生产商和供应商利益分配模式，其中利润分配因子的确定采用的是数学规划法，结果为一个取值区间。李新军和达庆利（2007）通过制订批发价格和退货价格实现了随机需求条件下基于退货的单周期、单一产品逆向供应链协调中的利润分配机制。周永务和冉翠玲（2006）运用激励机制使销售商诚实申报需求信息，在供应链实现利润最大化的同时使供应链上的成员实现双赢。黄波等（2015）研究了如何通过协同研制利益分配机制及基金投资策略来分配创新投资基金，激励企业和创新承包方提高协同创新投入，提升协同的规模和绩效。时茜茜等（2017）考虑了制造商与供应商对协同合作贡献的不同权重，给出了不同模式下的最优利益分配机制、最优努力程度和供应链系统最优收益。

4.1.2　协同学理论分析

协同学由德国著名理论物理学家赫尔曼·哈肯于 20 世纪 70 年代提出，在物理学中，原子发出的光是完全混乱的、无序的，但原子在激光器输入的能量作用下由低能级向高能级跃迁，且当激光系统的控制参量达到某阈值时，就会产生一种新的、高度有序的光束，大量受激原子被激发后集中起来集体发光从而产生光束（哈肯，1984；1994）。哈肯在研究激光的非平衡系统时发现，在自然科学和社会科学系统中存在着相同或类似的原理，这些原理服从相同或相似的数学方程。时至今日，协同理论得到了进一步的充实和发展，并广泛应用于军事、复杂装备制造业、供应链等自然界和社会的复杂系统中。协同理论认为所有系统都是由若干个子系统组成的，这些子系统在一定的环境下有着相同的运动状态和发展机理，与子系统本身的性质没有必然联系。子系统之间通过相互竞争、相互合作达到协同发展的目的，最终整个系统的发展呈现出从无序到有序的规律和特征。协同理论提供了一种探索复杂系统内部结构的方法，力求用统一的观点去理解复杂系统的概念，揭示系统内的平衡和不平衡、对称和非对称、稳定和不稳定之间的矛盾以及矛盾相互转化的机理和条件，揭示系统从无序到有序转化的自组织过程的一般法则。

1. 序参量

序参量源自物理学，是一个特定的热力学参量，是苏联著名的理论物理学家朗道，在研究平衡相变时首先提出来的，是针对系统相变后和相变前出现的宏观上物理性能或结构的对比而言的，它描述着系统的有序度。不同的系统序参量的物理意义不同。在磁场系统中，磁场强度就是序参量；在化学反应中，浓度或者粒子数为序参量。

序参量的大小则表示系统有序程度。在复杂系统的演变过程中，系统的最终状态是非平衡的，子系统的运动也是独立的、无规则的、自发性的运动，当外在条件发生变化时，子系统间会产生微弱的相互影响力，这种影响力关联起子系统之间的协同运动，然而这种协同的力量非常微弱以至于达到无法改变子系统独立运动的程度，子系统的运动状态依然是无规则的。因此，此时子系统无规则的独立运动起着主导作用，系统呈现无序状态，此时系统的序参量为零。

当外界条件进一步变化时，系统有序地发展并逐渐趋近于阈值，此时子系统的关联程度增强，形成协同研制关系，序参量也随之增大，当达到临界点时，序参量增长到最大值；此时系统中同时存在着几个序参量，它们之间也会自动协调，共同控制着系统的发展并决定着系统的有序结构，此时系统呈现出最为有序的组织结构。例如，电子在自然状态下做无规则的、独立的运动，当存在电势差时电子就会做定向移动形成电流，在电流达到某阈值时就会形成磁场。

可见，序参量具有双重性：一方面，它在临界状态下支配子系统的行为；另一方面，它又靠子系统来维持，是各子系统相互作用的产物。序参量是系统发生质变的关键影响量，它影响着系统的有序结构和类型，它体现着系统协同运动的程度，主宰着系统演化的过程。

2. 快弛豫变量与慢弛豫变量

当系统内的控制参量达到临界点时，系统的平衡状态将被破坏，此时系统变量的临界行为分为两类：绝大多数变量仅在短时间内起作用，它们的临界阻尼大、衰减快，对系统的演化过程、临界特征和发展前途不起明显作用，这类变量称为快弛豫变量（快变量），代表了系统的稳定模；另一类变量只有一个或少数几个，它们出现临界无阻尼现象，随时间变化很慢，到达新的稳定态的弛豫时间很长，甚至趋向无穷，在系统的演化过程当中始终起着作用，因而称为慢弛豫变量（慢变量），它们在接近临界点时不是迅速衰减，而是缓慢增长，代表不稳定模。两类变量中，快变量是大量的，而慢变量是少数的，它们是相互联系、相互作用的，各自不能独立存在。最终将形成少数慢变量支配大量快变量，或大量快变量伺服少数慢变量的情形。

3. 自组织

哈肯认为，从组织的进化形式看，可以把它分为两类：他组织和自组织。如果一个系统靠外部指令而形成组织，就是他组织；如果不存在外部指令，系统按照互相默契的某种规则，各尽其责而又协调地形成有序结构，就是自组织。系统从无序状态发展到有一定结构的有序状态，或者从一种有序状态演变成另一种有序状态，需要一定的外部条件，系统需要与外界有物质、能量、信息的交换，在交换的过程中，只有系统中的控制变量被激发达到临界值时，系统才会发生相变。但是系统发生相变时外界环境没有发生质的变化，也就是系统并未从外界环境中得到怎样组织起来、形成什么样的结构以及如何来维持发展这种结构的信息，所以系统达到稳定状态是靠系统内部自组织实现的，并通过各种形式的信息反馈来控制和强化有序的结果，称这种过程为自组织过程。例如，游泳池内由"乱泳"到"圈泳"就是一个自组织过程。在此过程中，越来越多的人被卷入这种运动中，最后被这种运动所支配，即被序参量所支配。伴随着这种有序结构的产生、发展，两类变量相互联系、相互制约，表现出一种协同运动，这种协同运动在宏观上则表现为系统的自组织现象。

4. 使役原理

使役原理又称为伺服原理或者支配原理，它的核心思想是系统的自组织过程是由于系统内部稳定因素和不稳定因素竞争与合作而产生的，事物的特性由许多因素共同作用决定,这种决定伴随着影响因素之间的差异表现出时序性和阶段性。但起支配作用的因素只有一个或极少数几个，即少数慢变量支配大量快变量，或大量快变量伺服少数慢变量，慢变量主宰着系统演化的命运，支配着快变量的行为，最终系统其他变量的行为则由这些慢变量支配或规定。因此人们不用注意所有的变量、所有的因素，而只要抓住寿命长的变量，逐渐忽略寿命短的变量，就能够一步一步地接近序参量。

5. 绝热消去原理

绝热消去原理是协同学中找寻慢变量、建立序参量方程的基本方法。哈肯在协同学中不仅定性地研究了非线性相互作用,而且定量地描述了非线性相互作用。非线性相互作用是系统从无序到有序演化的内部根据。为了体现演化过程中起支配作用的慢变量,而忽略快变量的变化对系统演化的影响,可以令快变量的时间微商等于零,然后将得到的关系式代入其他方程,由此便得到了只有一个或几个慢变量的演化方程——序参量方程。这种处理方法就是绝热消去法。它可以把难以胜数的偏微分方程化为一个或几个序参量方程,使原来难以求解或者无法求解的问题变得简单明了。

4.2 复杂装备主制造商-供应商协同研制演化与利益流动机理

主制造商-供应商协同研制的本质是对供应商、主制造商之间的物流、信息流、资金流、市场流、管理流等因素进行有效控制,其目的在于使企业能够较好地管理由原材料到产品生产加工再到投放市场的全过程,最终提高客户的满意度,减少成本,提高反应速度,增强供应链的竞争力,通过管理配置最优资源来增强整个供应链的效率。

4.2.1 协同研制对利益流动机理的作用

1. 序参量与协同研制利益流动之间的关系

从上面的分析中可知,主制造商-供应商协同研制系统是一个自组织的系统。在自然状态下,各企业由于在核心能力、管理理念、组织行为等方面存在差异,各主体对外部环境和条件的反应与适应能力不同,表现为对外界环境中的物质、能量及信息的质量的获取能力不同,以及对市场环境的认知程度存在差异,正是这种差异带来了各企业期望目标、资源争夺、市场抢占行为的不同,带来了各种形式的冲突,也就是说只要存在差异,就存在竞争,竞争的存在则可能造成系统内部或企业之间更大的差异、非均匀性和不平衡性。

非平衡状态下的主制造商与供应商的系统具有开放性,能够不断地同外部环境进行物质、能量和信息的交换,当某个核心企业或几个企业捕捉到某市场机遇,而又都缺乏完整的资源和能力满足该市场需求时，在个人理性目标的支配下，通过在相互学习、相互作用中获取资源，开拓生存空间，形成边界，建立与环境交换物质、能量、信息的渠道和方式，适应环境的约束，提高抗干扰能力等，个人目标逐渐融合为一个新的组织目标，合作关系也就形成了。简单的合作关系并不能一下子改变系统的非平衡性，此时冲突依旧存在，各企业面临技术泄露、产品形象不一致、价值交换不公平、子系统之间资源冲突等问题，从协同理论角度看，即影响目标一致的控制参量还没有达到临界状态，这些非临界状态的控制参量伴随系统的自组织过程涨落放大，直至达到临界值，当控制参量达到临界状态时，系统便会突破平衡状态，协同合作关系才会形成，各子系统序参量才会出现。

序参量在临界状态下支配子系统的行为，支配各子系统和各要素的工作目标，从而主宰协同研制系统整体的演化过程。序参量既有空间特性又有时间特性，空间特性表现为在不同的子系统中存在不同的序参量，即使在同一系统中，序参量也不唯一；时间特性表现为在同一系统的不同时间段内可以由不同的序参量起主导作用，各序参量时间和空间的动态变化最终会演化为整个系统的唯一序参量——共同利益（图 4.1）。

根据协同理论，序参量由控制参量演化而来，主制造商与供应商合作关系的控制参量繁多，本章认为最初低层次的控制参量通过自组织演化后，形成五大序参量，即物流、资金流、信息流、市场流、管理流，各种资源在这五大序参量的支配下相互作用、协同发展，随着信息的增值，企业之间的合作程度不断加深，这五大序参量所在的系统结构和功能又会向更高层次发展，此时五大序参量又可以视为整个系统的关键控制参量，经过系统自组织涨落放大后，形成最终的共同利益这个唯一序参量。在各子系统序参量的支配下，共同利益这个核心序参量被全体企业认知和认可，当全体企业核心利益观达成共同的认知和认可后，核心企业便会建立一系列行为规范引导其余企业为核心利益服务，从战略层到制度层再到业务层，企业一切行为在共同利益的指引下往一个方向努力。不论在哪一个环节上的上游与下游企业之间，都存在直接的利益关系。同时，协同研制中的任何一个企业偏离整体约束的任何行为，都将或多或少地损害协同研制的整体利益，通过共同战略目标的约束，使参与合作的企业在目标上达成共识，将方向各异的分散力量形成一致的合力，合力的方向也就是序参量演化的方向。因此主制造商–供应商协同研制系统的序参量的形成过程，是系统所有资源重新优化配置的过程，是各系统与各要素之间利益流动的过程，是合作关系从独立到协同的过程，也是系统从低级有序向高级有序发展的过程。

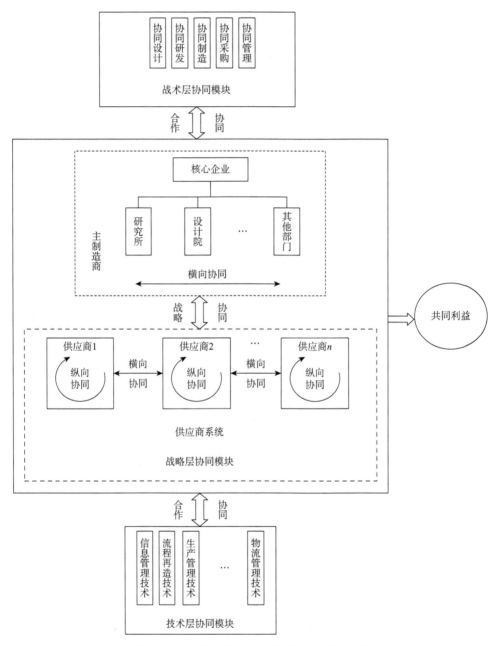

图 4.1　主制造商-供应商系统共同利益的形成

2. 协同度对利益实现水平的影响

根据协同理论,任何复杂系统都固有一种自组织能力,它是形成系统有序结构的内部作用力，对于主制造商-供应商这一复杂系统，构成供应链的各子系统和要素之间的相互作用与演化就是在自组织作用下完成的。在共同利益序参量的引导下，系统的自组织作用把系统能量、信息及物质传送到各节点需要的地方，系统内的有限资源在自组织的作用下达到最佳配置。系统内各成员的个人努力和成员之间的交互作用则是实现能量传播的有效途径。因此系统运行的状态、协调程度、资源的最佳配置程度、利益实现水平完全取决于节点企业的协同态度和为协同付出的努力程度。而努力程度和行为具有不可观测性，可以通过协同度表现出来。

协同度即协同的程度，是系统内各子系统或要素之间在发展、演化过程中彼此和谐一致的程度，是评价供应链协同效率及利益实现水平的测度，也是对其进行结构和功能改造的客观尺度（李随成等，2009）。主制造商与供应商通过构建战略平台，充分共享信息和资源，把各自的核心能力整合在一起，为共同目标付出最大的努力程度；供应商以积极的心态主动配合主制造商的研发与设计；主制造商对供应商提供技术与资金支持，把自己的存货控制和产品补充系统与供应商整合在一起，这种彼此的贡献融合才是真正的竞争优势，这种保持高水平的协同研制机制才能弥补能力与资源上的不足，才能减少重叠资本，才能实现更高的利益水平。由此可见，协同度的高低是系统利益水平实现多少的直接体现。

3. 影响协同研制利益实现的关键序参量

供应链整体收益最终实现的多少取决于主制造商与供应商的努力程度和合作协调程度，实现协同供应链的利益合理分配是一件非常困难的事情，主要因为影响企业努力程度的因素有很多，不可能面面俱到，主要从以下五点分析影响主制造商与供应商努力程度的因素（图4.2），借此解释努力程度与利益分配之间的关系。

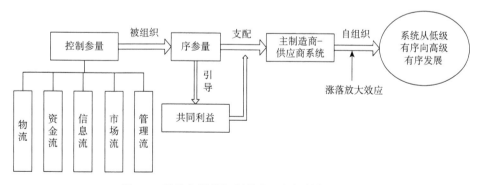

图4.2 系统自组织与利益实现之间的相互作用

（1）物流。主制造商与供应商的协同研制关系主要在复杂装备的生产和制造中发生，复杂装备结构复杂，无论所需的零件还是装配部件的数量都相当繁多，从零部件供应商到一级供应商再到主制造商，每天的物流需求量都很大，必须把各种不同的交通运输同仓库、物流、包装机终端销售联系起来进行协调，同时必须要考虑发生物流的企业能提供的关联的仓储服务能力、运输服务能力及加工服务能力是否完全匹配，例如，仓储服务能力的设定直接影响着主制造商与供应商配送的集货模式和物流发生的频率，运输服务能力决定了仓储库存周转率和物件的准时交货率，加工服务能力直接决定着零部件或装配件的产品质量合格率，如果主制造商与供应商之间的物流能力不匹配，将直接影响企业间成本转移与利益转化水平。另外，发生物流业务的企业的努力程度也是影响利益实现的重要因素，企业对物流业务的努力程度表现为对物流运输工具、物流仓库管理、物流需求动态变化等的综合协调能力，以及对现代化物流信息网络技术、仓储管理技术、现代化交通运输技术等物流新技术的实施程度。

（2）资金流。主制造商-供应商协同研制的主要动因之一就是可以解决资金门槛过高的问题，复杂装备的研制在人力、设备、技术、市场等方面需要庞大的投资额，在任意一个方面，企业都无法提供如此巨额的资金。供应商的主动参与提供了技术、设备等相关资源，降低了主制造商的研发成本，为主制造商分担了很大的风险。一般地讲，资金的投入主要表现在两个方面：一方面是产品研制所必需的厂房、设备、人力资源等固定投资；另一方面则是在产品研制中的运营成本投资。资金流渗透在企业组织运作的各个环节，各企业所承担的任务不同，所参与的投入方式也不相同，有基础设施、设备、人力资本等可以量化的有形投入，也有时间、技术、经验等无法量化的无形投入，这些都构成了影响协同研制利益实现的关键因素。

（3）信息流。主制造商与供应商之间是一种合作伙伴关系，虽然追求的利益目标相同，但是各自的工作方式却因组织管理方式、思维模式和组织文化的不同而不同，当市场需求突然变化、合作伙伴的能力无法满足要求、市场风险等不确定因素发生时，如果供应链没能实现信息共享而是每个企业都按照自己掌握的信息进行分散决策，可能会造成整个供应链反应迟钝，甚至会给合作的成功运行带来风险，例如，会造成"牛鞭效应"，减少合作收益。同时，在合作过程中，有的企业付出了很大的代价却收获甚微，有的企业则坐享其成，这种"搭便车"行为也会造成分配不公。因此信息的共享程度完全决定了各企业的利益实现水平，当主制造商与供应商实现有效的信息共享之后，各个企业所具有的核心能力的优势和缺陷才会真正表现出来，应该从订单信息、生产信息、物流信息和企业战略信息等要素考核各企业的努力程度以及目标完成程度，根据目标完成程度制订激励与惩罚制度，为最大化实现目标利益提供动力与保障。

（4）市场流。任何一种商品，只有在市场流通过程中通过交换才能实现价值。主制造商-供应商协同研制的产品也必须通过市场流通才能实现价值。产品的市场价值有诸多表现形式，既有可以衡量的收益，也有企业核心竞争力的提升、社会知名度的提高等不可衡量的收益。面对不同的市场价值，各企业的价值取向也各异，供应商对产品的销量和市场占有率感兴趣，因为只有获得更多的销售额才能展开下一环节的工作，保证自身的资金链不会断；主制造商则更注重产品的知名度、同行市场竞争力这些无形价值，从长远目标关注产品的价值实现。这就决定了各企业对开发不同市场价值的行为的注入形式也是不同的，对于关注近期目标的供应商而言，它争取提供一流的技术及人才，尽力为产品提供完美的工艺设计和优异的质量，依此来提高市场占有率，获得更多收益额；而对于主制造商而言，则通过构建现代化的营销模式树立产品的形象，如通过做广告、做宣传、代表企业参加社会活动、产品的售后服务等方式，寻找长远价值。因此，这种按需索求的利益取向势必影响着主制造商与供应商之间的利益实现方式与实现水平。

（5）管理流。主制造商-供应商协同管理因素主要包括战略目标管理、企业文化融合性管理、企业信任度管理、风险管理、激励管理等，就是充分利用各种资源调动成员的积极性，激发各合作伙伴的创造性，使企业保持一定的创新能力和柔性，使各企业文化相融，企业彼此之间友好、团结，促进人才、资金、技术、管理等资源的互补，保证产品的市场竞争力，提高供应链整体收益。

4.2.2　协同度评价指标的构建

1. 协同度评价指标选择依据与原则

主制造商-供应商协同研制就是为了实现资源的协同效应，协同度就是检验各子系统或各要素之间在资源协调方面的一致程度，是评价系统协同效率的测度，它可以定量地研究系统演变程度中资源协同的规律性，因此根据协同度来考察系统的协同优良状况具有一定的科学性及可操作性。

主制造商与供应商的合作是建立在高度协同、互惠互利基础上的合作关系，更强调整体性，不能单凭某一方内部系统间的衔接与运作优良状况作为依据来评价整体，应从双方的职能部间的合作优良程度来评价整体，否则协同研制就失去了意义。主制造商与供应商之间协同度的大小完全取决于企业之间及企业内部节点部门之间的协同行为和协同努力程度，因此对主制造商和供应商之间协同度的评定实质上是对其协同行为和协同努力程度的评定，而序参量作为影响价值流动的核心变量影响着协同行为和协同努力程度，最终就自然地成为系统协同度评定的最佳介质。4.2.1 节已经阐述了在协同研制中关键序参量的演变与共同价值流动之间的关系，并提出了影响主制造商-供应商协同研制程度的五个关键序参量，在此基础上本节就以物流、资金流、信息流、市场流、管理流这五个关键序参量为基础建立主制造商-供应商协同研制协同度的评价指标（图4.3），测定合作系统的协同度。

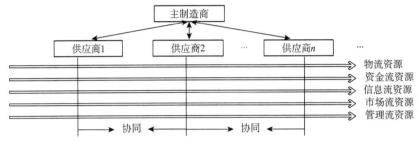

图4.3 影响协同度的五个关键序参量

如果把上述五个关键序参量看作五个系统，那么就可以把每个关键序参量看作评定各系统协同度的一级指标，而在每个系统中所包含的子指标的数量是非常庞大的。所以选择恰当的子指标把各系统一级指标的本质和重要性很好地表现出来就显得至关重要。为了构建科学、合理、有价值的协同度测定的指标体系，本部分提出了体系构建应遵守的原则。

1）目的性

鉴于主制造商与供应商自身性质与地位的不同，指标的构建也应有目的上的区别，这样才能更好地突出各企业的核心价值和合作优势，有利于发现合作中可能存在的瓶颈环节，有的放矢地解决问题。

2）有效实用性

主制造商-供应商合作系统是一个非常复杂的系统，包含的要素繁多复杂，指标划分过细则会造成工作量大，而且指标主次难分，因此选择的评价指标应具备有效实用性。

3）可操作性

可操作性是指选择的指标数据易获得，数据资料能够在现有资料的基础上通过简单加工整理得到，而且可以量化，保证其真实、可靠、有效，复杂指标具有很大的不稳定性及失真性。

4）定量与定性相结合

主制造商与供应商的合作既有战术层的合作也有战略层的合作，表达战略层的合作很难用具体数字去量化，对定性指标要明确其含义，并按照某种标准赋值，使其能够恰如其分地反映指标的性质，因此采用定性与定量相结合的原则更科学。

2. 主制造商系统协同度评价指标体系

主制造商是整个组织的领导者和管理者，承担的生产制造等环节的工作量相对较小，取而代之的是项目经营与运筹、市场的研究与开发、公共关系与政府沟通等高层次的业务流。这些高层次业务的运作状况也是供应商决策个人行为的依据，例如，如果主制造商设立的项目没有好的市场前景或者得不到政府的支持，那么供应商就可以选择不参与项目，更不要谈协同研制。同时在上述五个关键序参量中，如果主制造商对任意一个环节处置不当，整个项目就会受到巨大冲击。因此本节建立主制造商系统协同度评价指标体系时主要注重主制造商的宏观个人能力，如战略目标、融资能力、市场开发、指挥力量等因素。

1）物流因素评价指标

（1）预测计划完成率 x_{11}。预测计划完成率对于现在的制造企业来说是一个非常重要的指标。产品的设计、生产、制造都是按照计划阶段性地完成的，企业中的相关部门按照计划完成物流的供给工作，生产部门、销售部门都是按照企业的预测与计划完成一系列活动。制造企业在一定时期内的计划完成率为实际与预测计划完成数指标的比值。计算公式为

$$x_{11} = \frac{Q_s}{Q_j} \times 100\%$$

其中，Q_s 是一定时期内实际完成数；Q_j 是一定时期预测的计划完成数。$0 \leqslant x_{11} \leqslant 1$，该值越接近于 1，说明协同的效果越好。

（2）物资收发正确率 x_{12}。物资收发正确率显示了制造商的物流服务水平，体现了需求系统的协同水平。计算公式为

$$x_{12} = \frac{n}{m} \times 100\%$$

其中，n 是一定时期内正确收发物资的次数；m 是一定时期内收发物资的总次数。

（3）存货周转率 x_{13}。存货周转率反映供应链运营过程中存货运作情况。主制造商与供应商根据需求计划生产，当某一企业存在存货或者产品滞销情况时，该企业就会成为供应链中的一个死结，其余节点企业也会出现存货积压。因此该指标越大，说明存货积压时间越少，供应链的协调运作能力越强。计算公式为

$$x_{13} = \frac{S}{V} \times 100\%$$

其中，S 是一定时期内的销售额；V 是一定时期内的平均库存值。

（4）产品质量合格率 x_{14}。产品质量合格率指各企业提供的质量合格的产品（服务）数量占产品（服务）总产量的百分比，它反映了各企业生产产品的质量

水平。质量不合格的产品数量越多，该指标越低，说明产品的质量不稳定或者较差，不合格产品需要返修，导致交货期延迟，从而影响准时交货率，同时会增加供应链的总成本，影响其成本利润率。计算公式为

$$x_{14} = （合格产品数量/提供的产品总产量）\times 100\%$$

2）资金流因素评价指标

（1）产品利润率 x_{21}。产品利润率是反映产品销售业绩的指标。产品的销售利润不仅是产品市场占有率的体现，也是产品后续资金的保障。计算公式为

$$x_{21} = （利润/总收入）\times 100\%$$

（2）总资产周转率 x_{22}。总资产周转率是考察主制造商资产运营效率的一项重要指标，体现了主制造商经营期间全部资产从投入到产出的流转速度，反映了主制造商全部资产的管理质量和利用效率。通过该指标的对比分析可以反映企业本年度以及以前年度总资产的运营效率和变化，发现企业与同类企业在资产利用上的差距，一般情况下，该数值越高，表明企业总资产周转速度越快。销售能力越强，资产利用效率越高。计算公式为

$$x_{22} = （营业收入净额/平均资产总额）\times 100\%$$

（3）科研费用投入率 x_{23}。科研费用投入率是指主制造商在产品的设计、研发、制造等环节投入的科研费用的比率，它体现了主制造商对研发能力的重视程度。科技推动了企业的发展，为企业带来丰厚的利益，因此，通常用科研费用与销售额的比值来表示科研费用投入率。计算公式为

$$x_{23} = \frac{c_j}{s_j} \times 100\%$$

其中，c_j 是一定时期内供应商投入的科研费用；s_j 是该时期内产品的销售额。

（4）贷款及时结算率 x_{24}。贷款及时结算不仅体现了物流的快速反应能力，也是资金流快速协同的一个重要特征。贷款及时结算加快了资金流动速度，提高了资金的周转率，增强了资金的利用价值，可以让企业把有限资金投入到更有价值的投资领域中，提高企业的经济效益。计算公式为

$$x_{24} = \frac{b_j}{B_j} \times 100\%$$

其中，b_j 是按时结账次数；B_j 是应结账总次数。

（5）利润成本率 x_{25}。利润成本率是指供应链上各企业单位产品净利润占单位产品总成本的比率。它反映了整体供应链的盈利能力和综合管理水平，指标值越高，说明供应链的盈利能力越强，则合作企业能获得越多的利润，企业的合作积极性会越高，从而能够提高供应链上各企业的协同研制程度。计算公式为

$$x_{25} = （单位产品净利润/单位产品总成本）\times 100\%$$

3）信息流因素评价指标

（1）单位信息交流成本 x_{31}。单位信息交流成本是指在一定时期内交流一次信息的成本。随着现代企业信息化战略的发展，信息交流成本已经得到重视。信息共享水平的提高必然带来信息成本的增加。信息成本包括合作企业间的通信费用、供应链信息系统的开发与维护费用等。单位信息交流成本是反映主制造商与供应商之间信息协同效果的一项重要指标。计算公式为

$$x_{31} = \frac{1}{m}\sum_{i=1}^{m} c_i$$

其中，c_i 是第 i 次信息交流的成本；m 是信息传递的总次数。

（2）信息交流频率 x_{32}。信息交流频率是指在一定时期内供应链上各企业之间的信息交流次数。在信息共享的前提下，信息交流频率取决于主制造商与供应商之间信息处理的努力程度，信息处理包括信息的发布、传递、反馈等相关环节。信息交流程度是影响主制造商–供应商协同研制的一个重要因素,信息交流顺畅使得供应链上各环节运行通畅、企业之间的协同运行程度提高，从而降低了信息滞后或者信息超前所需的成本。它是维持供应链协同研制关系最根本的要素，也是提高供应链物流和资金运行效率的基础。计算公式为

$$x_{32} = \frac{M}{T}$$

其中，M 是一定时期内信息传递的总次数；T 是考察所需的时期。

（3）信息传递准确率 x_{33}。信息传递准确率是指在一定时期内传递准确信息的次数占企业之间传递信息总次数的比率。良好的信息传递渠道是信息传递准确的保证，正确的信息是正确决策的前提，失真的信息能给各企业造成行动与目标的偏差，严重的信息失真会造成供应链的断裂。因此信息传递准确率是衡量主制造商与供应商之间协调关系不可忽略的指标。计算公式为

$$x_{33} = \frac{\text{IPZ}}{\text{IPT}}\times 100\%$$

其中，IPZ 是一定时期内主制造商能够向供应商正确传递的信息量（次数）；IPT 是一定时期内主制造商向供应商传递的信息总量（总次数）。

（4）信息及时传递率 x_{34}。信息及时传递率是指一定时期内企业之间及时传递的信息次数占供应链上传递信息总次数的比率。对于供应链上信息的传递，不仅要求准确性，而且要求及时性。尽量避免由于信息传递延误而产生决策上的失误。及时传递信息能够提高供应链对市场需求的反应能力，及时应对市场变化所造成的冲击。在主制造商与供应商的协同运作过程中，要对信息传递及时性做合理规定，在

合理时间范围内的信息传递才能看作及时的，超过规定时间就不能看作及时的。计算公式为

$$x_{34} = \frac{\text{IPJ}}{\text{IPT}} \times 100\%$$

其中，IPJ 是一定时期内主制造商向供应商及时传递的信息量（次数）；IPT 是一定时期内主制造商向供应商传递的信息总量（总次数）。

4）市场流因素评价指标

（1）产销率 x_{41}。产销率是指企业在一定时期已经销售的产品总量与可供销售的产品总量之比，它反映产品生产实现销售的程度，同时也反映制造企业对资源的有效利用程度。这一比率越高即说明各类资源在生产销售环节中衔接、协调利用的程度越高；反之则越低。计算公式为

$$x_{41} = \frac{s}{p} \times 100\%$$

其中，s 是一定时期内主制造商的产品销售量；p 是一定时期内主制造商生产产品的总量。

（2）市场占有率 x_{42}。市场占有率是指企业的产品销售量（或销售额）在市场同类产品中所占的比重，直接反映企业所提供的商品和劳务对消费者和用户的满足程度。衡量市场占有率的标准主要有两个：一个是顾客满意率；另一个是顾客忠诚率。顾客满意率和顾客忠诚率越高，市场占有率也就越高，反之，市场占有率就越差。计算公式为

$$x_{42} = \frac{p_1}{p_2} \times 100\%$$

其中，p_1 是市场中本供应链上提供的产品数；p_2 是市场中同类企业提供的产品数。

（3）销售增长率 x_{43}。销售增长率是指企业本年度的销售增长额与上年度的销售额之间的比率，反映销售的增减变动情况，是评价企业成长状况和发展能力的重要指标。计算公式为

$$x_{43} = \frac{s_1}{s_2} \times 100\%$$

其中，s_1 是本年度的销售增长额；s_2 是上年度的销售额。

（4）顾客重复购买率 x_{44}。顾客重复购买率是指消费者对该品牌产品或者服务的重复购买次数与购买各类产品总次数的比率，它主要由顾客对于产品的预期和实际感知之间的差异来决定，当感知高于预期水平时，顾客重复购买的意向高，重复购买率越高，则反映出顾客对品牌的忠诚度就越高，反之重复购买率则越低。计算公式为

$$x_{44} = \frac{f_1}{f_2} \times 100\%$$

其中，f_1 是重复单位购买该产品的次数；f_2 是购买各类产品的总次数。

（5）反馈问题解决率 x_{45}。反馈问题解决率是指主制造商在生产、制造、销售、客服等环节上，在一定时期内解决反馈问题的效率，反映了主制造商在多大程度上协助对方解决供需过程中出现的问题，反馈问题解决率越高，合作的满意度越高，协同的程度也越高。计算公式为

$$x_{45} = \frac{n_1}{n_2} \times 100\%$$

其中，n_1 是一定时期内解决的反馈问题数；n_2 是该时期内待解决的反馈问题总数。

5）管理流因素评价指标

（1）战略目标一致性 x_{51}。战略目标一致性反映主制造商与供应商短期目标与长期目标的同步性与一致性，战略目标一致性越高，则说明整个供应链的协同度越好；反之，则供应链的协同度越差。

（2）协调合作能力 x_{52}。协调合作能力指制造商与供应商在一起合作的协调性与适应性，它反映供应链上的各节点企业彼此的协同研制在多大程度上满足供应链利益最大化原则。各企业的协同合作能力越强，说明主制造商-供应商协同研制的效果越好；反之，则说明协同研制的效果越差。

（3）指挥能力 x_{53}。主制造商作为合作的领导者，其指挥能力在项目中有着重要作用。强大的指挥能力能使主制造商在计划、领导、组织、控制等环节的活动顺利展开，再复杂的环节都能做到大而不乱，能控制供应商的节奏，让整个项目运行更顺畅。

（4）信任度 x_{54}。信任度是指制造商相信供应商将会采取对自己有利的积极行为的程度。它包括契约信任、能力信任、信誉信任等。该指标反映了主制造商与供应商对彼此的信任程度，它与其他指标有重叠部分，如主制造商对供应商的信息传递准确率、反馈问题解决率等指标。企业的信任度越高，说明供应链的协同效果越好；反之，协同效果越差。

管理流指标评价标准见表 4.1。

表 4.1 管理流指标评价标准

得分指标	[0.7, 1]	[0.5, 0.7)	[0.3, 0.5)	[0, 0.3)
战略目标一致性	很高	较高	一般	较差
协调合作能力	很高	较高	一般	较差
指挥能力	很高	较高	一般	较差
信任度	很高	较高	一般	较差

主制造商系统协同度评价指标体系如图 4.4 所示。

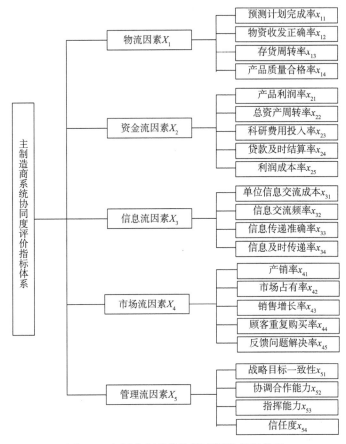

图 4.4 主制造商系统协同度评价指标体系

3. 供应商系统协同度评价指标体系

主制造商承担了产品的研制环节，供应商面对的是项目中存在的科研攻关、技术创新、产品质量等细节问题，而且要积极配合主制造商的设计、生产、销售等环节并达成一致共识。因此本部分在影响协同度五个关键序参量的基础上重点以科研能力、生产水平及对市场变化的反应灵敏度等可操作性指标为基础建立供应商系统协同度评价指标体系。

1）物流因素影响指标

（1）预测计划完成率 y_{11}。

（2）物资收发正确率 y_{12}。

（3）订货满足率 y_{13}。订货满足率是指在一定时期内供应商的实际供货量与该时期内主制造商向供应商订购该产品的总量的比率。它从数量上反映了供应商的交货能力。计算公式为

$$y_{13} = \frac{DQ_j}{PQ_j} \times 100\%$$

其中，DQ_j 是一定时期内供应商的实际供货量；PQ_j 是该时期内主制造商向供应商订购产品的总量。

（4）存货周转率 y_{14}。

（5）产品质量合格率 y_{15}。

（6）准时交货率 y_{16}。准时交货率是指下层供应商在一定时间内准时交货的次数占其总交货次数的百分比。它反映了主制造商与供应商对生产计划的执行度和在生产制造环节的能力。准时交货率低，说明其协作配套的生产能力达不到要求，或者对生产过程的组织管理跟不上供应链运行的要求；准时交货率高，说明其生产能力强，生产管理水平高。计算公式为

$$y_{16} = \frac{v_1}{v_2} \times 100\%$$

其中，v_1 是准时交货次数；v_2 是总交货次数。

2）资金流因素影响指标

（1）固定资产投资增长率 y_{21}。固定资产投资增长率指本期用于固定资产的投资额占期初固定资产原值的比例，它综合反映了供应商固定资产规模的扩张程度。主制造商对供应商不仅有技术上的帮助，而且有资金上的支持，用于购买设备、仪器等固定资产。该值越高表示供应商固定资产越大，既包括主制造商投资，也包括自身的收益。计算公式为

$$y_{21} = \frac{I}{I_0} \times 100\%$$

其中，I 是本期的固定资产投资额；I_0 是期初固定资产原值。

（2）科研费用优势率 y_{22}。供应商在科研费用方面的投入是体现其研发能力的首要指标，通常采用一定时期内的科研费用投入占该时期内销售收入的比值来表示。科研费用率高表示供应商在主制造商的技术指导及要求下，相比同行业中其他的供应商而言，对科研工作的投入程度高，对自身的地位认知感强，以积极的态度参与到合作中。计算公式为

$$y_{22} = \frac{R}{Q_0} \times 100\%$$

其中，R 是供应商在一定时期内的科研费用投入；Q_0 是该时期内的销售收入。

（3）科研人员费用支出率 y_{23}。为了引进、挽留优秀的科研人员，作为研发单位的供应商需要支付可观的费用，如安置费、各种特殊补贴等，以充分调动科研人员的积极性，充分发挥其才能，使其全心投入到科研工作中。计算公式为

$$y_{23} = \frac{\text{CRP}}{Q} \times 100\%$$

其中，CRP 是一定时期内供应商对科研人员的支出；Q 是该时期内供应商的销售总额。

（4）科研产品的销售比率 y_{24}。科研产品的销售比率是指在一定时期内供应商为主制造商提供的科研产品的销售额占该时期内供应商的销售总额的百分比，该值越高表示供应商提供的新产品符合程度越高，间接体现了供应商与主制造商科研协同研制程度越高，同时也反映出主制造商与供应商科研的努力程度越高，更好地促进两者之间的合作关系。计算公式为

$$y_{24} = \frac{\text{RQ}}{Q} \times 100\%$$

其中，RQ 是在一定时期内供应商为主制造商提供的科研产品的销售额；Q 是在该时期内供应商的销售总额。

3）信息流因素影响指标

（1）单位信息交流成本 y_{31}。

（2）信息交流频率 y_{32}。

（3）信息传递准确率 y_{33}。

（4）信息及时传递率 y_{34}。

4）市场流因素影响指标

（1）新产品开发频率 y_{41}。新产品开发频率即在一定时期内供应商成功开发的新产品数占总产品数的百分比，它在一定程度上体现了供应商对主制造商需求变换的柔性及对市场变化反应的灵敏程度，柔性大表示协同度高。计算公式为

$$y_{41} = \frac{q}{(q_1 + q_2)/2} \times 100\%$$

其中，q 是一定时期内供应商成功开发的新产品数；q_1、q_2 分别是期初产品数和期末产品数。

（2）新产品开发成功率 y_{42}。新产品开发成功率是指在一定时期内供应商成功开发的新产品数占开发总数的百分比，它反映了供应商满足主制造商技术要求的柔性和开发能力及供应商对客观环境的响应能力。计算公式为

$$y_{42} = \frac{q}{N} \times 100\%$$

其中，q 是一定时期内供应商成功开发的新产品数；N 是该时期内的产品开发总数。

（3）市场占有率 y_{43}。

（4）销售增长率 y_{44}。

（5）反馈问题解决率 y_{45}。

5）管理流因素影响指标

（1）战略目标一致性 y_{51}。

（2）协调合作能力 y_{52}。

（3）信任度 y_{53}。

（4）忠诚度 y_{54}。忠诚度指供应商为实现期望目标需要与主制造商保持的交易关系，表示在这种交易关系中，供应商忠于对方、信赖对方的程度。彼此高度忠诚是双方长期稳定合作的前提，当外部环境变化时，任意一方的叛离都有可能导致供应链的断裂。因此，忠诚度高才会带来高度的协同；反之，忠诚度差将导致合作终止。

供应商系统协同度评价指标体系如图 4.5 所示。

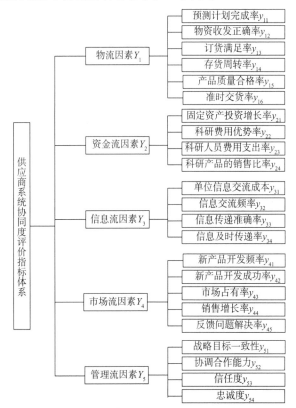

图 4.5　供应商系统协同度评价指标体系

4.3 基于协同度的复杂装备主制造商-供应商利益分配模型构建

4.3.1 复杂装备主制造商-供应商协同度建模

协同度决定了系统在达到临界区域时走向何种有序结构，或者说决定了系统由无序走向有序的趋势，协同度是对协调作用的一种度量，而系统整体的协同度是各个子系统共同作用的结果，因此应首先研究各子系统的协同度。

1. 子系统有序度模型

定义 4.1 假设复杂装备生产供应链的资源协同过程为一个由若干子系统或要素构成的复杂系统 $S=(S_1,S_2,\cdots,S_n)$，其中 S_n 为第 n 个子系统或要素。

定义 4.2 考虑子系统 S_j，$j\in[1,n]$，设其发展过程中的关键变量为 $e_j=(e_{j1},e_{j2},\cdots,e_{jn})$，其中 $n\geqslant 1$，$\beta_{ji}\leqslant e_{ji}\leqslant \alpha_{ji}$，$i\in[1,n]$，$\alpha_{ji}$、$\beta_{ji}$ 为系统稳定临界点上 e_{ji} 的上限和下限。

假设 4.1 $e_{j1},e_{j2},\cdots,e_{jk_1}$ 的取值越大，系统的有序度越高；其取值越小，系统的有序度越低，即 $e_{j1},e_{j2},\cdots,e_{jk_1}$ 为正面指标。

假设 4.2 $e_{jk_1+1},e_{jk_1+2},\cdots,e_{jn}$ 的取值越大，系统的有序度越低；其取值越小，系统的有序度越高，即 $e_{jk_1+1},e_{jk_1+2},\cdots,e_{jn}$ 为负面指标。

定义式（4.1）为子系统 S_j 关键变量分量 e_{ji} 的系统有序度：

$$u_j\left(e_{ji}\right)=\begin{cases}\dfrac{e_{ji}-\beta_{ji}}{\alpha_{ji}-\beta_{ji}}, & i\in[1,k_1]\\[3mm]\dfrac{\alpha_{ji}-e_{ji}}{\alpha_{ji}-\beta_{ji}}, & i\in[k_1+1,n]\end{cases}\tag{4.1}$$

其中，$\alpha_{ji}=\max\left(e_{ji}\right)$，$\beta_{ji}=\min\left(e_{ji}\right)$。从以上定义可知，$u_j\left(e_{ji}\right)\in[0,1]$，其值越大，$e_{ji}$ 对系统有序的贡献越大。模型合理的关键是上、下极限值的确定和指标体系中各指标的选取，可以结合系统的实际和数据的可获得性综合予以考虑。

从总体上看，变量 e_{ji} 对子系统 S_j 有序度的总贡献可以通过 $u_j\left(e_{ji}\right)$ 的集成来实现。系统的总体性能从理论上来说，不仅取决于各参数数值的大小，更重要的是还取决于它们之间的组合形式，不同系统具有不同的组合形式，组合形式又决定了集成法则。在实际中常用的集成方法为几何平均法或线性加权求和法，为简捷起见，采用线性加权求和法进行集成。即

$$u_j(e_j) = \sum_{i=1}^{n} \lambda_i u_j(e_{ji}), \; \lambda_i \geqslant 0, \quad \sum_{i=1}^{n} \lambda_i = 1 \qquad (4.2)$$

其中，$u_j(e_j)$是子系统S_j的系统有序度。由式（4.2）可知，$u_j(e_j) \in [0,1]$，$u_j(e_j)$越大，e_j对子系统S_j有序的贡献度越大，子系统S_j有序的程度就越高，反之则越低。

2. 主制造商-供应商协同度测算模型

假设对于给定的初始时刻或某个特定的时间段t_0而言，供应系统序参量的系统有序度为$u_1^0(e_1)$，需求系统序参量的系统有序度为$u_2^0(e_2)$。对于系统在发展演变过程中的时刻或时间段t_2而言，如果此时供应系统序参量的系统有序度为$u_1^1(e_1)$，需求系统序参量的系统有序度为$u_2^1(e_2)$，且$u_1^1(e_1) \geqslant u_1^0(e_1)$，$u_2^1(e_2) \geqslant u_2^0(e_2)$同时成立，则称供需系统是协同发展的，且其系统协同度U为

$$U = \theta \sqrt{\left| u_1^1(e_1) - u_1^0(e_1) \right| \cdot \left| u_2^1(e_2) - u_2^0(e_2) \right|} \qquad (4.3)$$

其中，

$$\theta = \begin{cases} 1, & u_1^1(e_1) - u_1^0(e_1) \geqslant 0 \text{且} u_2^1(e_2) - u_2^0(e_2) \geqslant 0 \\ -1, & \text{其他} \end{cases} \qquad (4.4)$$

关于协同度有如下几点说明。

（1）式（4.4）中，$u_1^1(e_1) - u_1^0(e_1)$描述了子系统S_1在t_0到t_1时间段变量的系统有序度变化的幅度，它刻画了在t_0到t_1时间段内系统在多大程度上变得更有序。

（2）$U \in [-1,1]$，其值越大，系统协同发展的程度越高；反之，其值越小，系统协同发展的程度越低。

（3）综合考虑两个子系统的情况，如果一个子系统的有序度提高幅度较大，而另一个子系统的有序度提高幅度较小或者下降，那么整个系统不能处于较好的协同状态或者系统根本就不协调。

3. 指标权重的确定

关于指标权重的确定方法有很多种，目前权重的确定方法主要分为主观赋权法和客观赋权法，主观赋权法是由决策分析者根据各指标的主观权重重视程度而赋权的一类方法，主要有专家调查法、两两赋值法、最小二乘法、层次分析法、德尔菲法等，受到主观人为因素的影响，这些方法都难以摆脱人为干预和模糊随

机性的影响；客观赋权法一般是根据所选指标的实际信息形成决策矩阵，在此矩阵的基础上通过客观运算形成权重，从而避免了主观人为因素的影响，但是这种方法的求解有一定的难度，常用的方法有熵值法和相关矩阵赋权法。本章对指标权重的求解就采用了熵值法。

熵值法又称熵权法，它是根据判断矩阵中的客观数值，运用熵概念和熵的性质确定权重的一种客观赋权法，从信息价值的角度代表了该项指标对所研究的问题提供的有价值的信息的多寡程度。熵权是以客观数据为基础而计算出来的权数，数据的差异对熵权的影响明显，当被评价对象的某项指标的数据差异很大时，熵值很小而熵权大，在这种情况下，被评价对象在该指标下的客观数值对评价结果有较大影响而掩盖了其他指标值的价值，从而会对最终评价结果造成"误判"。将熵权与主观权重合成，可使两种方法的赋权得到互补，即复合熵权法，使权重更科学、更客观。复合熵权法的具体步骤如下。

假设评价指标体系有 p 个指标，第 $q(q=1,2,\cdots,p)$ 个指标又有 $i(i=1,2,\cdots,m)$ 个分项指标、$j(j=1,2,\cdots,n)$ 个评价对象，下面则在评价指标 $q(q=1,2,\cdots,p)$ 下，计算各分项指标的熵权。

（1）由原始数据构造判断矩阵：

$$X = \begin{bmatrix} x_{11} & x_{12} & \cdots & x_{1n} \\ x_{21} & x_{22} & \cdots & x_{2n} \\ \vdots & \vdots & \vdots & \vdots \\ x_{m1} & x_{m2} & \cdots & x_{mn} \end{bmatrix} \tag{4.5}$$

（2）将 X 数据进行标准化，变为标准化矩阵 $[\hat{x}_{ij}]$，标准化方法为

$$\hat{x}_{ij} = \frac{\left| x_{ij} - \overline{x}_{ij} \right|}{\overline{x}_{ij}} \tag{4.6}$$

（3）计算各状态的概率 P_{ij}，构成概率矩阵：

$$P_{ij} = \frac{\hat{x}_{ij}}{\sum_{j=1}^{n} \hat{x}_{ij}}, \ i=1,2,\cdots,m, \quad j=1,2,\cdots,n \tag{4.7}$$

（4）计算各状态的熵，构成熵矩阵：

$$H_{ij} = -\frac{1}{\ln m} P_{ij} \ln P_{ij} \tag{4.8}$$

（5）计算第 i 个分项指标的熵 H_i 和差异度 $D_i(i=1,2,\cdots,m)$：

$$H_i = \sum_{j=1}^{n} H_{ij}, \quad D_i = 1 - H_i \tag{4.9}$$

（6）计算第 i 个分项指标的熵权重：

$$W_i^{(b)} = D_i \Big/ \sum_{j=1}^{n} D_i \tag{4.10}$$

（7）计算第 i 个分指标的复合熵权重：

$$W_i = \gamma W_i^{(a)} + (1-\gamma) W_i^{(b)} \tag{4.11}$$

（8）式（4.11）中，$W_i^{(a)}$ 为主观权重，γ 为倾向性系数，在此基础上，由下一级指标及得出的复合熵权，计算上一级指标的熵权，并与主观权重复合得到相应的复合熵权重 $\lambda_q (q = 1, 2, \cdots, p)$，其中 p 为一级指标数。

4.3.2　基于协同度的复杂装备主制造商–供应商利益分配模型

利益分配问题一直是供应链研究的热点问题，也是很重要和关键的问题。创造共赢局面是协同研制各方最初的动机，因此利益分配问题就成为协同企业之间纷争的最原始起点，最终决定协同研制的繁荣和衰落。协同状态下的经营以成员企业间的合作为基础，通过生产、物流、库存和销售等方面的密切配合，使得协同物流高效运作，以提高协同物流整体的竞争力和盈利能力，各企业在不同阶段的能力与资源投入程度不同，所以企业肩负的责任与期望也不同。如何协调协同伙伴企业的协同关系，建立合理的利润分配机制，保证物流、信息流、资金流等资源在协同研制上的畅通，是实现企业间长期稳定发展，影响协同研制效率的重要问题。

1．协同利益分配原则

协同利益的分配必须在正确的原则指导下才能有科学性，才能规范企业的合作行为，才能保证合作健康、持续、稳定地发展。

1）平等公正原则

合作企业无论规模大小、实力强弱，在合作中的地位以及对利益追求的权利是平等的，每个伙伴都要按自己在联盟中所投入的资源量、工作努力程度、所做的具体贡献水平合理地索取利益。

2）多赢原则

参加合作的任意成员在联盟中获得的收益要大于不加入联盟由自己单独行动获取的利益，否则成员企业就会失去合作动力。

3）风险与利益匹配原则

利益分配应与承担的风险相互一致,利益分配的比例取决于风险分担的比例,即承担高风险的企业应获得高回报。

4）贡献与利益匹配原则

协同利益分配机制应该遵循企业从联盟中获取的利益与企业对联盟的贡献相一致的原则,付出多的企业就应该得到的回报多,这样的原则更具激励性。

2. 模型构建

在主制造商与供应商共生环境中,虽然各企业合作的目的是互惠互利,然而由于其规模、经营性质、人力资源的素质等各方面的原因,必然会形成一种势力、地位和角色的差异,也会有相对核心的企业和非核心的企业,而合理的利益分配是维持主制造商与供应商这种长期合作关系的最根本保障,从而构建科学的利益分配机制、保持供应链系统的稳定与平衡,并形成有利于核心企业的势力分布,是研究供应链协同研制的重点。

主制造商-供应商模式中存在具有主导优势的一方,即在合作的过程中,两者的地位具有不对等的关系。此时双方处在非完全竞争的市场上,主制造商在合作关系中处于较优级别,它不仅通过与供应商事先签订的协议对供应商进行管理,在利益分配上,主制造商也较有控制能力。为了实现利益分配的平等公正原则,鉴于协同度是成员努力程度的直接体现,本节基于协同度构建了利益分配模型。

为了方便研究,现假设主体符合下列条件。

（1）在利益分配过程中,只有主制造商（M）和一个供应商（S）两个主体。

（2）两个主体都是理性人,都为了实现利益最大化而努力合作。但是两者所处的地位不同,主制造商处于核心地位,对供应商有一定的主导权和控制权;供应商处于一般地位,但是仍然追求自己的利益最大化,希望根据自身的贡献程度来得到应该得到的收益,这是合作的最低限度。

（3）主制造商和供应商的协同度分别为 a 和 b,由于协同研制而给供应链创造利益的贡献系数分别为 λ_1 和 λ_2。

（4）两者的成本不仅包含为了生产制造而投入的固定成本,还包含为了实现协同研制、提高协同水平而需要的"协同成本",如共同研发的研发成本、实现同步生产的库存成本、为了保证信息畅通而投入的硬件设施投资等。假设合作主体每提高 1%的利益贡献系数,就需要投入一定的协同成本 C',且协同成本与协同水平之间存在合理的线性关系。设主制造商的固定生产成本为 C_1,协同研制的成本系数为 θ_1;供应商的固定生产成本为 C_2,协同研制的成本系数为 θ_2,且主制

造商的协同成本 $C_1' = (\lambda_1\theta_1)^2\big/2$ ，供应商的协同成本 $C_2' = (\lambda_2\theta_2)^2\big/2$ 。

（5）在双方的合作情况下，即使两者之间不存在协同研制，供应链仍然存在一定的收益 T ；两者的协同度越高，供应链的收益就越大。整体总收益与合作主体的协同水平及利益贡献程度有关，表示为

$$\phi = \frac{1}{2}(a\lambda_1 + b\lambda_2)^2 + (a\lambda_1 + b\lambda_2) + T \qquad (4.12)$$

其中，T 是不为零的常数。

（6）处于核心地位的主制造商将整体利益以分配系数 α 的比例分配给供应商。下面用上述相关参数分析整体净利润 π 、主制造商的净利润 π_1 、供应商的净利润 π_2 。

供应链整体净利润函数表示为

$$\begin{aligned}
\pi &= \phi - (C_1 + C_1') - (C_2 + C_2') \\
&= \frac{1}{2}(a\lambda_1 + b\lambda_2)^2 + (a\lambda_1 + b\lambda_2) + T - \left[C_1 + \frac{1}{2}(\lambda_1\theta_1)^2 \right] - \left[C_2 + \frac{1}{2}(\lambda_2\theta_2)^2 \right]
\end{aligned} \qquad (4.13)$$

主制造商的净利润函数表示为

$$\begin{aligned}
\pi_1 &= (1-\alpha)\phi - (C_1 + C_1') \\
&= (1-\alpha)\left[\frac{1}{2}(a\lambda_1 + b\lambda_2)^2 + (a\lambda_1 + b\lambda_2) + T \right] - \left[C_1 + \frac{1}{2}(\lambda_1\theta_1)^2 \right]
\end{aligned} \qquad (4.14)$$

供应商的净利润函数表示为

$$\begin{aligned}
\pi_2 &= \alpha\phi - (C_2 + C_2') \\
&= \alpha\left[\frac{1}{2}(a\lambda_1 + b\lambda_2)^2 + (a\lambda_1 + b\lambda_2) + T \right] - \left[C_2 + \frac{1}{2}(\lambda_2\theta_2)^2 \right]
\end{aligned} \qquad (4.15)$$

接下来探讨的问题如下。

（1）在一定的协同度和利益分配系数条件下，合作双方的利益贡献程度与两者之间的协同研制程度存在怎样的关系？即利益双方需要做出多大的努力才会实现自己的利益最大？

（2）根据双方的贡献程度，如何确定利益分配系数才是合理的，才能体现出获得的利益大小与自身的努力程度是相关的？

3. 模型求解

基于"理性人"的假设，双方都追求利益最大化，根据式（4.14）和式（4.15）分别对 λ_1 和 λ_2 求导，可得到双方为追求自身利益最大化在纳什均衡时的贡献水平 λ_1' 和 λ_2' ，令

$$\frac{\partial \pi_1}{\partial \lambda_1} = (1-\alpha)\big[a(a\lambda_1 + b\lambda_2) + a\big] - \theta_1^2 \lambda_1 = 0 \tag{4.16}$$

$$\frac{\partial \pi_2}{\partial \lambda_2} = \alpha\big[b(a\lambda_1 + b\lambda_2) + b\big] - \theta_2^2 \lambda_2 = 0 \tag{4.17}$$

将式（4.16）和式（4.17）联立成方程组，求解得 λ_1' 和 λ_2'：

$$\lambda_1' = \frac{(1-\alpha) \cdot a \cdot \theta_2^2}{\theta_1^2 \theta_2^2 - (1-\alpha)a^2\theta_2^2 - \alpha\theta_1^2 b^2} \tag{4.18}$$

$$\lambda_2' = \frac{\alpha \cdot b \cdot \theta_1^2}{\theta_1^2 \theta_2^2 - (1-\alpha)a^2\theta_2^2 - \alpha\theta_1^2 b^2} \tag{4.19}$$

$$\frac{\lambda_1'}{\lambda_2'} = \frac{(1-\alpha) \cdot a \cdot \theta_2^2}{\alpha \cdot b \cdot \theta_1^2} \tag{4.20}$$

根据式（4.18）、式（4.19）考察合作贡献系数与协同度之间的变化关系，由 λ_1' 对 a 求一阶导数，并由 $\theta_1^2 \theta_2^2 - (1-\alpha)a^2\theta_2^2 - \alpha\theta_1^2 b^2 > 0$，得

$$\frac{\partial \lambda_1'}{\partial a} = \frac{(1-\alpha)\theta_2^2\big[\theta_1^2\theta_2^2 - (1-\alpha)a^2\theta_2^2 - \alpha\theta_1^2 b^2\big] + 2a^2(1-\alpha)^2\theta_2^4}{\big[\theta_1^2\theta_2^2 - (1-\alpha)a^2\theta_2^2 - \alpha\theta_1^2 b^2\big]^2} > 0 \tag{4.21}$$

同理可得

$$\frac{\partial \lambda_2'}{\partial b} = \frac{\alpha\theta_1^2\big[\theta_1^2\theta_2^2 - (1-\alpha)a^2\theta_2^2 - \alpha\theta_1^2 b^2\big] + 2b^2\alpha^2\theta_1^4}{\big[\theta_1^2\theta_2^2 - (1-\alpha)a^2\theta_2^2 - \alpha\theta_1^2 b^2\big]^2} > 0 \tag{4.22}$$

由此可知，合作贡献系数是关于协同度的增函数，它随着协同度的增大而增大，随着协同度的减小而减小。

接下来分析求解合理的利益分配系数使得整体供应链的利益最大化，因为合作贡献系数是分配比例的函数，而整体收益又是合作贡献系数的函数，所以这里通过二阶导数就能得到使得整体利益最大的分配系数 α：

$$\frac{\partial \pi}{\partial \alpha} = \frac{\partial \pi}{\partial \lambda_1'} \cdot \frac{\partial \lambda_1'}{\partial \alpha} + \frac{\partial \pi}{\partial \lambda_2'} \cdot \frac{\partial \lambda_2'}{\partial \alpha} \tag{4.23}$$

其中，由式（4.13）对 λ_1' 和 λ_2' 求偏导，得

$$\frac{\partial \pi}{\partial \lambda_1'} = a(a\lambda_1 + b\lambda_2) + a - \theta_1^2 \lambda_1 \tag{4.24}$$

$$\frac{\partial \pi}{\partial \lambda_2'} = b(a\lambda_1 + b\lambda_2) + b - \theta_2^2 \lambda_2 \tag{4.25}$$

由式（4.17）可得

$$b(a\lambda_1 + b\lambda_2) + b = \frac{\lambda_2\theta_2^2}{\alpha} \tag{4.26}$$

由此可得

$$\frac{\partial \pi}{\partial \lambda_2'} = \frac{1-\alpha}{\alpha} \lambda_2' \theta_2^2 \tag{4.27}$$

同理可得

$$\frac{\partial \pi}{\partial \lambda_1'} = \frac{a}{b} \lambda_2' \theta_2^2 \tag{4.28}$$

由式（4.18）、式（4.19）可求得 $\frac{\partial \lambda_1'}{\partial \alpha}$ 和 $\frac{\partial \lambda_2'}{\partial \alpha}$：

$$\frac{\partial \lambda_1'}{\partial \alpha} = \frac{-a\theta_2^2\left(\theta_1^2\theta_2^2 - \theta_1^2 b^2\right)}{\left[\left(\theta_1^2\theta_2^2 - a^2\theta_2^2\right) + \alpha\left(a^2\theta_2^2 - \theta_1^2 b^2\right)\right]^2} \tag{4.29}$$

$$\frac{\partial \lambda_2'}{\partial \alpha} = \frac{b\theta_1^2\theta_2^2\left(\theta_1^2 - a^2\right)}{\left[\left(\theta_1^2\theta_2^2 - a^2\theta_2^2\right) + \alpha\left(a^2\theta_2^2 - \theta_1^2 b^2\right)\right]^2} \tag{4.30}$$

根据式（4.23）求得 $\frac{\partial \pi}{\partial \alpha}$，则

$$\frac{\partial \pi}{\partial \alpha} = \frac{\lambda_2'\theta_1^2\theta_2^4\left[\dfrac{b(1-\alpha)\left(\theta_1^2 - a^2\right)}{\alpha} - \dfrac{a^2\left(\theta_2^2 - b^2\right)}{b}\right]}{\left[\left(\theta_1^2\theta_2^2 - a^2\theta_2^2\right) + \alpha\left(a^2\theta_2^2 - \theta_1^2 b^2\right)\right]^2} \tag{4.31}$$

令 $\frac{\partial \pi}{\partial \alpha} = 0$，则有以下等式成立：

$$\frac{b(1-\alpha)\left(\theta_1^2 - a^2\right)}{\alpha} - \frac{a^2\left(\theta_2^2 - b^2\right)}{b} = 0 \tag{4.32}$$

此时求得利益分配系数 α：

$$\alpha = \frac{b^2\left(\theta_1^2 - a^2\right)}{a^2\left(\theta_2^2 - b^2\right) + b^2\left(\theta_1^2 - a^2\right)} \tag{4.33}$$

则

$$1-\alpha = \frac{a^2\left(\theta_2^2 - b^2\right)}{a^2\left(\theta_2^2 - b^2\right) + b^2\left(\theta_1^2 - a^2\right)} \tag{4.34}$$

接下来分析协同度和协同成本系数对利益分配系数的影响，分别让 α 对 a 和 θ_1 求导、让 $1-\alpha$ 对 b 和 θ_2 求导：

$$\frac{\partial \alpha}{\partial a} = \frac{2a\left(\theta_2^2 - b^2\right)b^2\theta_1^2}{\left[a^2\left(\theta_2^2 - b^2\right) + b^2\left(\theta_1^2 - a^2\right)\right]^2} > 0 \tag{4.35}$$

$$\frac{\partial \alpha}{\partial \theta_1} = \frac{-2a^2\left(\theta_2^2 - b^2\right)b^2\theta_1}{\left[a^2\left(\theta_2^2 - b^2\right) + b^2\left(\theta_1^2 - a^2\right)\right]^2} < 0 \qquad (4.36)$$

$$\frac{\partial(1-\alpha)}{\partial b} = \frac{2b^2\left(\theta_1^2 - a^2\right)a^2\theta_2^2}{\left[a^2\left(\theta_2^2 - b^2\right) + b^2\left(\theta_1^2 - a^2\right)\right]^2} > 0 \qquad (4.37)$$

$$\frac{\partial(1-\alpha)}{\partial \theta_2} = \frac{-2b^2\left(\theta_1^2 - a^2\right)a^2\theta_2}{\left[a^2\left(\theta_2^2 - b^2\right) + b^2\left(\theta_1^2 - a^2\right)\right]^2} < 0 \qquad (4.38)$$

通过求解可知，主制造商与供应商分别按式（4.33）和式（4.34）所示的 α 与 $1-\alpha$ 分配时，整体供应链的净利润达到最大值。

同时由式（4.18）、式（4.19）可得知：$\dfrac{\lambda_1'}{\lambda_2'} = \dfrac{1-\alpha}{\alpha} \cdot \dfrac{a}{b} \cdot \dfrac{\theta_2^2}{\theta_1^2}$。

本节通过建立模型对主制造商与供应商的利益分配过程进行了求解，根据求得的结果可以得出以下结论。

（1）主制造商的收益函数是协同度的增函数，随着协同度的增加而增加，即协同度越大，收益值越大，也就是主制造商协同的努力程度越高，其收益水平也越高；主制造商的收益函数是合作贡献系数的增函数，随着合作贡献系数的增加而增加；主制造商的收益函数是协同成本系数的减函数，随着协同成本系数的增加而减小；供应商的收益函数及整体收益函数与协同度、合作贡献系数、协同成本系数的关系也是如此。

（2）主制造商-供应商协同研制过程中，任意一方追求利益最大化时，其合作贡献系数与自身系统的协同度有关，合作贡献系数是协同度的增函数，其随着协同度的增加而增加；利益分配系数也是协同度的增函数，随着协同度的增大而增大；利益分配系数则是协同成本系数的减函数，随着协同成本系数的增大而减小。

4.4 案例分析

为了能更好地解释模型的合理性，在本节补充具体实证案例，通过理论与实际相结合，对理论和方法进行实际演练。在这里选择一个制造业供应链为模型应用的样本。江苏省×××制造有限公司是一家私营企业，在近十年的发展中，公司采取了股份制改革、信息化改造、高级人才引进等一系列举措，公司由家族制过渡到了现代化的管理模式，公司的发展态势良好。本节选取以该公司为核心企业的供应链 2006 ~ 2010 年的年度报告数据作为数据样本，结合模型进行实证分析。

4.4.1 指标基础数据获得

按照评价指标体系，通过调研 ×××制造有限公司主制造商与供应商，获得以下两组评价指标数据，见表 4.2 和表 4.3。

表 4.2 主制造商系统协同度评价指标数值

指标	2006 年	2007 年	2008 年	2009 年	2010 年
预测计划完成率 x_{11} /%	96.15	95.08	96.33	95.35	98.72
物资收发正确率 x_{12} /%	98.6	97.87	100	98.02	99.65
存货周转率 x_{13} /%	94.0	92.0	95.0	95.0	93.0
产品质量合格率 x_{14} /%	94.5	96.25	98.68	99.5	99.8
产品利润率 x_{21} /%	22.88	18.5	25.5	23.95	24.5
总资产周转率 x_{22} /%	0.58	0.65	0.83	0.85	1.03
科研费用投入率 x_{23} /%	10.2	12.8	15.5	15.8	16.5
贷款及时结算率 x_{24} /%	94.5	95.5	96.6	97.8	98.5
利润成本率 x_{25} /%	80	120	150	200	210
单位信息交流成本 x_{31} /万元	420	550	600	655	680
信息交流频率 x_{32} /次	1.5	2	4.5	5.8	7.5
信息传递准确率 x_{33} /%	90.5	92.6	95.5	96.7	98.5
信息及时传递率 x_{34} /%	85.5	90	92.8	95.6	97.5
产销率 x_{41} /%	90.5	92.5	95.4	96.6	98.9
市场占有率 x_{42} /%	35.6	37.3	41.5	43.6	45.3
销售增长率 x_{43} /%	1.2	1.5	2.2	2.5	2.8
顾客重复购买率 x_{44} /%	6.2	8.2	12.3	15.9	19.6
反馈问题解决率 x_{45} /%	75.8	80.3	85.5	86.8	95.5
战略目标一致性 x_{51}	0.55	0.65	0.73	0.8	0.82
协调合作能力 x_{52}	0.65	0.71	0.75	0.83	0.85
指挥能力 x_{53}	0.78	0.85	0.89	0.85	0.9
信任度 x_{54}	0.73	0.85	0.87	0.9	0.95

资料来源：×××制造有限公司 2006 ~ 2010 年的年度报告。

表 4.3　供应商系统协同度评价指标数值

指标	2006 年	2007 年	2008 年	2009 年	2010 年
预测计划完成率 y_{11} /%	93.56	95.65	94.78	96.88	96.25
物资收发正确率 y_{12} /%	96.6	96.37	96.25	98.25	98.87
订货满足率 y_{13} /%	80.2	83.5	84.78	89.65	88.79
存货周转率 y_{14} /%	95	96	95	97	98
产品质量合格率 y_{15} /%	95.87	96.75	96.88	97.89	98.65
准时交货率 y_{16} /%	95.25	96.5	98.5	99.56	99.3
固定资产投资增长率 y_{21} /%	22.78	25.65	28.96	30.43	36.78
科研费用优势率 y_{22} /%	6.4	8.5	8.8	9.5	12.5
科研人员费用支出率 y_{23} /%	83.4	85.58	82.17	85.69	84.34
科研产品的销售比率 y_{24} /%	60	80	85	110	105
单位信息交流成本 y_{31} /万元	395	340	400	452	480
信息交流频率 y_{32} /次	1	1.5	1.8	2.2	2.6
信息传递准确率 y_{33} /%	95.26	96.54	98.77	98.56	99.2
信息及时传递率 y_{34} /%	89.3	91.5	93.6	95.7	98.9
新产品开发频率 y_{41} /%	88.5	90.65	92.7	95.6	94.5
新产品开发成功率 y_{42} /%	25.5	26.5	28.5	26.5	27.5
市场占有率 y_{43} /%	1.5	1.8	2.1	2.5	2.8
销售增长率 y_{44} /%	5.6	6.5	7.3	6.9	7.2
反馈问题解决率 y_{45} /%	80.2	83.5	85.6	89.5	90.6
战略目标一致性 y_{51}	0.45	0.56	0.6	0.75	0.7
协调合作能力 y_{52}	0.65	0.6	0.75	0.78	0.83
信任度 y_{53}	0.55	0.65	0.78	0.8	0.9
忠诚度 y_{54}	0.65	0.75	0.88	0.85	0.9

资料来源：×××制造有限公司 2006～2010 年的年度报告。

4.4.2　指标基础数据预处理

各指标的观测单位不同，导致各指标的测量值相差悬殊，因此在进行计算之前，应该先对原始数据进行标准化处理，使不同单位、不同数量级的指标无量纲化。

设 S_{ij} 为第 i 时刻第 j 项指标的数据，其中，$i=1,2,\cdots,n$，$j=1,2,\cdots,m$。

设 $\bar{S}_j$ 为第 j 项指标的样本均值，即

$$\bar{S}_j = \frac{1}{n}\sum_{i=1}^{n} S_{ij} \qquad (4.39)$$

令 R_j 为第 j 项指标的样本标准差，即

$$R_j = \sqrt{\frac{1}{n-1}\sum_{i=1}^{n}\left(S_{ij}-\bar{S}_j\right)^2} \qquad (4.40)$$

标准化后的数据为

$$S'_{ij} = \frac{S_{ij}-\bar{S}_j}{R_j} \qquad (4.41)$$

4.4.3　主制造商-供应商协同度求解

1. 主制造商系统协同度求解

根据获得的原始数据，求解主制造商各指标的熵权重，以物流子系统为例介绍如下。

（1）构造判断矩阵：

$$X_{物流} = \begin{bmatrix} 96.15 & 95.08 & 96.33 & 95.35 & 98.72 \\ 98.6 & 97.87 & 100 & 98.02 & 99.65 \\ 94.0 & 92.0 & 95.0 & 95.0 & 93.0 \\ 94.5 & 96.25 & 98.68 & 99.5 & 99.8 \end{bmatrix}$$

（2）将判断矩阵标准化：

$$\hat{X}_{物流} = \begin{bmatrix} 0.001\,827 & 0.012\,953 & 0.000\,042 & 0.010\,132 & 0.024\,853 \\ 0.002\,307 & 0.009\,649 & 0.118\,59 & 0.008\,176 & 0.008\,317 \\ 0.002\,132 & 0.019\,19 & 0.012\,793 & 0.012\,793 & 0.008\,529 \\ 0.033\,209 & 0.015\,305 & 0.009\,555 & 0.017\,944 & 0.021\,014 \end{bmatrix}$$

（3）计算各状态的概率，构成概率矩阵：

$$\hat{P}_{物流} = \begin{bmatrix} 0.036\,697 & 0.259\,8 & 0.000\,834 & 0.203\,503 & 0.499\,166 \\ 0.057\,172 & 0.240\,221 & 0.293\,882 & 0.202\,608 & 0.206\,118 \\ 0.038\,462 & 0.346\,154 & 0.230\,769 & 0.230\,769 & 0.153\,846 \\ 0.342\,261 & 0.157\,739 & 0.098\,482 & 0.184\,943 & 0.216\,575 \end{bmatrix}$$

（4）计算各状态的熵，构成熵矩阵：

$$
H_{ij}^{物流} = \begin{bmatrix}
0.075\,359 & 0.217\,573 & 0.003\,674 & 0.201\,307 & 0.215\,497 \\
0.101\,655 & 0.212\,871 & 0.223\,607 & 0.200\,977 & 0.202\,259 \\
0.077\,86 & 0.228\,17 & 0.212\,051 & 0.212\,051 & 0.178\,936 \\
0.228\,009 & 0.181\,004 & 0.141\,832 & 0.193\,937 & 0.205\,861
\end{bmatrix}
$$

（5）计算各项指标的熵和差异度：

$$
H_{物流} = \begin{bmatrix} 0.713\,41 \\ 0.941\,369 \\ 0.905\,457 \\ 0.950\,643 \end{bmatrix}, \qquad
D_{物流} = \begin{bmatrix} 0.286\,59 \\ 0.058\,631 \\ 0.095\,43 \\ 0.049\,357 \end{bmatrix}
$$

（6）计算物流子系统各项指标的熵权重：

$$
W_{物流}^{(b)} = \begin{bmatrix} 0.5859 \\ 0.1199 \\ 0.1933 \\ 0.1009 \end{bmatrix}
$$

按照以上计算步骤，使用同样的方法，计算可得本案例中资金流、信息流、市场流和管理流子系统中各项指标的熵权重分别为

$$
W_{资金流}^{(b)} = \begin{bmatrix} 0.3065 \\ 0.1630 \\ 0.0909 \\ 0.2301 \\ 0.2096 \end{bmatrix}, \quad
W_{信息流}^{(b)} = \begin{bmatrix} 0.3030 \\ 0.2369 \\ 0.1797 \\ 0.2804 \end{bmatrix}, \quad
W_{市场流}^{(b)} = \begin{bmatrix} 0.1747 \\ 0.1296 \\ 0.1210 \\ 0.2574 \\ 0.3174 \end{bmatrix}, \quad
W_{管理流}^{(b)} = \begin{bmatrix} 0.1448 \\ 0.1669 \\ 0.3475 \\ 0.3408 \end{bmatrix}
$$

下面将根据公式计算各子系统中各项指标的复合熵权重，其中主观权重由专家打分法获得，鉴于对主观赋值人员经验、水平的了解和客观数据的分析，倾向性系数选为 0.65，表明对主观权重更为偏重，因此各个子系统的复合熵权重见表 4.4 ~ 表 4.8。

表 4.4　主制造商物流子系统指标的复合熵权重

	预测计划完成率 x_{11}	物资收发正确率 x_{12}	存货周转率 x_{13}	产品质量合格率 x_{14}
主观权重 $W_{物流}^{(a)}$	0.3869	0.1410	0.4129	0.0593
熵权重 $W_{物流}^{(b)}$	0.5859	0.1199	0.1933	0.1009
复合熵权重 $W_{物流}$	0.4566	0.1336	0.3360	0.0739

表 4.5　主制造商资金流子系统指标的复合熵权重

	产品利润率 x_{21}	总资产周转率 x_{22}	科研费用投入率 x_{23}	贷款及时结算率 x_{24}	利润成本率 x_{25}
主观权重 $W_{资金流}^{(a)}$	0.1108	0.3885	0.1008	0.3231	0.0762
熵权重 $W_{资金流}^{(b)}$	0.3065	0.1630	0.0909	0.2301	0.2096
复合熵权重 $W_{资金流}$	0.1793	0.3096	0.0973	0.2905	0.1229

表 4.6　主制造商信息流子系统指标的复合熵权重

	单位信息交流成本 x_{31}	信息交流频率 x_{32}	信息传递准确率 x_{33}	信息及时传递率 x_{34}
主观权重 $W_{信息流}^{(a)}$	0.0818	0.5455	0.2261	0.1467
熵权重 $W_{信息流}^{(b)}$	0.3030	0.2369	0.1797	0.2804
复合熵权重 $W_{信息流}$	0.1592	0.4375	0.2099	0.1935

表 4.7　主制造商市场流子系统指标的复合熵权重

	产销率 x_{41}	市场占有率 x_{42}	销售增长率 x_{43}	顾客重复购买率 x_{44}	反馈问题解决率 x_{45}
主观权重 $W_{市场流}^{(a)}$	0.2311	0.1242	0.1202	0.4613	0.0633
熵权重 $W_{市场流}^{(b)}$	0.1747	0.1296	0.1210	0.2574	0.3174
复合熵权重 $W_{市场流}$	0.2114	0.1261	0.1205	0.3899	0.1522

表 4.8　主制造商管理流子系统指标的复合熵权重

	战略目标一致性 x_{51}	协调合作能力 x_{52}	指挥能力 x_{53}	信任度 x_{54}
主观权重 $W_{管理流}^{(a)}$	0.5453	0.0708	0.1889	0.1950
熵权重 $W_{管理流}^{(b)}$	0.1448	0.1669	0.3475	0.3408
复合熵权重 $W_{管理流}$	0.4051	0.1044	0.2444	0.2460

用数学方法可表示如下。

（1）物流子系统指标的复合熵权重为：$W_{物流} = (0.4566 \quad 0.1336 \quad 0.3360 \quad 0.0739)$。

（2）资金流子系统指标的复合熵权重为：$W_{资金流} = (0.1793 \quad 0.3096 \quad 0.0973 \quad 0.2905 \quad 0.1229)$。

（3）信息流子系统指标的复合熵权重为：$W_{信息流} = (0.1592 \quad 0.4375 \quad 0.2099 \quad 0.1935)$。

（4）市场流子系统指标的复合熵权重为：$W_{市场流} = (0.2114 \quad 0.1261 \quad 0.1205 \quad 0.3899 \quad 0.1522)$。

（5）管理流子系统指标的复合熵权重为：$W_{管理流} = (0.4051 \quad 0.1044 \quad 0.2444 \\ 0.2460)$。

用各子系统的复合熵权重和相应的标准化后的判断矩阵相乘，其计算结果为 R_{ij}，它也是计算各个子系统熵权重 W_i 的基础。物流了系统的计算如下：

$$R_{1j} = W_{物流} \times \hat{X}_{物流}$$
$$= (0.4566 \quad 0.1336 \quad 0.3360 \quad 0.0739)$$
$$\times \begin{bmatrix} 0.001\,827 & 0.012\,953 & 0.000\,042 & 0.010\,132 & 0.024\,853 \\ 0.002\,307 & 0.009\,649 & 0.118\,59 & 0.008\,176 & 0.008\,317 \\ 0.002\,132 & 0.019\,19 & 0.012\,793 & 0.012\,793 & 0.008\,529 \\ 0.033\,209 & 0.015\,305 & 0.009\,555 & 0.017\,944 & 0.021\,014 \end{bmatrix}$$
$$= (0.004\,313 \quad 0.014\,78 \quad 0.020\,867 \quad 0.011\,343 \quad 0.016\,878)$$

使用同样的计算方法，分别得到资金流、信息流、市场流和管理流的 $R_{2j}, R_{3j}, R_{4j}, R_{5j}$：

$$R_{2j} = (0.174\,846 \quad 0.128\,172 \quad 0.046\,306 \quad 0.084\,976 \quad 0.174\,97)$$
$$R_{3j} = (0.351\,219 \quad 0.250\,159 \quad 0.032\,584 \quad 0.189\,692 \quad 0.379\,102)$$
$$R_{4j} = (0.286\,554 \quad 0.188\,337 \quad 0.019\,117 \quad 0.152\,419 \quad 0.312\,132)$$
$$R_{5j} = (0.164\,543 \quad 0.044\,855 \quad 0.025\,678 \quad 0.073\,861 \quad 0.114\,353)$$

将 R_{ij} 组成矩阵 R：

$$R = \begin{bmatrix} 0.004\,313 & 0.014\,78 & 0.020\,867 & 0.011\,343 & 0.016\,878 \\ 0.174\,846 & 0.128\,172 & 0.046\,306 & 0.084\,976 & 0.174\,97 \\ 0.351\,219 & 0.250\,159 & 0.032\,584 & 0.189\,692 & 0.379\,102 \\ 0.286\,554 & 0.188\,337 & 0.019\,117 & 0.152\,419 & 0.312\,132 \\ 0.164\,543 & 0.044\,855 & 0.025\,678 & 0.073\,861 & 0.114\,353 \end{bmatrix}$$

计算其概率、熵、差异度，可得出主制造商各子系统的熵权重为

$$W^{(b)} = [0.1408 \quad 0.1279 \quad 0.2310 \quad 0.2616 \quad 0.2387]^{\mathrm{T}}$$

因此各子系统的复合熵权重见表4.9。

表 4.9　主制造商各子系统的复合熵权重

	物流	资金流	信息流	市场流	管理流
主观权重 $W^{(a)}$	0.275	0.200	0.275	0.125	0.125
熵权重 $W^{(b)}$	0.1408	0.1279	0.2310	0.2616	0.2387
复合熵权重 W	0.2280	0.1748	0.2596	0.1728	0.1648

将表4.4～表4.8中的复合熵权重和原始数据标准化后，经求和得到各子系统

的协同度，见表 4.10。

表 4.10 主制造商各子系统的协同度

子系统	2006 年	2007 年	2008 年	2009 年	2010 年
物流	0.404 023	0.024 389	0.684 682	0.448 994	0.754 087
资金流	0.112 178	0.160 957	0.585 681	0.651 538	0.851 117
信息流	0.159 208	0.243 713	0.516 612	0.654 351	0.840 857
市场流	0	0.153 206	0.452 775	0.637 607	0.847 829
管理流	0	0.458 148	0.702 908	0.801 792	1

主制造商各子系统协同度的发展趋势如图 4.6 所示。

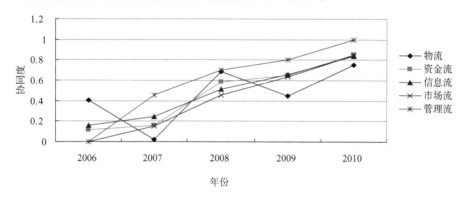

图 4.6 主制造商各子系统协同度的发展趋势

将表 4.9 中的复合熵权重及表 4.10 中各系统的协同度代入式（4.2）可以得到主制造商系统的协同度，见表 4.11。

表 4.11 主制造商系统协同度

	2006 年	2007 年	2008 年	2009 年	2010 年
协同度	0.1531	0.1989	0.5867	0.6284	0.8503

主制造商系统协同度发展趋势如图 4.7 所示。

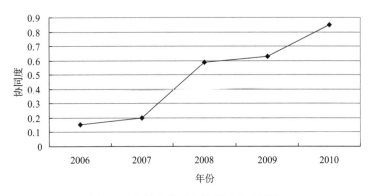

图 4.7　主制造商系统协同度发展趋势

2. 供应商系统协同度求解

供应商各子系统的熵权重求解方法同上，因此得到各子系统的熵权重如下：

$$W_{物流}^{(b)} = \begin{bmatrix} 0.2363 \\ 0.0546 \\ 0.2177 \\ 0.1972 \\ 0.1906 \\ 0.1034 \end{bmatrix}, \quad W_{资金流}^{(b)} = \begin{bmatrix} 0.3149 \\ 0.3361 \\ 0.1795 \\ 0.1696 \end{bmatrix}, \quad W_{信息流}^{(b)} = \begin{bmatrix} 0.2353 \\ 0.3493 \\ 0.0878 \\ 0.3275 \end{bmatrix}$$

$$W_{市场流}^{(b)} = \begin{bmatrix} 0.1920 \\ 0.1776 \\ 0.2083 \\ 0.2048 \\ 0.2173 \end{bmatrix}, \quad W_{管理流}^{(b)} = \begin{bmatrix} 0.3896 \\ 0.1866 \\ 0.2424 \\ 0.1814 \end{bmatrix}$$

同理可以求得供应商各子系统的复合熵权重，见表 4.12~表 4.16，这里取倾向性系数为 0.65。

表 4.12　供应商物流子系统指标的复合熵权重

	预测计划完成率 y_{11}	物资收发正确率 y_{12}	订货满足率 y_{13}	存货周转率 y_{14}	产品质量合格率 y_{15}	准时交货率 y_{16}
主观权重 $W_{物流}^{(a)}$	0.2616	0.1510	0.1556	0.2781	0.1104	0.0432
熵权重 $W_{物流}^{(b)}$	0.2363	0.0546	0.2177	0.1972	0.1906	0.1034
复合熵权重 $W_{物流}$	0.2527	0.1173	0.1773	0.2498	0.1385	0.0643

表 4.13　供应商资金流子系统指标的复合熵权重

	固定资产投资增长率 y_{21}	科研费用优势率 y_{22}	科研人员费用支出率 y_{23}	科研产品的销售比率 y_{24}
主观权重 $W^{(a)}_{资金流}$	0.1063	0.4281	0.3637	0.1019
熵权重 $W^{(b)}_{资金流}$	0.3149	0.3361	0.1795	0.1696
复合熵权重 $W_{资金流}$	0.1793	0.3959	0.2992	0.1256

表 4.14　供应商信息流子系统指标的复合熵权重

	单位信息交流成本 y_{31}	信息交流频率 y_{32}	信息传递准确率 y_{33}	信息及时传递率 y_{34}
主观权重 $W^{(a)}_{信息流}$	0.0818	0.5455	0.2261	0.1467
熵权重 $W^{(b)}_{信息流}$	0.2353	0.3493	0.0878	0.3275
复合熵权重 $W_{信息流}$	0.1355	0.4768	0.1777	0.2100

表 4.15　供应商市场流子系统指标的复合熵权重

	新产品开发频率 y_{41}	新产品开发成功率 y_{42}	市场占有率 y_{43}	销售增长率 y_{44}	反馈问题解决率 y_{45}
主观权重 $W^{(a)}_{市场流}$	0.2311	0.1242	0.1202	0.4613	0.0633
熵权重 $W^{(b)}_{市场流}$	0.1920	0.1776	0.2083	0.2048	0.2173
复合熵权重 $W_{市场流}$	0.2174	0.1429	0.1510	0.3715	0.1172

表 4.16　供应商管理流子系统指标的复合熵权重

	战略目标一致性 y_{51}	协调合作能力 y_{52}	信任度 y_{53}	忠诚度 y_{54}
主观权重 $W^{(a)}_{管理流}$	0.5453	0.0708	0.1889	0.1950
熵权重 $W^{(b)}_{管理流}$	0.3896	0.1866	0.2424	0.1814
复合熵权重 $W_{管理流}$	0.4908	0.1113	0.2076	0.1902

用各子系统的复合熵权重和相应的标准化后的判断矩阵相乘，其计算结果为 R_{ij}，通过计算 R_{ij} 得到供应商各个子系统的熵权重 W_i，计算过程同理。

$$R_{ij} = \begin{bmatrix} 0.023\,22 & 0.007\,635 & 0.008\,216 & 0.018\,091 & 0.018\,893 \\ 0.199\,677 & 0.064\,186 & 0.026\,595 & 0.061\,517 & 0.218\,897 \\ 0.235\,326 & 0.115\,101 & 0.012\,089 & 0.118\,095 & 0.240\,404 \\ 0.130\,51 & 0.044\,555 & 0.045\,705 & 0.051\,18 & 0.088\,903 \\ 0.230\,315 & 0.097\,991 & 0.043\,819 & 0.148\,057 & 0.155\,678 \end{bmatrix}$$

计算其概率、熵、差异度，可得出供应商各子系统的熵权重为

$$W^{(b)} = \begin{bmatrix} 0.1152 & 0.3200 & 0.2864 & 0.1296 & 0.1489 \end{bmatrix}^{\mathrm{T}}$$

因此供应商各子系统的复合熵权重见表 4.17。

表 4.17　供应商各子系统的复合熵权重

	物流	资金流	信息流	市场流	管理流
主观权重 $W^{(a)}$	0.2750	0.2000	0.2750	0.1250	0.1250
熵权重 $W^{(b)}$	0.1152	0.3200	0.2864	0.1296	0.1489
复合熵权重 W	0.2191	0.2420	0.2790	0.1266	0.1334

将表 4.12 ~ 表 4.16 中的复合熵权重和原始数据标准化后，经求和得到供应商各子系统的协同度，见表 4.18。

表 4.18　供应商各子系统的协同度

子系统	2006 年	2007 年	2008 年	2009 年	2010 年
物流	0.015 671	0.372 131	0.277 618	0.851 046	0.931 966
资金流	0.104 557	0.513 151	0.297 704	0.723 975	0.872 683
信息流	0.082 281	0.390 392	0.568 234	0.673 574	0.864 544
市场流	0	0.382 198	0.773 593	0.770 128	0.896 894
管理流	0.024 199	0.315 384	0.629 464	0.878 432	0.918 197

因此可以得到供应商各子系统协同度的发展趋势，如图 4.8 所示。

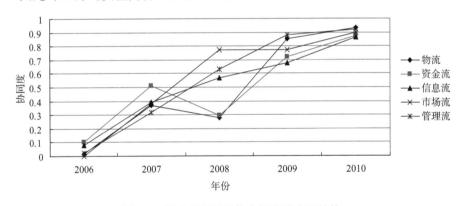

图 4.8　供应商各子系统协同度的发展趋势

将表 4.17 中的复合熵权重及表 4.18 中各子系统的协同度代入式（4.2）可得到供应商系统的协同度，见表 4.19。

表 4.19　供应商系统协同度

	2006 年	2007 年	2008 年	2009 年	2010 年
协同度	0.0549	0.4051	0.4733	0.7642	0.8925

可以得到供应商系统协同度发展趋势，如图 4.9 所示。

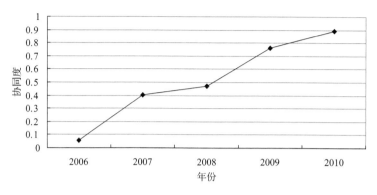

图 4.9　供应商系统协同度发展趋势

3. 该企业模型的主制造商–供应商系统协同度求解结果

根据协同度定义，设定初始时刻 t_0 为 2006 年，则 $u_1^e(e_1)=0.1531$，$u_2^e(e_2)=0.0549$。根据式（4.3）求得 2007～2010 年供应链系统主制造商与供应商的协同度 U，见表 4.20。

表 4.20　2007～2010 年主制造商–供应商系统协同度

	2007 年	2008 年	2009 年	2010 年
协同度 U	0.1267	0.1626	0.1102	0.1687

主制造商与供应商系统协同度的发展趋势如图 4.10 所示。

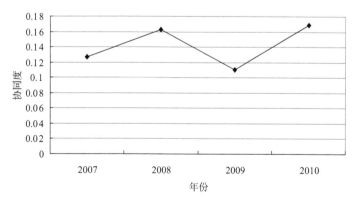

图 4.10　主制造商与供应商系统协同度发展趋势

4.4.4 基于协同度的主制造商–供应商利益分配求解

为了能更好地观察系统的协同度与主制造商及供应商各主体的合作贡献系数、利益分配系数之间的关系，本节在基于假设相关参数的前提下，对上述五年内主制造商–供应商协同研制利益分配问题进行了计算，求解过程如下。

（1）在上述企业的协同研制中，假设主制造商的利益分配系数为 $1-\alpha=0.6$，供应商的利益分配系数为 $\alpha=0.4$，协同成本系数与系统的整体协调度相关，假设一个系统每取得一个单位的协同度都得在原来基础上多花费一个单位的成本，由于系统在五年内的协同度变化不大，为了方便计算取五年系统协同度的均值为 0.142，则协同成本系数取为 $\theta_1=\theta_2=1.142$，假设系统每年的固定收益 $T=10$（$\times10^6$ 元），主制造商的固定生产成本为 $C_1=0.6$（$\times10^6$ 元），供应商的固定生产成本为 $C_2=0.4$（$\times10^6$ 元）。

（2）将主制造商与供应商在每一年的协同度 a 和 b、利益分配系数 α、协同成本系数 θ_1 和 θ_2 代入式（4.18）和式（4.19），计算各企业在每年的合作贡献系数。以主制造商与供应商在 2006 年的协同研制情况为例，根据计算得知 2006 年主制造商与供应商的系统协同度分别为 $a=0.1531$，$b=0.0549$，利益分配系数 $\alpha=0.6$，协同成本系数 $\theta_1=\theta_2=1.142$，将数值代入式（4.18）和式（4.19）中，计算得到 2006 年主制造商与供应商的协同研制中，主制造商的合作贡献系数为 $\lambda_1=0.0712$，供应商的合作贡献系数为 $\lambda_2=0.0170$，以此类推，根据主制造商与供应商其余年份的协同度（表 4.21）计算得到主制造商与供应商在其余各年份的合作贡献系数，见表 4.22。

表 4.21　主制造商与供应商各年份的协同度

	2006 年	2007 年	2008 年	2009 年	2010 年
主制造商	0.1531	0.1989	0.5867	0.6284	0.8503
供应商	0.0549	0.4051	0.4733	0.7642	0.8925

表 4.22　主制造商与供应商各年份的合作贡献系数

	2006 年	2007 年	2008 年	2009 年	2010 年
主制造商	0.0712	0.0982	0.3492	0.4522	0.9246
供应商	0.0170	0.1334	0.1893	0.3667	0.6471

由此得出主制造商与供应商在 2006～2010 年的合作贡献系数变化趋势，如图 4.11 所示。

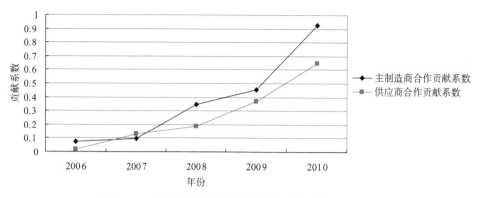

图 4.11 主制造商与供应商的合作贡献系数变化趋势

（3）将求得的每年的合作贡献系数与其余对应的相关变量代入式（4.13）～式（4.15）中，计算各企业的利润值与整体利润值。以 2006 年为例，求得该年主制造商与供应商的合作贡献系数为 $\lambda_1 = 0.0712$ 与 $\lambda_2 = 0.0170$，再将其余的参数值代入式（4.13）～式（4.15）中，计算出 2006 年主制造商的利润值 $\pi_1 = 5.304$（$\times 10^6$ 元），供应商的利润值 $\pi_2 = 3.705$（$\times 10^6$ 元），整体利润值 $\pi = 9.008$（$\times 10^6$ 元），以此类推计算其余年份各企业的利润值，见表 4.23。

表 4.23 主制造商与供应商利润收益 （单位：$\times 10^6$ 元）

	未协同研制（2005 年）	2006 年	2007 年	2008 年	2009 年	2010 年
主制造商利润	5.4	5.304	5.439	5.523	5.701	6.219
供应商利润	3.6	3.705	3.619	3.712	3.802	4.244
整体利润	9	9.008	9.058	9.235	9.503	10.463

由此得出 2005～2010 年主制造商与供应商利润收益变化趋势，如图 4.12 所示。

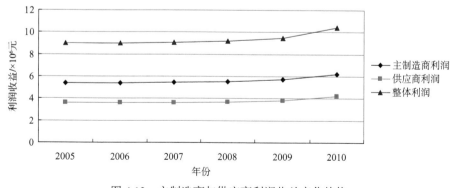

图 4.12 主制造商与供应商利润收益变化趋势

4.4.5　相关结论分析

（1）从协同度的角度出发，根据图 4.6 可以看出主制造商在 2006～2010 年各个子系统的协同度发展状况，其中资金流、信息流、管理流和市场流都呈逐年上升的趋势，都在 2010 年达到最高，而物流呈现出起伏发展的态势，2006～2007 年物流子系统的协同度出现大幅下降，至 2008 年又迅速回升，至 2009 年又有所下降，至 2010 年达到最大值，这是因为影响物流发展的多项控制参量呈现起伏的变化。经调查，这主要是由于负责物流管理的部门出现了管理人员的调动，不同管理人员的管理风格不同，就给物流协同带来了影响。反观供应商（图 4.8），2006～2010 年供应商的信息流、管理流均呈上升态势，而资金流、市场流和物流子系统的发展出现了波动。在 2007～2008 年，供应商的物流子系统与资金流子系统的协同度均下滑，至 2009 年又均增高，在 2010 年达到最大值。经调查得知在 2007～2008 年供应商的物流运输发生过重大事故，因此带来了物流子系统协同度的下滑，同时影响了资金流。

从主制造商与供应商各自系统的协同度看，两者的系统协同度均呈上升发展的态势，但是在合作的开始阶段，协同发展水平较低，随着时间的推移逐年增加，从实际情况看这是符合逻辑的，在协同研制的开始阶段，主制造商与供应商在能力、资金、设备、信息、市场等各方面的建设程度并不高，缺少协同研制经验，协同的深度几乎很小，合作之间缺少相同的战略目标，企业使命、企业愿景不一致，甚至还存在企业文化上的冲突，在这个阶段主制造商与供应商主要以沟通和洽谈的形式进行合作交流，在一切资源还不熟悉的情况下，协同研制只能从零开始。伴随着合作程度的加深，在共同利益和战略目标的指引下，主制造商与供应商之间的协同研制就显得得心应手，在信息完全共享的情况下，双方不断优化自身的组织结构，加强企业的市场开拓、企业管理和企业文化建设，促进合作向更加协同的方向发展。

从合作整体的角度看，系统的协同度在 0.1～0.2，说明整体协同度不高。虽然主制造商与供应商各自系统的协同度整体上是增加的，但是主制造商–供应商协同研制系统的协同度呈上下波动发展，从系统协同度的计算公式看，协同计算与相邻时间内的协同度的差值有关，即与各企业相邻时间段内的协同度变化程度有关，即如果一个子系统的协同度提高幅度较大，而另一个子系统的协同度提高幅度较小或者下降，则整个系统不能处于较好的协同状态或者根本不协调。由图 4.7 和图 4.9 可以看出，2009 年主制造商系统协同度上升幅度小于供应商系统，导致整个系统 2009 年的协同度下降了。

（2）从利益分配的角度出发，本章在模型求解中已经说明了协同度、合作贡献系数、利益分配系数、协同成本系数之间的关系，并得知合作贡献系数与利益分配系数的求解建立在其余变量已知的前提下，为了更好地说明实际情况，本书做了相关的假设，从结果上看也是符合逻辑的。根据图 4.11 可以看出主制造商与供应商在 2006～2010 年内的合作贡献系数是逐年增加的，并在 2010 年均达到最大值，主要是因为其两者的协同度是逐年增加的，也就是说主制造商与供应商为了共同实现组织目标，都努力地提高自身的能力，为此付出了很大的努力，因此合作贡献系数的提升与自身的努力成果是分不开的。从收益额看，主制造商与供应商每年的收益额比上一年都有增加（供应商 2007 年除外），合作系统的整体收益额也随之增加，这主要是因为各企业的协同度逐年增加，从而带来合作贡献系数的增加，给系统带来了更多的收益；从利益分配情况看，首先可以肯定的是，合作整体收益是大于不合作时的收益的，主制造商与供应商的各自收益情况也是如此，这是合作的前提条件，即既要满足整体盈利，还要满足个体盈利。根据协同度与合作贡献系数求解利益分配系数具有一定的激励作用，努力程度越高，则协同度越高，从而提高了自身的合作贡献系数，最终增加了合作收益，这种分配模式满足了利益分配的公正、互惠、分配与努力程度匹配的原则；从系统发展角度看，系统整体利益水平的提高正是在各子系统的共同努力下产生的，反过来整体利益水平的提高又引导和支配着各子系统的序参量向更优的状态发展。

第5章 复杂装备主制造商-供应商协同研制定价博弈决策研究

5.1 复杂装备主制造商-供应商协同研制定价博弈决策概述

5.1.1 协同研制定价博弈决策现状分析

1. 复杂装备主制造商-供应商协同研制分析

20 世纪七八十年代，复杂装备制造企业的竞争开始由独立经营模式向新的特征转变，由于产品结构、生产技术、制造活动和管理流程复杂，同时在经济一体化、市场竞争加大等因素的影响下，复杂装备的生产过程主要是制造商将非核心业务转包给供应商，通过多企业构成的战略合作联盟开展协同生产，具体采用的模式为主制造商-供应商研发模式。这种研发模式可以实现资源的共同使用、成本与风险的分散、协同研制等，目前这种模式已被广泛运用，波音公司、空客公司、庞巴迪公司等国际知名飞机制造商的一些大型飞机项目都采用这种模式。它将全球各地的供应链企业重新规划组合，最终形成一个合作紧密、协同度高且庞大的集体。由此，主制造商拥有可以长期合作、实现互利共赢并且能将精力投入到产品研发与制造项目上的供应商伙伴。但是，市场的变化、外界的诱惑、利益的驱使等因素会影响合作的稳定性，企业往往以自身利益为基准并作为合作的前提，这使得供应链的协同生产出现了复杂的情况，对供应链的稳定产生了威胁，于是国内外研究专家对该类问题展开了持续的探究和思考。Gann 和 Salter（2000）发现，企业的协同可以实现资源的优势互补，对于产品的研制与创新有着很好的促进作用，企业信息掌握不足造成的协同进展缓慢的现象得到了有利的解决。

Miotti 和 Sachwald（2003）分析了供应链企业协同生产的动因，找出了供应商与制造商合作的目的主要是占据市场有利地位，在激烈的竞争中保持优势，而有业务重叠的竞争者之间合作的目的是降低产品研制的成本。Gilbert 和 Ballou（1999）指出，关于供应链企业资源同享和互助共赢影响因素的探究，主要集中在制造商根据实际库存需要或合同规定生产方面，但是供应商是按照实际储存货物量进行制造的。Nyaga 等（2010）探究了协同研制、互相帮助给企业带来的有利程度，是否为企业增添了额外的利益收入，研究最终发现信息共享程度、彼此合作的深入度会促进企业的发展。Guido 和 Karl（2012）在委托-代理关系下，建立了供应商和购买商二级供应链在信任和承诺基础上的供应链协同和信息共享的关系模型，并发现供应链整体绩效主要取决于购买商的信息共享行为。程永波等（2017）认为在航空复杂装备的研制中，供应商的参与提升了产品的开发效率，增加了供应链的利润，成为获得竞争优势的重要战略资源，而且供应商在参与航空复杂装备的协同研制时，存在不同的参与模式，不同参与模式下，供应商所应实施的策略有所不同。杜漪等（2009）认为在竞争激烈的市场中，由于复杂装备的特殊性，企业一般采用协同的方式对其进行研发，建立了项目工期优化模型，通过对关键路线上时间或关系的调整，使项目最终满足工期要求。洪勇（2010）从改进要素的角度研究了企业合作协同模式，在回顾已有相关研究的基础上，指出其研究的目的是将创新协同纳入整个企业系统的框架中，全面探究企业创新系统中各要素改进的协同模式。研究结论表明合作关系是供应链协同研究的一个重要影响因素，增强合作伙伴关系、改善协同运作情况有助于供应链绩效的改善。

2. 供应链合作博弈分析

在市场环境下，供应链中各企业之间的决策、行动都是相互影响的，一个企业营销策略的变化、技术研发的进展等都会对其他企业决策产生影响。节点企业在做出决定时都要考虑其他企业的行为与策略，由此来决定自己的策略，并预测未来可能发生的情况，在这个过程中，企业决策就是一个博弈的过程。要求合作博弈不仅能增强供应链整体的效益，也要满足每一方企业的利益，这要求博弈的过程中要带着理性的思维看待整个问题。诸多学者对供应链中的合作博弈问题展开了探究。Yu 和 Dou（2007）运用模糊博弈理论构建了一个供应链合作博弈模型，讨论了一种计算模糊权重隶属函数的方法。Nagarajan 和 Sosic（2008）分析了合作博弈在供应链管理中的两个应用：利润分配和稳定性，并且详细地论述了供应链合作博弈理论的发展及展望。孙红霞和张强（2017）针对参与联盟的局中人具有一定参与度的情形，研究了具有模糊联盟的双合作博弈的支付分配问题。Wu 等（2017）针对社区如何公平合理地将利润分配给内部 Web 服务的每个提供者，提出了一种基于 Shapley 值的整体利润分配方法。

3. 混沌与混沌控制分析

混沌的研究至少可以追溯到 1890 年,庞加莱在研究三体相互重力作用下的轨道行动时第一个发现了混沌。之后, 众多学者跟随着庞加莱探索的足迹, 研究了混沌在多种系统下的产生并且发现了一个系统通向混沌的道路。混沌现象在自然界中无处不在, 其本身具有复杂性, 形式、产生机制、产生过程多种多样。由于非线性现象存在的广泛性, 学者开始研究其产生的规律, 于是供应链的复杂性演化被研究证实, 尤其是供应链的混沌现象。众多国内外学者利用混沌理论对供应链系统中的有关问题进行了分析与研究。Mosekilde 等(1991)指出供应链中的订货方式和库存水平产生了确定性混沌, 研究结果表明系统中政策的稍微调整就会促使稳定状态的产出跳跃到混沌区域。Childerhouse 等(2003)认为一个供应链的易变性和复杂性也可以加剧供应链内部的混沌风险, 混沌的结果产生于供应链系统上的过度影响、不确定性干涉、多方面的猜测、不信任、信息扭曲。Ding 和 Zhang(2005)认为供应链系统是一个开放的复杂系统, 供应链管理的行为主要取决于它的非线性特征和混沌特性,他们利用改进了的洛特卡-沃尔泰拉竞争模型研究了供应链系统的复杂性和动态性, 并指出这个模型可以用来研究供应链系统成员间的复杂关系。Shih 等(2012)基于混沌理论和知识管理, 研究了知识分享在两级供应链中的作用,他们用来自美国的 40 个公司的知识管理实践印证了公司供应链运作中呈现的复杂动力学特征。Serdarasan(2013)认为对供应链复杂性的研究主要可以从静态和动态两个方面分析, 静态复杂性主要从供应链结构、产品种类等方面进行描述, 动态复杂性是指供应链的不确定性, 包括时间和随机性等方面, 他认为在不同供应链结构下, 供应链复杂性的驱动力是不同的。Hwarng 和 Yuan(2014)将对混沌行为的研究引入到不确定需求的供应链环境中, 采用 3 种确定需求函数和不确定需求函数分析了不同管理策略下的 Lyapunov 指数,发现确定需求和不确定需求的系统特性有本质区别。于维生和于羽(2013)建立了包含推测变差的供应链博弈模型, 考虑博弈主体的决策是符合目标方向的, 通过分析与模拟, 发现了系统的复杂动力学行为, 找出了模型的稳定域, 最终证实了系统混沌的产生。这是对参与人具有相同理性行为的动态寡头模型的相关研究, 后来异质性预期假设也得到了学者的诸多关注。众多学者研究了供应链成员间重复博弈的问题。Guo 和 Ma(2013)研究了闭环供应链中制造商和零售商间的重复博弈问题, 并对比分析了回收价格和收益在独立决策及整体决策条件下的情况。同时, Ma 和 Zhang(2012)考虑了信息掌握较少, 当前无法做出选择, 等到后期再决策的情况, 并研究了保险市场中的博弈问题, 给博弈中产生的混沌现象提供了思考方式和解决办法。Ma 和 Pu(2013)研究了分别以产量和价格为决策变量的两家企业的动态竞争问题, 并应用状态反馈方式和引入参数的方法有效减弱了决策变量调整系数对供应链混沌现象的影响。李卓群和严广乐（2016）考虑加入约束因素，研究了不同情景模式下供应链的发展路径，找出了供应链出现不可预测行为的原因，由此发现了供应链的混沌现象，最后提出了企业订货时的注意事项，为供应链的稳定发展提供了很好的参考依据。

供应链系统是一个由众多要素组成的、容易产生新状况的、充满多种不确定性的、极其复杂的非线性系统。在这个非线性系统中，随着各种要素的变化，系统由稳定态向不稳定的混沌态转变是相当普遍的现象。经过学者的研究与讨论以及大量模型的构建与求解，供应链系统出现混沌现象已被证实。因而在研究供应链系统产量与价格的有关问题中引入混沌理论具有一定的理论意义和现实意义。这些混沌有些对系统造成了不利的影响，有些对系统造成了有利的影响，因此混沌控制包含两方面内容：对不利的混沌应选择恰当的方法来控制或完全消除，对有利的混沌进行诱导，从而促进系统的发展。本章研究的供应链混沌现象使得复杂装备主制造商–供应商无法预知利益的变动，决策稍有失误就会使得利益变动过大，对供应链的长期稳定合作带来不利的影响，因此本章主要集中在抑制混沌的产生而不考虑让系统混沌产生的反控制问题。

混沌控制迄今尚无统一的理论框架，但其在机制上有一个共同点，就是变原来正的 Lyapunov 指数为负值，从而实现从不稳定到稳定的转变，这是混沌控制基本的物理实质。从理论上说，通过对动力系统参数或结构的改变和控制，可以影响混沌发生的条件，从而消除或抑制混沌现象，控制的效果依赖于参数或变量的控制任务，可以是完全抑制混沌，或利用混沌系统的敏感性迅速将它的轨线指向所期望的状态。1990 年，Ott、Grebogi 和 Yorke 基于参数扰动方法，成功地找出了混沌系统的控制方法（OGY 方法），随后 Ditto、Rouseo 及 Spano 三人为了检测该种方法的合理性进行了试验，并最终证实 OGY 方法可以控制混沌。在此之后，大量学者开始思考混沌控制的方法，并得到了令人满意的结果，混沌控制方法不断涌现，受控系统在这些方法的影响下，逐渐脱离了混沌态，向稳定且有周期的状态发展。如今，混沌控制研究的深入发展，促进了其应用领域的扩大，丰富了非线性理论的内容，理论的研究加深了人们对于混沌现象的认识。

5.1.2　混沌理论与混沌控制

混沌最早由哲学家提出，其含义起初就存在着差异，中国古代对混沌的最初理解有"时空说"和"时间说"两种。欧美国家对于混沌的认知又有不同的看法，但是其中观点较统一的一方认为混沌是宇宙形成前的万物皆为一体的迷蒙状态，由此也凸显了混沌的无序与混乱。从非线性科学的角度入手，混沌是一种貌似无规律的运动形态，难以预测，不可分解。混沌在现实世界中广泛存在，并被应用在各个学科领域。19 世纪末，法国数学家庞加莱在三体问题的研究中，运用相图理论，首次发现了混沌确定系统，由此为现代混沌理论打下了基础。他发现某些系统具有初值敏感性和行为不可预见性，然而这一观点并没有得到应有的重视。之后，美国气象学家 Lorenz 在研究气象问题时，通过对简单的包含三个式子的微分方程组的模拟，揭示出混沌现象对初始条件的极端敏感性，并将其称为"蝴蝶效应"。而且 Lorenz 首次发现了奇怪吸引子，并利用计算机进行了数值模拟，由此为混沌的研究开辟了崭新的道路。

1. 混沌的含义与特征

迄今为止，人们尚未彻底了解混沌系统的奇异性和复杂性，关于混沌还没有严格而被普遍接受的数学定义。最早的混沌定义是在李天岩和 Yorke1975 年发表的一篇题为《周期 3 意味着混沌》的论文中提出的，因此，该定义称为 Li-Yorke 定义。

Li-Yorke 的混沌定义如下。考虑一个区间 $[a,b]$ 为自身的、连续的单参数映射：
$$F:[a,b]\times R \rightarrow [a,b], (x,\lambda)\mapsto F(x,\lambda),\ \lambda \in R$$
也可写为点映射形式：
$$x_{n+1} = F(x_n,\lambda),\quad x_n \in [a,b]$$
如果：①存在一切周期的周期点；②存在不可数子集 $S \subset [a,b]$，S 不含周期点，使得
$$\liminf_{n\to\infty}\left|F^n(x,\lambda)-F^n(y,\lambda)\right|=0,\quad x,y\in S, x\neq y$$
$$\limsup_{n\to\infty}\left|F^n(x,\lambda)-F^n(y,\lambda)\right|>0,\quad x,y\in S, x\neq y$$
$$\limsup_{n\to\infty}\left|F^n(x,\lambda)-F^n(p,\lambda)\right|>0,\quad x\in S, p\text{为周期点}$$
则连续映射或点映射 $F:[a,b]\times R \rightarrow [a,b], (x,\lambda)\mapsto F(x,\lambda)$ 称为是混沌的。

在上述 Li-Yorke 混沌定义中，R 为实数集的集合，$[a,b]\times R$ 是区间 $[a,b]$ 作为集合与实数集的集合 R 的笛卡儿积，即 $[a,b]$ 中之数点与 R 中之数点组成所有有序对的集合，若 $[a,b]$ 中之元素记为 c，R 中之元素记为 r，则
$$[a,b]\times R = \{(c,r)|c\in(a,b), r\in R\}$$

符号 inf 表示某一集合的下确界，即该集合所有下界的集合中的最大元，sup 表示某一集合的上确界，即该集合所有上界的集合中的最小元。在②中前两个极限说明子集 S 的点相当稠密集中但又相当分散，第三个极限说明 S 不会趋近于任意周期点。

Li-Yorke 还提出"周期 3 意味着混沌"的著名论断。这里"周期 3"的含义是这样的。

若存在一个点 x_0 使得

$$f^3(x_0) = f\big(f\big(f(x_0)\big)\big) = x_0, \quad f^k(x_0) \neq x_0, \quad k = 1, 2$$

即若 x_0 的像在三次迭代后又回到 x_0，则称 x_0 为周期 3 点。

"周期 3 意味着混沌"指的是，如果一个连续函数有周期 3，那它必定有周期 $n(n = 1, 2, 3, \cdots)$，即只要有周期 3 点，则必有一切周期点，从而出现混沌。

混沌是发生在确定性系统中的类似随机的不规则运动，主要具有如下特征。

（1）有界遍历性。混沌总是在一个固定的区域内运动，在其运动区域内是各态遍历的。即使系统内部不稳定，它的轨迹也不会走出这个区域，混沌运动会按照自身规律不重复地遍历所有状态，经过轨迹内的每一个状态点。

（2）内在随机性。虽然混沌状态可以用微分方程表示，但是系统的某个状态有时可能出现，有时却又不出现，混沌内部自发产生随机性，导致其动态行为难以预测，在其吸引子中，任意区域概率分布密度函数不为零，也说明混沌是局部不稳定的。

（3）分维性。混沌的分维性表示系统在相空间的运动轨线在某个区域内出现无数次折叠。例如，Koch 雪花曲线的分维数是 1.26；描述大气混沌的 Lorenz 模型的分维数是 2.06。混沌运动状态具有多叶、多层的结构，且叶层越分越细，表现为无限层次的自相似结构。

（4）敏感性。初始条件非常微小的变动也会导致最终状态的巨大差别。这种敏感性揭示了随机性系统运动趋势的变化多端，表明了系统的无法预测性。

（5）正的 Lyapunov 指数特性。Lyapunov 指数是对非线性映射产生的运动轨道相互间走近或分离的整体效果进行的定量刻画。对于非线性映射而言，Lyapunov 指数表示 n 维相空间中运动轨道沿各基向量的平均指数发散率。Lyapunov 指数为正，表示系统运动状态的轨道出现分离，此时系统位于混沌态。

2. 通向混沌的道路

一个动力系统或映射的形式确定后，演化不一定就是混沌的，要得到混沌需要一定的条件。非混沌态转变到混沌态的道路或方式是多种多样的，研究较多的有以下三种。

（1）倍周期分岔途径。倍周期分岔指的是一个映射的稳定周期解的周期随着参数增大而加倍的分岔现象。若某些特定的参数值发生周期突然倍化，这些特定的参数值就是分岔点。例如，逻辑映射 $x_{i+1} = \lambda x_i(1 - x_i)$ 经过倍周期分岔而达到混沌。

当$0 < \lambda < 1$时，在区间$[0,1]$内任选一个初值x_0，迭代过程使系统迅速稳定在不动点O上不再变化。当$0 < \lambda < 3$时，从初值x_0出发的迭代过程总是离开不稳定的不动点O而趋近稳定的不动点A。当$3 < \lambda < \left(1+\sqrt{6}\right)$时，$O$点仍不稳定，而$A$点由稳定变为不稳定，系统有了两个稳定的迭代结果，是周期2解，此时$\lambda=3$是系统变化的第一个分岔点。当$3.449 < \lambda < 3.545$时，周期2的两个值又不稳定，此时在4个稳定点上跳动，是周期4解。以此类推，系统经过一系列分岔点后，最后丧失周期行为，进入混沌。

（2）阵发性混沌途径。阵发性概念主要表示时间域中系统不规则行为和规则行为的随机交替现象。阵发性混沌是指系统从有序向混沌转化时，在非平衡非线性条件下，当某些参数的变化达到某一临界阈值时，系统的时间行为忽而周期、忽而混沌，在两者之间无规则地交替振荡，周期部分的比例逐渐减少。有研究者指出，倍周期分岔和阵发性是孪生现象，均可由不同边界条件的重正化群方程来描述。

（3）吕埃勒-塔肯斯途径。吕埃勒和塔肯斯相信只要出现3个互相不可公度的频率，系统就会出现混沌。目前人们对于该路径的规律性了解较少，也不清楚是否存在普适的临界指数。

3. 混沌控制

1）混沌控制的目标与内容

1990年，Ott等提出了著名的参数微扰控制（OGY）方法，这开创了混沌控制的先河，由此，人们逐渐了解到混沌也是可以控制的，混沌的控制不仅局限于将其消除，同时也可以反过来利用。在非线性动力学系统中，当混沌对现实有利时，可以用混沌控制来加强已出现的混沌或者促进新混沌的出现；相反，当混沌对现实不利时，就需要抑制其产生。混沌控制理论与常规控制理论是相辅相成的，研究混沌控制使得人们可以更方便地掌握系统的动态演化特征，对混沌现象有更深刻的理解。总的来说，混沌控制包括四个方面。

（1）利用混沌：就是对混沌现象不施加控制作用，仅仅利用其行为形态达到人们需要的目的。例如，艺术领域利用混沌创作出新颖的艺术作品。

（2）产生混沌：利用实际存在的条件构建非线性动力学模型，促进有利混沌现象的产生。例如，医学上研究心脏混沌动力学的规律和特点，治疗心脏病患者。

（3）混沌镇定：控制目标是镇定所需的混沌态，指稠密嵌入混沌吸引子的一系列不稳定周期轨道的镇定，如稳定激光可以提高能量。

（4）混沌同步：使一个混沌系统在施加外部控制力的作用下收敛于另一个系统轨道的同一值，始终保持系统的动力学状态一致。

目前混沌控制及其应用研究已有了实质性的进展，这些研究不仅具有重大的理论价值，而且具有重大的实际应用价值。从实现混沌控制目标的这个角度分析，混沌控制的分类如图 5.1 所示。

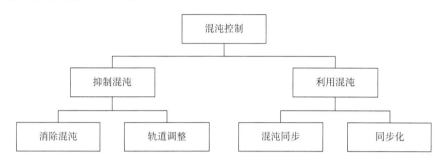

图 5.1　混沌控制的分类

2）混沌控制的方法

目前已提出的混沌控制方法有很多，但是由于供应链领域的复杂性，只有符合该领域发展目标与规律、具有政策指导意义的控制方法才可应用到供应链系统中。下面介绍一些具有代表性的混沌控制方法。

（1）OGY 控制方法及其改进方式。基于在混沌吸引子中嵌入许多极其稠密的不稳定周期轨道，通过运用现行控制规律调整可控参量使系统在下一时刻逼近目标轨道。此时，要加入某个便于测量并可调整的系统参数，对其施以与时间有关的微扰。通过反馈过程不断调整微扰量，进而把所需的周期轨道稳定地控制住。但该方法计算量较大，只对于低周期轨道效果较好，因此有学者对其进行了改进，在控制规律上充分利用控制时前后两步的计算信息进行参数调整。OGY 方法使得学者多次分析混沌系统对于现实的影响，引发了混沌研究的高涨。

（2）参数自适应控制方法。混沌系统的参数自适应控制方法是由 Huberman 最先提出的，Huberman 设计了一个简单的参数自适应控制算法，并将其应用到具有复杂振荡状态的混沌系统中，它是通过目标输出与实际输出之间的关系来控制参数，使系统从混沌运动转变到规则运动的。一般的，每次参数调整幅度不应太大，以保证系统运行平稳，系统调整到目标状态后，目标输出与实际输出之间的偏差值为零，系统参数不再调整。但是由于以上方法不适于将系统运动状态控制到一个不稳定的轨道上，并且控制刚度的大小不易确定，扰动的参数初始值范围也受到很大的限制，所以之后又发展出了基于参考模型的参数自适应控制方法、间歇性参数自适应控制方法、随机性参数自适应控制方法。

（3）连续反馈控制方法。Pyrogas 提出了两种适用于连续混沌系统的方法：外力-反馈控制方法和延迟自反馈控制方法。其基本思想都是考虑混沌系统输出信号与输入信号之间的自反馈耦合。前者从外部注入周期信号，不受靠近轨道的限制，可以在任何时候加入微扰来控制；后者把系统本身的输出信号取出一部分并延迟一段时间后再反馈到系统中，应用十分简单方便。

（4）脉冲控制方法。若一个系统受到脉冲扰动，其状态将呈现出一种瞬动形态，通过脉冲控制混沌只需较小的控制脉冲，便可让系统稳定。一般在周期脉冲时刻修改系统变量值，对系统混沌轨道在周期脉冲时刻施以小的扰动。通过对脉冲周期、脉冲宽度以及参数的适当选择，使系统混沌轨道逐渐稳定到自身的某条失稳轨道上。

5.2 复杂装备主制造商–供应商协同研制产量博弈与混沌分析

5.2.1 产量博弈模型的建立

1. 模型假设

为了掌握共生情况下，主制造商和供应商间产量动态变化的关系，做出以下假设。

假设 5.1 供应商的产量是动态变化的，下期的产量由边际利润和上期的产量共同决定。

假设 5.2 主制造商要鼓励有一定研发能力的供应商参与协同研制，此时供应商往往要承担一部分成本，为了保证供应链的成员间保持长期稳定的合作关系，主制造商要采取适当有效的利益分配机制，以增大此类供应商的利润，以激励供应商主动合作，避免竞争扰乱系统的稳定。

2. 模型建立

建立一个两级供应链模型，该模型由一个主制造商和两个供应商构成，主制造商对于同一个零配件向两个供应商订货，q_i 表示供应商 i 的产品订货量（$i=1,2$），则总订货量 $Q=q_1+q_2$。产品的市场需求与售价之间为线性关系，假定主制造商的总订货量和市场售价 p 的逆需求函数如下：

$$p = a - bQ = a - b(q_1 + q_2)$$

在博弈之前，供应商首先会提供零配件产品的批发价格 ω_i，主制造商为了让供应商主动参与研制，通过收益共享契约，提议供应商将原先提供的批发价格下

降至 ω_i'，并获得主制造商 ϕ_i 比例的利润，在随机市场需求且需求与价格相关的情况下，当满足条件 $\omega_i'=(1-\phi_i)c_i-\phi_i c_M$ 时，供应链可以实现协同。此时主制造商和两个供应商的利润为

$$\pi_{Si}=\phi_i pq_i+(\omega_i'-c_i)q_i=\phi_i(p-c_i-c_M)q_i, \quad i=1,2$$
$$\pi_M=(1-\phi_1)(p-c_1-c_M)q_1+(1-\phi_2)(p-c_2-c_M)q_2$$

如果供应商的利润因为参与研发而得到了提高，那么供应商会主动地加入到协同研制中，于是主制造商要保证供应商的利润尽量最大，以此来激励供应商。考虑两个供应商利润的最大化，求导可得其零配件的边际利润分别为

$$\begin{cases} \dfrac{\partial \pi_{S_1}}{\partial q_1}=\phi_1(a-c_1-c_M-2bq_1-bq_2)q_1 \\[3mm] \dfrac{\partial \pi_{S_2}}{\partial q_2}=\phi_2(a-c_2-c_M-2bq_2-bq_1)q_2 \end{cases} \tag{5.1}$$

在同一个市场上，供应商在时间周期 $t=0,1,2,\cdots$ 内提供产品，供应商 i 在第 t 期的产量记为 $q_i(t)$，由于每个供应商所获知的信息是不完全且不及时的，供应商做出的策略不会是完全信息条件的最优选择，所以假设供应商是有限理性的，按照边际利润和上期的产量来计划下期的产量，考虑上面计算出的边际利润，得出动态模型的函数表达为

$$\begin{cases} q_1(t+1)=q_1(t)+\alpha_1 q_1(t)\phi_1(a-c_1-c_M-2bq_1-bq_2) \\[2mm] q_2(t+1)=q_2(t)+\alpha_2 q_2(t)\phi_2(a-c_2-c_M-2bq_2-bq_1) \end{cases} \tag{5.2}$$

其中，α_i 是供应商 i 对其产量的调整速度参数，该参数并不固定。

5.2.2　不动点与局部稳定点分析

在系统(5.2)中，根据不动点的含义，分别令 $q_1(t+1)=q_1(t)$，$q_2(t+1)=q_2(t)$，求解可得 4 个不动点：$E_0(0,0)$，$E_1\left(\dfrac{a-c_2-c_M}{b},0\right)$，$E_2\left(0,\dfrac{a-c_1-c_M}{b}\right)$，$E_3\left(\dfrac{a-2c_1+c_2-c_M}{3b},\dfrac{a-2c_2+c_1-c_M}{3b}\right)$，其中，前三个点为有界均衡，而第四个点为纳什均衡，可以发现，这几个不动点的位置与系统中企业的产量调整速度无关，探讨系统的不动点对于混沌分析与实际问题有重要的影响，由此下面分析一下不动点的稳定性。

首先根据雅可比矩阵的含义，得出系统（5.2）的雅可比矩阵：

$$J = \begin{bmatrix} 1+\alpha_1\phi_1\left(a-c_1-c_M-4bq_1-bq_2\right) & -\alpha_1q_1\phi_1b \\ -\alpha_2q_2\phi_2b & 1+\alpha_2\phi_2\left(a-c_2-c_M-4bq_2-bq_1\right) \end{bmatrix} \quad (5.3)$$

定理 5.1 不动点 E_0、E_1、E_2 为不稳定的有界均衡解。

证明 将 E_0 点代入矩阵（5.3）中，得到此时的雅可比矩阵如下：

$$J = \begin{bmatrix} 1+\alpha_1\phi_1\left(a-c_1-c_M\right) & 0 \\ 0 & 1+\alpha_2\phi_2\left(a-c_2-c_M\right) \end{bmatrix}$$

分析可得，矩阵的两个特征值分别为 $\lambda_i = 1+\alpha_i\phi_i\left(a-c_i-c_M\right)(i=1,2)$，$a$ 为市场上该类产品的最高价格，c_1+c_M 代表产品的变动成本，企业若要进入市场，目的肯定是盈利，因此企业肯定希望产品的最高价格一定大于固定成本，由此可知 $a-c_1-c_M>0$，$a-c_2-c_M>0$。根据非线性系统的理论，要使不动点稳定，矩阵特征值的绝对值需满足全部小于 1 的条件，此时 λ_1 和 λ_2 不符合条件，所以该点为不稳定点。从供应链和经济学的角度分析，E_0 点代表的是两个供应商全部退出市场，使得市场达到稳定状态。然而这种情况一般不会发生，因为一个供应商退出之后，另一个供应商必然与主制造商合作以获利，如果真的出现该种现象，则有可能是这个市场尚未成熟，不适合进入；又或者是双方暂时合作退出，但由于利益的影响或者市场环境的变化，这种所谓的合作并不稳定，随时都有破裂的可能。

将 E_1 点代入矩阵（5.3）中，得到其中一个特征值为 1，由此可知该点也是不稳定点。即供应商 2 在此时退出市场，不与主制造商合作。那么供应商 2 可能是因为过高的成本而被迫退出市场，也有可能是因为供应商 1 想要垄断该类产品供应而退出市场，这在实际情况下，并不稳定，一个主制造商不太可能仅仅与一个供应商合作，因此也是不稳定的。不动点 E_2 与 E_1 的情况类似，得出的结论也基本相似，可知 E_2 点同样是不稳定的。

证毕。

定理 5.2 纳什均衡点 E_3 是局部稳定的均衡解。

证明 前面已提到不动点 E_3 是系统的纳什均衡解，代入雅可比矩阵（5.3）中发现，此时雅可比矩阵为

$$J = \begin{bmatrix} 1+\alpha_1\phi_1\left(\dfrac{a-4c_1-2c_2+2c_M}{3}\right) & -\dfrac{1}{2}\alpha_1\phi_1\left(a-2c_1+c_2-c_M\right) \\ -\dfrac{1}{2}\alpha_2\phi_2\left(a+c_1-2c_2-c_M\right) & 1+\alpha_2\phi_2\left(\dfrac{a-2c_1-4c_2+2c_M}{3}\right) \end{bmatrix} \quad (5.4)$$

由于此时矩阵较为复杂，特征值较难得出，因此先进行数值模拟，然后根据 Jury 条件（5.5）来判定不动点的稳定性：

$$|\det J|<1$$
$$1+\operatorname{tr}J+\det J>0 \tag{5.5}$$
$$1-\operatorname{tr}J+\det J>0$$

令参数 $a=50, c_M=7, c_1=10, c_2=11.5, \phi_1=0.45, \phi_2=0.46$ ，代入矩阵（5.4）中，可知

$$\operatorname{tr}J=2+0.15\alpha_1-\frac{23}{75}\alpha_2 \tag{5.6}$$

$$\det J=1+0.15\alpha_1-\frac{23}{75}\alpha_2+23.759\alpha_1\alpha_2 \tag{5.7}$$

将式（5.6）和式（5.7）代入 Jury 条件中，得到三个不等式：

$$-2<0.15\alpha_1-\frac{23}{75}\alpha_2+23.759\alpha_1\alpha_2<0 \tag{5.8}$$

$$4+0.3\alpha_1-\frac{46}{75}\alpha_2+23.759\alpha_1\alpha_2>0 \tag{5.9}$$

$$23.759\alpha_1\alpha_2>0 \tag{5.10}$$

根据以上三个条件，可以得出系统（5.2）的稳定域，如图 5.2 所示，当参数取值都在稳定域区间内时，纳什均衡点是保持不变的；当参数的取值不在稳定域区间内时，系统会进入分岔状态，最终出现混沌。

证毕。

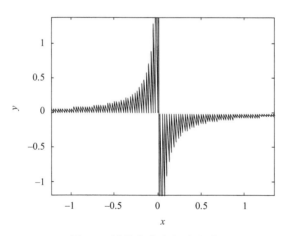

图 5.2　纳什均衡点的稳定域

5.2.3　数值模拟与混沌特性分析

纵观如今学者对于混沌的研究发现，当系统参量的变化跨越了某临界值时，系统开始发生转变，其行为可能发生剧烈变化。对于混沌系统来说，数值模拟可

以深入分析系统的演化特征，了解系统的动态行为和混沌路径。为了分析系统产量调整速度对于供应链状态的影响，方便地掌握企业产量博弈模型的演化过程和可能出现的现象，本节考虑将一个供应商的产量调整速度保持不变，模拟另一个供应商产量调整速度的变化对于系统的影响。通过分岔图来分析系统进入混沌状态的过程，使用 Lyapunov 指数、初值敏感性、产量随时间的变化图等来研究系统的复杂混沌特性。令参数 $a=50, b=5, c_M=7, c_1=10, c_2=11.5$。

定理 5.3 收益分配率需要满足条件 $1-\left(\dfrac{a-w_i-c_M}{a-c_i-c_M}\right)^2<\phi_i<\dfrac{2(w_i-c_i)(a-w_i-c_M)}{(a-c_i-c_M)^2}$，其中 $i=1,2$。

证明 在供应商未降低价格之前，供应商和主制造商的利润分别如下：
$$\pi_{S_i}=(w_i-c_i)q_i,\quad i=1,2$$
$$\pi_M=(p-w_i-c_M)q_1+(p-w_i-c_M)q_2$$

由此得到纳什均衡解，并将纳什均衡解代入上式，求得供应商和主制造商的利润 $\pi_{S_{i1}}$ 和 π_{M1}。根据式（5.1）中的 π_{S_i} 和 π_M，得到最优利润 $\pi_{S_{i2}}$ 和 π_{M2}。在收益分配后，需要保证企业利润均高于之前，因此需要满足条件 $\pi_{S_{i2}}>\pi_{S_{i1}}$ 和 $\pi_{M2}>\pi_{M1}$，由此定理得证。

证毕。

主制造商鼓励供应商参与合作，降低产品价格，并给予一定的利益补偿。此时，降价后的主制造商和供应商的利益要得到提升，将已知的参数代入定理 5.3 的不等式中，由此可以得到收益分配率需要满足如下条件：
$$0.4224<\phi_1<0.5142$$
$$0.4444<\phi_2<0.5556$$

按照收益分配率的取值范围，令参数 $\phi_1=0.45, \phi_2=0.46$，考虑初始产量分别为 0.322 和 0.456，$\alpha_2=0.2$，针对 α_1 的不同取值，得到两个供应商产量的分岔图（图 5.3），可以发现，当 $0<\alpha_1<0.05$ 时，系统保持直线，是一种稳定的性态，产量固定在 2.294 上。当 $\alpha_1=0.05$ 时，出现第一次分岔。随着博弈的多次推进，若干次迭代后，终态点稠密地填满整个区间，代表着系统的混沌态，由此表明了系统从有序到混沌的变化。图 5.4 表示 $\alpha_2=0.19$ 时调整速度 α_1 的产量分岔图，与图 5.3 相比，α_2 的微小变化使得供应商产量在 α_1 的不断增大中出现差异。图 5.5 表示 $\alpha_2=0.2$ 时，α_1 为变量时主制造商和供应商的利润分岔图，利润的分岔情况和产量保持一致，出现第一次分岔也是在 $\alpha_1=0.05$ 时。随着产量调整速度的不断增大，主制造商和两个供应商的利润也变得不稳定，随时可能出现过高或过低的利润，无法预测，对整个供应链会产生较大影响。

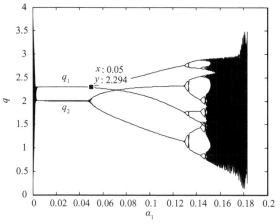

图 5.3　$\alpha_2 = 0.2$ 时调整速度 α_1 的产量分岔图

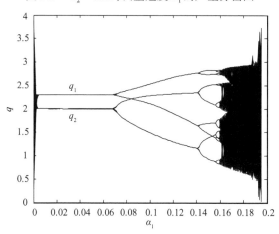

图 5.4　$\alpha_2 = 0.19$ 时调整速度 α_1 的产量分岔图

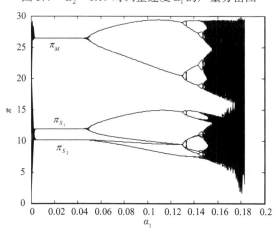

图 5.5　$\alpha_2 = 0.2$ 时主制造商–供应商的利润分岔图

　　图 5.6 是系统的混沌吸引子（ $\alpha_1 = 0.17$、$\alpha_2 = 0.2$ ），揭示了混沌的运动特性，系统在完成所有的运动后终究会回归到混沌吸引子上来。混沌吸引子主要有两个特征：对初始条件的敏感性和分形结构。对初始条件的敏感性意味着两个相邻的轨道不相关，彼此之间是分散的。而 Lyapunov 指数表征了每次迭代中相对误差的平均对数增长和轨道分离率，刻画了混沌吸引子轨迹的动力特性。同时，Lyapunov 指数作为显示和检验混沌行为的一个关键指标，可以测量混沌的特征，进一步印证了不断变化的混沌行为是不稳定且无法预知的。通过 MATLAB 计算，可以得到系统的第一个 Lyapunov 指数为 0.4295，第二个 Lyapunov 指数为 -0.9877，在系统中，只要有一个 Lyapunov 指数大于 0，就表明系统是混沌的，由此也可以说明上述系统的状态。

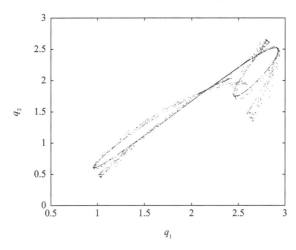

图 5.6　$\alpha_1 = 0.17$、$\alpha_2 = 0.2$ 时系统的混沌吸引子

　　混沌吸引子的另一个特征是分形结构，具有分形维数，主要表征混沌吸引子的几何学特点。根据 Kaplan-Yorke 猜想，可以得出二维系统的 Lyapunov 维数如下：

$$D_{\mathrm{L}} = 1 + \frac{\lambda_1}{|\lambda_2|}$$

于是，系统的 Lyapunov 维数是

$$D_{\mathrm{L}} = 1 + \frac{0.4295}{|-0.9877|} = 1.4348$$

　　二维产量博弈模型是二维的离散动力系统，得到的分形维数可以反映被研究对象的分形几何特征，反映系统发生的动力特征。同时能够说明系统在一定的条件下，在某一方面表现出与整体的相似性，验证了混沌吸引子的存在。事实上，每个不一样的混沌样本最终都会汇集到相同的混沌吸引子上，而且局部互斥性的水平是一致的。这表明，混沌运动的性质可以由任意一个混沌样本来说明，混沌运动的遍历性也由此得来。经过定量的数值模拟和仿真来探究混沌运动的特征和演化，有一定的科学性与适用性。

在混沌状态下，即使是很小的误差也会因为迭代而被显著放大，这就是对初始条件的敏感性，敏感性的核心是混沌，但并不自动地导致混沌。可以通过敏感性来考察混沌状态下微小变化对系统的影响。从供应商产量初值分别为（0.322,0.456）和（0.322,0.45）的产量动态演化过程（图 5.7）可以明显看出，初值只有比较小的变化，系统就出现了分离现象。也就是说，当系统在混沌状态下时，下期供应商的产量对于当期具有明显的敏感性。倘若供应链企业为了自己的利益，自行调整自己的产量决策，不顾整个系统的利益，则对整个系统的稳定与演化都会产生极大的影响。此外，企业对于市场的错误预测、不合理且不符合市场预期的决定，也会影响供应链长期稳定的发展。

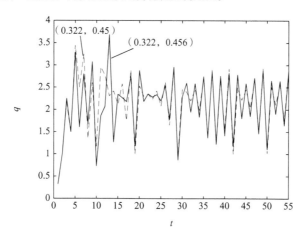

图 5.7   供应商对 2 种初始产量的敏感依赖性

考虑 α_2 的变化对于系统产量的影响，令 $\alpha_1 = 0.16$ ，针对 α_2 的不同取值，得到供应商产量的分岔图（图 5.8），保持其他参数稳定不变，当供应商 2 的产量调整速度取值不同时，两个供应商的产量都呈现分岔的情形。当 $\alpha_2 = 0.098$ 时，系统出现第一次分岔，随着 α_2 的不断增大，供应商产量逐渐进入混沌状态，波动剧烈，无法预测。同样的，可以得到此时系统的混沌吸引子、分形维数和初值敏感性，此处不再进行描述。

对系统的数值模拟和混沌特性分析结果表明，在主制造商的主导下，两个供应商的产量变化会出现极其复杂的现象。当供应商的产量调整速度在稳定域内时，其产量均保持纳什均衡，系统也是稳定状态；一旦供应商的产量调整速度增大过快，产量将变得波动剧烈，无法决策，此时，系统会首先出现分岔，然后逐渐变化，最终进入混沌状态。

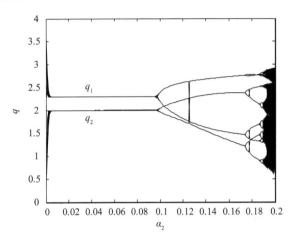

图 5.8　$\alpha_1 = 0.16$ 时调整速度 α_2 的产量分岔图

5.2.4　混沌控制

混沌一旦产生，市场将变得不稳定，此时微小的变化很有可能导致系统的剧烈波动，企业无法判断未来产量的变动对于收益的影响，企业间的合作将变得无法预测，从而影响产品的供应和生产。因此，为了避免混沌的产生，让系统由不稳定向稳定的状态转变，需要对市场进行混沌控制。

常用的混沌控制方法大都考虑把本来系统正的 Lyapunov 指数转变为负值，在系统中，引入一个确定性的参数来干预系统的混沌输出，使得原本变化无常的运动变得有规律。为了使系统运行更加正常、更有周期性，本章采用反馈控制的方法来控制混沌。反馈控制方法在使用过程中，不会变动被控系统的基本布局，引入的参数改变的只是最终得到的信息，这使得系统在控制的过程中不会产生剧烈的变化，保持了优良的稳定特性。鉴于反馈控制方法的一些优势，本章采用系统变量的状态反馈方法对系统进行控制，假设原系统为

$$\begin{cases} q_1(t+1) = f(q_1(t), q_2(t)) \\ q_2(t+1) = g(q_1(t), q_2(t)) \end{cases} \tag{5.11}$$

采用反馈控制方法，引入反馈系数 μ 后，系统转变为

$$\begin{cases} q_1(t+1) = (1-\mu) f(q_1(t), q_2(t)) + \mu q_1(t) \\ q_2(t+1) = (1-\mu) g(q_1(t), q_2(t)) + \mu q_2(t) \end{cases} \tag{5.12}$$

当 $\mu=0$ 时，控制后的系统变回原系统，随着 μ 的变化，保证系统逐渐稳定下来，防止分岔的出现。此时，系统（5.2）变为

$$\begin{cases} q_1(t+1) = (1-\mu)\left[q_1(t) + \alpha_1 q_1(t)\phi_1\left(a-c_1-c_M-2bq_1-bq_2\right)\right] + \mu q_1(t) \\ q_2(t+1) = (1-\mu)\left[q_2(t) + \alpha_2 q_2(t)\phi_2\left(a-c_2-c_M-2bq_2-bq_1\right)\right] + \mu q_2(t) \end{cases}$$

令 $\alpha_1 = 0.17, \alpha_2 = 0.2$，其他参数保持不变，可以得到供应商产量随控制变量 μ 变化的分岔图（图 5.9）。由图 5.9 可知，随着 μ 的增大，系统开始由混沌态向稳定态变化，当 $\mu > 0.262$ 时，系统逐渐稳定在均衡点上。在现实的供应链市场下，控制变量 μ 可能是主制造商对于供应商产量的一种干预，主制造商采取收益的共享策略，增大的利润刺激了供应商参与协同研制。然而不同供应商之间存在竞争，它们在博弈时，为了自身利益最大化，随意变动产量调整速度，致使供应链市场进入混沌态。主制造商发现了供应商的行为，为了整个供应链的稳定和长期合作，主动介入供应商的产量竞争，将供应商带入合作研发的正轨。此外，控制变量 μ 也可能是供应商的自我适应能力，当周围的环境发生变化损害到供应商自身利益时，供应商会主动调整策略以适应新环境的变化。

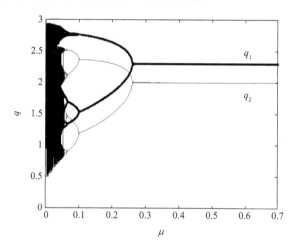

图 5.9　供应商产量随 μ 变化的分岔图

当 $\mu=0.04$ 时，由图 5.9 可以看出，系统是不稳定的，表现为混沌态，此时，系统（5.2）变为

$$\begin{cases} q_1(t+1) = (1-0.04)\left[q_1(t) + \alpha_1 q_1(t)\phi_1\left(a-c_1-c_M-2bq_1-bq_2\right)\right] + 0.04q_1(t) \\ q_2(t+1) = (1-0.04)\left[q_2(t) + \alpha_2 q_2(t)\phi_2\left(a-c_2-c_M-2bq_2-bq_1\right)\right] + 0.04q_2(t) \end{cases}$$

得到了供应商产量在 $\mu=0.04$ 时随着调整速度 α_1 变化的分岔图（图 5.10），在这种情况下，系统随着 α_1 的增大开始由稳定向不稳定演化，出现第一次分岔时的 α_1 的值比图 5.3 大了一点，说明此时系统的稳定域已经得到一定的改进。图 5.11 表示 $\mu=0.3$ 时由于调整速度 α_1 变化系统演化的图形，此时系统出现第一次分岔时

α_1 的值在 0.19 左右，说明稳定域已经扩大到了 0.19 左右，表明加入反馈系数后，系统原本的混沌现象获得了很好的抑制。

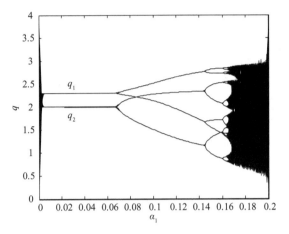

图 5.10　$\mu=0.04$ 时调整速度 α_1 的产量分岔图

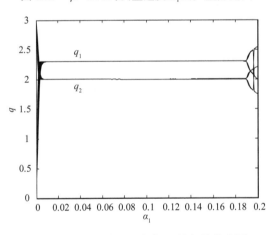

图 5.11　$\mu=0.3$ 时调整速度 α_1 的产量分岔图

5.3　复杂装备主制造商–供应商协同研制价格博弈与混沌分析

5.3.1　模型与基本假设

建立一个两级供应链，节点企业包括一个主制造商和两个供应商。该供应链上的企业共同研发产品，假设主制造商与供应商都是自主决策，交易中主制造商和供应商的价格分别由自己报价，企业的最终目的都是自身的获利最多。两个供应商提供各自的产品给主制造商，双方存在既竞争又合作的关系，在预测下期价格的时候，引入价格调整速度，分析系统的演变规律，以此选择最佳的策略来获得更高的利润。模型中的变量如下。

$P_i(i=1,2)$ 表示两个供应商各自产品的价格。

$C_i(i=1,2)$ 表示两个供应商各自的经营成本。

$d_i(i=1,2)$ 表示两个供应商出售产品时各自的变动成本系数。

$R_i(i=1,2)$ 表示两个供应商各自的利益。

$k_i(i=1,2)$ 表示两个供应商各自的价格调整速度。

w 表示主制造商售出的产成品分解到供应商的产品价格。

p 表示主制造商售出的产成品分解到供应商的产品成本。

R_M 表示主制造商的利润。

根据模型的需要，做出如下假设。

假设 5.3　根据经济学中需求函数的特点，考虑市场因素，假定其他条件不变，两个供应商提供差异化产品，供应商 1 的产品价格影响供应商 2 的产品价格，但是供应商 2 的产品价格并不影响供应商 1 的产品价格，即供应商 1 和供应商 2 的产品需求函数分别满足 $Q_1=a_1-b_1P_1$ 和 $Q_2=a_2-b_2P_2-\theta P_1$。

假设 5.4　两个供应商均以利润最大化为追求目标，进行下期决策时均采用有限理性决策。

假设 5.5　两个供应商与主制造商协同研制价格决策，两个供应商降低产品价格，主制造商获得更多的利润，供应商按照一定比例分享主制造商的销售利润，实现合作共生，$\beta_i(i=1,2)$ 表示供应商 i 的共生利益分配系数，即主制造商根据所得分配给供应商的比例。

5.3.2　基本模型

1. 基本模型构建

在基本模型中，主制造商和两个供应商的利益函数满足如下关系式：

$$\begin{cases} R_1=(P_1-C_1)(a_1-b_1P_1)-d_1(a_1-b_1P_1)^2 \\ R_2=(P_2-C_2)(a_2-b_2P_2-\theta P_1)-d_2(a_2-b_2P_2-\theta P_1)^2 \\ R_M=(w-p)(Q_1+Q_2) \end{cases} \quad (5.13)$$

两个供应商均追求利益最大化，满足一阶条件为零，对两个供应商的利益求偏导，可以得到两个供应商的边际利益，即

$$\begin{cases} \dfrac{\partial R_1}{\partial P_1} = a_1 + b_1 C_1 + 2a_1 b_1 d_1 - 2b_1 P_1 (1 + b_1 d_1) = 0 \\ \dfrac{\partial R_2}{\partial P_2} = a_2 + b_2 C_2 + 2a_2 b_2 d_2 - 2b_2 P_2 (1 + b_2 d_2) - \theta P_1 (1 + 2b_2 d_2) = 0 \end{cases} \quad (5.14)$$

由此得到 $P_1^* = \dfrac{a_1 + b_1 C_1 + 2a_1 b_1 d_1}{2b_1 (1 + b_1 d_1)}$，$P_2^* = \dfrac{a_2 + b_2 C_2 + 2a_2 b_2 d_2 - \theta P_1 (1 + 2b_2 d_2)}{2b_2 (1 + b_2 d_2)}$。

两个供应商根据有限理性策略，基于上期价格竞争的边际利益情况，对下期价格做出调整，则两个供应商的产品定价策略可表示为

$$\begin{cases} P_1(t+1) = P_1(t) + k_1 P_1(t) \dfrac{\partial R_1}{\partial P_1} \\ P_2(t+1) = P_2(t) + k_2 P_2(t) \dfrac{\partial R_2}{\partial P_2} \end{cases} \quad (5.15)$$

因此两个供应商的价格动态调整方程为

$$\begin{cases} P_1(t+1) = P_1(t) + k_1 P_1(t) \left[a_1 + b_1 C_1 + 2a_1 b_1 d_1 - 2b_1 P_1 (1 + b_1 d_1) \right] \\ P_2(t+1) = P_2(t) + k_2 P_2(t) \left[a_2 + b_2 C_2 + 2a_2 b_2 d_2 - 2b_2 P_2 (1 + b_2 d_2) - \theta P_1 (1 + 2b_2 d_2) \right] \end{cases}$$
$$(5.16)$$

2. 数值模拟

1）系统稳定性的混沌分析

研究表明，非线性演化方程一般不存在解析解，因此，为了分析价格调整速度和共生系数对于系统和整个供应链的影响，并得出最优定价决策方案，假设 $a_1 = 5$，$b_1 = 2, a_2 = 8, b_2 = 1.4, C_1 = 1.1, d_1 = 0.3, C_2 = 1.5, d_2 = 0.1, \theta = 2.1, w = 20, p = 10$，则方程（5.16）如下：

$$\begin{cases} P_1(t+1) = P_1(t) + k_1 P_1(t) (13.2 - 6.4 P_1(t)) \\ P_2(t+1) = P_2(t) + k_2 P_2(t) (12.34 - 2.688 P_1(t) - 3.192 P_2(t)) \end{cases}$$

令 $P_1(t+1) = P_1(t)$，$P_2(t+1) = P_2(t)$，计算得到系统的不动点为 $p_1 = (0, 3.866)$，$p_2 = (2.0625, 2.129)$，可知 p_1 是有界均衡点，处于垄断状态；p_2 是纳什均衡点。

此时，考察不动点的稳定性，首先计算系统的雅可比矩阵为

$$J = \begin{bmatrix} 1 + k_1 (13.2 - 12.8 P_1) & 0 \\ -2.688 k_2 P_1 & 1 + k_2 (12.34 - 2.688 P_1 - 6.384 P_2) \end{bmatrix}$$

将不动点 p_1 代入雅可比矩阵，得到 $J = \begin{bmatrix} 1+13.2k_1 & 0 \\ 0 & 1-12.34k_2 \end{bmatrix}$。

此时一个特征值 $\lambda_1 = 1 + 13.2k_1$，由于 $k_1 > 0$，因此 λ_1 必定大于 1，易知 p_1 点是不稳定点。

将不动点 p_2 代入雅可比矩阵，可得 $J = \begin{bmatrix} 1-13.2k_1 & 0 \\ -5.544k_2 & 1-6.796k_2 \end{bmatrix}$。

此时 J 的迹为 $\mathrm{tr}J = 2 - 13.2k_1 - 6.796k_2$，行列式为 $\det J = (1-13.2k_1)(1-6.796k_2)$。

根据定理 5.2 的 Jury 判据来考察不动点 p_2 的稳定性，可得三个不等式：

$$\begin{cases} 13.2k_1 \cdot 6.796k_2 > 0 \\ 4 - 26.4k_1 - 13.592k_2 + 13.2k_1 \cdot 6.796k_2 > 0 \\ 13.2k_1 + 6.796k_2 - 13.2k_1 \cdot 6.796k_2 > 0 \end{cases}$$

由此可得，系统关于 (k_1, k_2) 的稳定域如图 5.12 所示，不动点 p_2 是一个局部稳定点，当两个变量取值在稳定域内时，纳什均衡点稳定，一旦超出稳定域范围，系统就会发生剧烈变动，进而出现混沌现象。

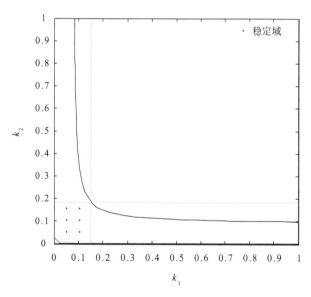

图 5.12　纳什均衡点的稳定域

令两个供应商的初始价格为 $P_1(0) = 0.1$，$P_2(0) = 0.1$，供应商 2 的价格调整速度为 $k_2 = 0.1$，随着供应商 1 的价格调整速度的变化，两个供应商价格的动态变化如图 5.13 所示。

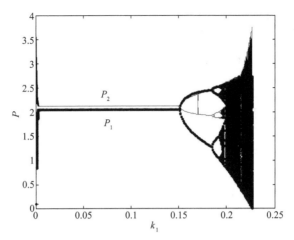

图 5.13　价格调整速度 k_1 对于价格 P_1 和 P_2 的影响

从图 5.13 可以看出，当 $0 < k_1 < 0.15$ 时，系统处于稳定状态，此时协同价格稳定在（2.063,2.129），该点是博弈模型的纳什均衡点；但是随着 k_1 的增大，均衡点的稳定性改变，当 k_1 达到 0.15 时，系统出现第一次分叉现象；当供应商 1 的价格调整速度达到 0.184 时，第二次分叉现象产生；之后随着价格调整速度的不断变大，系统渐渐演化成变动剧烈的混沌态。

图 5.14 与图 5.15 分别表示随着 k_1 的变化，两个供应商和主制造商利益的变化情况，可以看到，在稳定状态下，供应商 1 的利益略高于供应商 2 的利益，当系统进入混沌状态后，供应商和主制造商的利益均会有较大的波动。

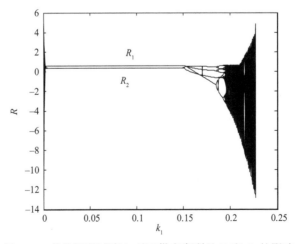

图 5.14　价格调整速度 k_1 对于供应商利益 R_1 和 R_2 的影响

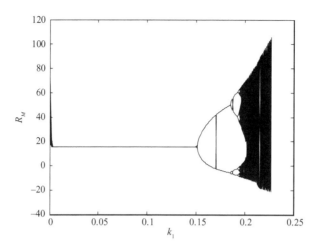

图 5.15　价格调整速度 k_1 对于主制造商利益 R_M 的影响

通过以上分析可知，两个供应商应将价格调整速度保持在 $0 \sim 0.15$，价格始终保持在纳什均衡点上不变，系统也处于稳定状态。

令 $k_2 = 0.25$，可以得到此时价格调整速度 k_1 对两个供应商价格的影响（图 5.16）、对复杂装备主制造商和供应商三方企业利益的影响（图 5.17、图 5.18）。可以发现，纳什均衡点是稳定的，但是价格和利益在分岔后，变动情况与 $k_2 = 0.1$ 时差别较大。主要表现在进入混沌状态后系统的演化情况发生了改变，由此从侧面反映出混沌状态的多变与无法预测。

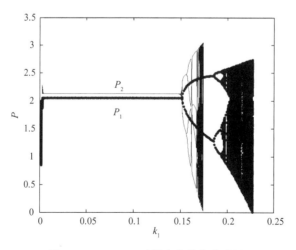

图 5.16　$k_2 = 0.25$ 时供应商价格分岔图

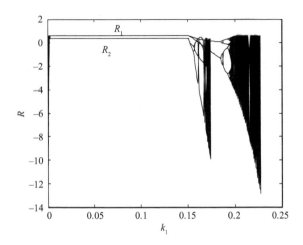

图 5.17　$k_2 = 0.25$ 时供应商利益 R_1 和 R_2 的分岔图

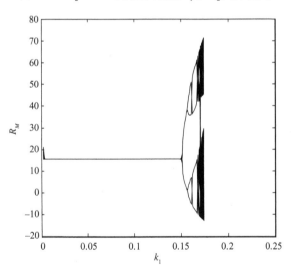

图 5.18　$k_2 = 0.25$ 时主制造商利益 R_M 的分岔图

根据上述分析，供应商价格调整速度高于临界值时，会诱使整个供应链出现混沌现象，此时，主制造商和供应商的价格和利益都会受到影响，变化快，不再稳定。当系统的某个参数（如供应商的价格调整速度）发生了少量变化时，系统的稳定域没有发生变化，但是进入混沌后的波动与演化会发生较大的改变，由此说明了混沌的不可预测性。

2）不同参数值对系统稳定性的影响

参数的取值会影响系统的纳什均衡点的价格，进而影响系统的稳定性，因此运用 MATLAB 仿真分析不同参数对价格的影响。保留其他参数值不变，考虑 d_1 由

0.3 变大到 0.5 时，系统在 (k_1, k_2) 平面上的稳定域（图 5.19）。与图 5.12 相比，可以看出系统在纳什均衡点的稳定域沿着 k_1 方向缩小。

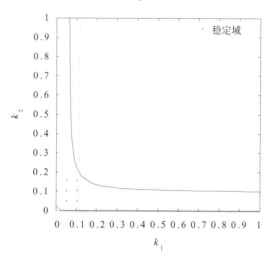

图 5.19　d_1=0.5 时纳什均衡点的稳定域

考虑 d_2 由 0.1 变大到 0.2 时，系统在纳什均衡点的稳定域沿着 k_2 方向增大（图 5.20）。

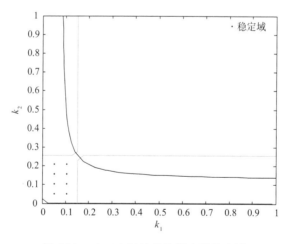

图 5.20　d_2=0.2 时纳什均衡点的稳定域

考虑 θ 从 2.1 变大到 2.3 时，系统在纳什均衡点的稳定域沿着 k_2 方向增大（图 5.21）。

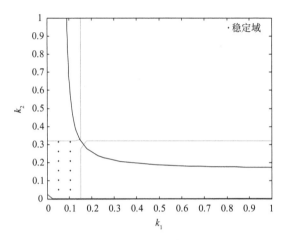

图 5.21 $\theta=2.3$ 时纳什均衡点的稳定域

由图 5.19 ~ 图 5.21 可知，d_1 的增加会使稳定域缩小，θ 和 d_2 的增加会使稳定域增大。这说明了系统参数的变化会对纳什均衡点的稳定造成影响，从侧面反映出系统的相空间格局是在一定参数条件下形成的定局，依赖于系统中各分岔参数的取值，有时还敏感地依赖于其中的某一个或几个参数。因此适当地调节系统中的敏感参数，可以促进系统向稳定方向发展，这种调节对于整个供应链市场都是有利的。

5.3.3　共生利益分配模型

1. 共生利益分配模型构建

为了实现整个供应链的绩效水平的提升，主制造商基于一定的市场价格，通过供应商产品价格的降低来实现自身利益的增长。供应商产品价格的降低使得其利益减少，主制造商通过一定的利益共生机制补偿供应商缺失的利益，实现主制造商和供应商利益均增加的结果。则主制造商和两个供应商的利益函数变为如下关系式：

$$\begin{cases} R_1 = \left(P_1 - C_1\right)\left(a_1 - b_1 P_1\right) - d_1\left(a_1 - b_1 P_1\right)^2 + \beta_1\left(w - p\right)Q_1 \\ R_1 = \left(P_2 - C_2\right)\left(a_2 - b_2 P_2 - \theta P_1\right) - d_2\left(a_2 - b_2 P_2 - \theta P_1\right)^2 + \beta_2\left(w - p\right)Q_2 \\ R_M = \left(1 - \beta_1\right)\left(w - p\right)Q_1 + \left(1 - \beta_2\right)\left(w - p\right)Q_2 \end{cases} \quad (5.17)$$

此时两个供应商的边际利益函数为

$$\begin{cases} \dfrac{\partial R_1}{\partial P_1} = a_1 + b_1 C_1 + 2a_1 b_1 d_1 - 2b_1 P_1\left(1 + b_1 d_1\right) + \beta_1 b_1\left(p - w\right) = 0 \\[3mm] \dfrac{\partial R_2}{\partial P_2} = a_2 + b_2 C_2 + 2a_2 b_2 d_2 - 2b_2 P_2\left(1 + b_2 d_2\right) - \theta P_1\left(1 + 2b_2 d_2\right) + \beta_2 b_2\left(p - w\right) = 0 \end{cases}$$

$$(5.18)$$

同　样　的，　可　得　$P_1^* = \dfrac{a_1 + b_1 C_1 + 2a_1 b_1 d_1 + \beta_1 b_1\left(p - w\right)}{2b_1\left(1 + b_1 d_1\right)}$，

$$P_2^* = \frac{a_2 + b_2 C_2 + 2a_2 b_2 d_2 - \theta P_1\left(1 + 2b_2 d_2\right) + \beta_2 b_2\left(p - w\right)}{2b_2\left(1 + b_2 d_2\right)}。$$

此时两个供应商的价格动态调整方程为

$$\begin{cases} P_1(t+1) = P_1(t) + k_1 P_1(t)\left[a_1 + b_1 C_1 + 2a_1 b_1 d_1 - 2b_1 P_1\left(1 + b_1 d_1\right)\right] + \beta_1 b_1\left(p - w\right) \\[2mm] P_2(t+1) = P_2(t) + k_2 P_2(t)\left[a_2 + b_2 C_2 + 2a_2 b_2 d_2 - 2b_2 P_2\left(1 + b_2 d_2\right) - \theta P_1\left(1 + 2b_2 d_2\right)\right] \\[2mm] \qquad\qquad + \beta_2 b_2\left(p - w\right) \end{cases}$$

$$(5.19)$$

2. 数值模拟

1）系统稳定性的混沌分析

在共生利益分配模型中，主制造商引导两个供应商降低产品价格，然后根据供应商价格的降低程度，依照确定的比例将获得的利润分配给供应商，以此实现三方利益的提升。供应商价格的降低，使主制造商的成本得到了下降，此时假设主制造商的成本变为 $p' = 8$。由假设 5.5 可知，主制造商在共生利润分配后，利益得到了提升。由此可知

$$(w - p)(Q_1 + Q_2) < (1 - \beta_1)(w - p')Q_1 + (1 - \beta_2)(w - p')Q_2 \qquad (5.20)$$

代入上述数值，可得如下约束：

$$0.263 + 10.075\beta_1 - 7.5\beta_1^2 - 3.45\beta_1\beta_2 + 6.682\beta_2 - 7.37\beta_2^2 \geqslant 0 \qquad (5.21)$$

因此，只要 β_1 和 β_2 满足上述不等式关系，则相对于共生前，主制造商的利益在共生利润分配后就是增长的。

考虑上述条件，将 $\beta_1 = 0.2, \beta_2 = 0.3$ 代入式（5.19），可得

$$\begin{cases} P_1(t+1) = -4 + P_1(t) + k_1 P_1(t)\left(13.2 - 6.4 P_1(t)\right) \\ P_2(t+1) = -4.2 + P_2(t) + k_2 P_2(t)\left(12.34 - 2.688 P_1(t) - 3.192 P_2(t)\right) \end{cases}$$

$$(5.22)$$

此时根据系统的不动点（1.3125,1.1817），计算系统（5.22）的雅可比矩阵为

$$J = \begin{bmatrix} 1 + k_1(5.28 - 12.8P_1) & 0 \\ -5.04k_2P_1 & 1 + k_2(14.58 - 5.04P_1 - 9.52P_2) \end{bmatrix} \quad (5.23)$$

将不动点代入矩阵，可得 $J = \begin{bmatrix} 1 - 11.52k_1 & 0 \\ -6.615k_2 & 1 - 3.285k_2 \end{bmatrix}$。

此时 J 的迹为 $\mathrm{tr}J = 2 - 11.52k_1 - 3.285k_2$，行列式为 $\det J = (1 - 11.52k_1)(1 - 3.285k_2)$。

根据定理 5.2 的 Jury 判据来考察不动点 p_2 的稳定性，可得三个不等式：

$$\begin{cases} 11.52k_1 \cdot 3.285k_2 > 0 \\ 4 - 23.04k_1 - 6.57k_2 + 11.52k_1 \cdot 3.285k_2 > 0 \\ 11.52k_1 + 3.285k_2 - 11.52k_1 \cdot 3.285k_2 > 0 \end{cases}$$

由此可得，系统关于 (k_1, k_2) 的稳定域如图 5.22 所示，可以发现，共生利润分配后，稳定域增大了。

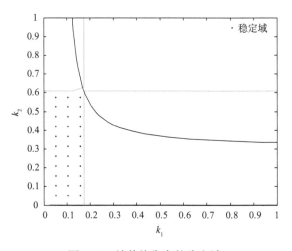

图 5.22　纳什均衡点的稳定域

利用 MATLAB 找出价格调整速度 k_1 对于价格 P_1 和 P_2 的影响，如图 5.23 所示，可以发现，当 $0 < k_1 < 0.25$ 时，供应链企业保持稳定，此时两个供应商的价格分别为 1.312 和 1.182，可以看到，此时供应商 2 的价格下降较多，系统的稳定域增加。系统呈现第一次分叉是在 $k_1 = 0.25$ 左右，之后随着 k_1 的增大，系统逐渐进入混沌状态。与基本模型相比，共生利润分配后，稳定域明显增大。这与纳什均衡点的稳定域增大情况也一致。

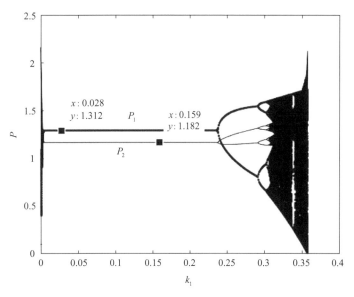

图 5.23　价格调整速度 k_1 对于价格 P_1 和 P_2 的影响

图 5.24 表示共生利润分配下，供应商 1 的价格调整速度对主制造商和两个供应商利益的影响。可以看出，利益均明显升高，此时，由于供应商 2 的价格下降较多，主制造商对于供应商 2 的补贴也较多，供应商 2 的利益略高于供应商 1，由此激励了供应商的积极性，使得整个供应链系统更加稳定。

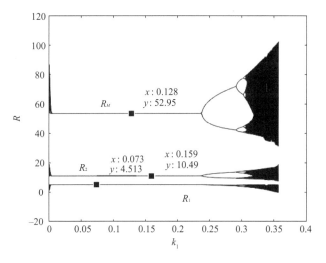

图 5.24　价格调整速度 k_1 对于供应商和主制造商利益 R_1、R_2、R_M 的影响

2）不同参数值对系统利益的影响

令 $\beta_2 = 0.3$，考虑纳什均衡情况下，主制造商和两个供应商利益的变动情况，如图 5.25 所示，主制造商的利益表现为先增加后减少，而两个供应商的利益则保持上升的态势，当 $\beta_1 = 0.6$ 时，主制造商的利益变为最大。

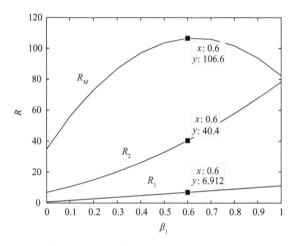

图 5.25　共生利益分配系数 β_1 对供应商和主制造商利益 R_1、R_2、R_M 的影响

令 $\beta_1 = 0.2$，图 5.26 表明了 β_2 对于三方利益的影响，此时共生利益分配系数 β_2 的变动对供应商 1 的利益无影响，始终稳定在 4.513 上，而供应商 2 的利益呈现上升趋势，主制造商的利益则是先增后减，当 $\beta_2 = 0.4$ 时，主制造商的利益实现最大化。

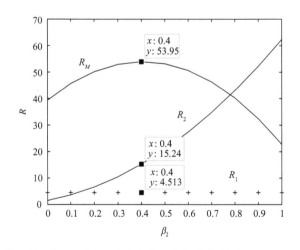

图 5.26　共生利益分配系数 β_2 对供应商和主制造商利益 R_1、R_2、R_M 的影响

图 5.27 表示 $\beta_1=0.2,\beta_2=0.4$ 时，供应商 1 的价格调整速度对于三方利益的影响，可以发现，在稳定情况下，三方的利益情况与上述分析一致，主制造商的利益实现了最大化，两个供应商的利益也得到了提高。

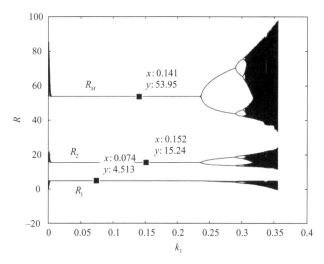

图 5.27　价格调整速度 k_1 对供应商和主制造商利益 R_1、R_2、R_M 的影响

由上述分析可知，两个供应商在主制造商的引导下，降低产品价格，主制造商由此可以获得更高的利益，而为了激励供应商，主制造商将所得的利益按照一定的比例分配给供应商，由此实现利益的共同增长。与基本模型相比，在共生利益分配模型下，供应商的价格调整速度保持在 0 ~ 0.25，稳定域实现了增加，两个供应商的价格维持在（1.312,1.182）上，供应链企业的利益均得到了有效的提升。

第6章 复杂装备主制造商–供应商协同研制风险控制决策研究

6.1 复杂装备主制造商–供应商协同研制过程及其风险控制概述

6.1.1 协同研制风险控制决策现状分析

1. 协同研制的相关文献研究

关于协同研制的定义,国内外学者有如下研究。1965 年,在安索夫的《公司战略》一书中,首次对协同进行了定义,将其描述为:相对于各独立组成部分进行简单汇总而形成的企业群体的业务表现,即两个企业之间共生互长的关系,它是在资源共享的基础上产生的。Kato 等(2018)认为供应商和零售商之间的合作谈判是解决供应链中决策问题的关键,提出了一般谈判解决方案的概念,获得了解决方案的谈判评价功能,之后在考虑供应商和零售商之间存在权利平衡的情况下,提出了一个用以获得解决方案新的讨价还价过程的概念。Wu(2016)探讨了上游企业与下游企业之间的合作对其价格决策和企业社会责任(corporate social responsibility,CSR)工作水平的影响,认为这些公司在合作中通过分享成本或收益来改善它们的盈利能力和 CSR。根据上述表述可知,不管从哪一个角度对协同研制进行定义,其本质主要包括了以下两个方面:①协同研制包含了多个主体;②协同研制是各主体通过资源互补、利益共享的方式,为实现同一目标而形成的研发组织。

考虑到复杂装备的研制特点,许多学者对复杂装备的协同研制做了大量相关研究。张旭梅等(2010)通过分析复杂装备制造商与供应商的关系,以风险共担的合作模式为基础，从目标、任务、信息、资源四个方面阐述了复杂装备制造商与供应商协同研制的模式，并探讨了其协同研制流程。莫蓉等（2003）通过分析协同产品开发中的各种协作模式，提出了复杂装备协同开发支撑环境的参考模型。

2. 协同研制风险管理的相关文献研究

国内外许多学者对于协同研制风险管理的研究基本都集中在了风险识别和风险评估这两个方面，其中关于风险识别研究，Balachandra 和 Friar（1997）指出协同研制风险包括市场风险、技术风险、环境风险、组织风险。Davis（2002）则将协同研制风险总结为另外三种：营销风险、技术风险和用户风险。Mohan 和 Stephen（2000）将协同风险分为项目特征风险、市场新度风险、项目计划风险、项目执行情况风险、项目顺利程度风险、项目复杂性风险、技术新度风险。Keizer 等（2002）认为，通常风险分析太过于集中在技术、组织、市场或财务等几项因素上，协同的成败是由内外环境共同决定的，因此，识别技术协同潜在的风险因素应从技术、市场、财务、运作等几个方面考虑。陈劲等（2005）通过实证研究，识别出对复杂装备系统协同项目风险后果具有显著影响的 29 个风险因素，其中包括创新能力、技术难度、组织管理、内部沟通等。喻小军和江涛（2006）在综合考虑风险分类研究结果和产品创新成败因素研究结果的基础上，将复杂装备协同风险关键因素分为外部因素和内部因素，其中外部因素包括市场因素和政策因素，内部因素包括技术因素和组织因素。

关于风险评估研究，Akomode 等（1999）利用层次分析法（analytic hierarchy process，AHP），将新产品协同开发风险评估模型分为三层，对方案层的四种新产品方案的潜在风险进行了高、中、低风险的归类和排序。王嚣华等（2017）研究了不完全信息下大型客机协同研制供应链风险的评估方法。针对大型客机供应链风险评估的不完全特征，建立了考虑接近关联度和相似关联度最大的不完全信息推测模型，将所提出的理论应用到大型客机主制造商–供应商模式协同研制"初创期"的供应链风险评估实践中，并得到了合理的评估结果。Jamshidi 等（2016）提出了一种利用模糊认知地图（fuzzy cognitive maps，FCMs）对复杂动态系统进行风险评估的高级决策支持工具，通过考虑不确定性，更准确地预测每一种风险对其他风险或项目结果的影响，从而帮助行业的从业者以更有效、更精确的方式管理复杂系统的风险，并提供更好的风险缓解解决方案。Yu 等（2016）利用灰色目标决策理论，构建了科学研究机构大型测试系统的风险评价指标体系和风险评价模型。Browning 和 Eppinger（2002）通过构造某一技术性能实际结果效用与目标效用差距的函数，对产品研制中的产品技术性能风险提出了评估模型。

3. 协同研制风险控制问题的相关文献研究

对于协同风险控制的定性研究主要包括损失控制、内部风险控制和损失融资，其中，损失控制是指通过风险回避、风险转移、安全检测和安全保障设备等措施减少风险个体数目或者降低风险损失幅度；内部风险控制则包括分散化和信息化两个方面；损失融资是指获取资金以支付或抵偿损失，主要有保险、套期保值、其他合约化风险转移手段。Kostogryzov 等（2017）改进了现有风险控制概念的方法，包括创建和完善了问题决策的概率模型；自动组合和产生了新的概率模型；形成了风险预测知识仓库。Smith（1999）从风险发生的可能性和后果这两个维度出发，分别按高、中、低划分构建了风险矩阵，同时根据风险容忍度绘制出风险阈线，并认为在风险阈线右上方的各种风险都是应该控制的风险。Coppendale（1995）根据风险的两个维度，按高、中、低划分构建了风险矩阵，并根据风险矩阵中各种风险的大小制订了风险管理计划。

对于协同研制风险控制的定量化研究主要包括以下内容。Cornford 等（2002）通过分析协同的需求风险，提出了选择风险措施的启发式算法。Ben 和 Raz（2002）提出了具有成本效益的风险控制措施选择模型，并用贪婪算法对模型进行了求解；在模型中，他们还讨论了由风险控制策略所带来的二次风险问题。姚树俊和盛兆美（2018）运用演化博弈理论构建了供应链产品服务协同创新的演进模型，分析了供应链企业协同创新机制演变的动态过程及其影响因素，提出了供应链知识风险的有效规避对策。苏越良和张卫国（2008）通过建立复杂装备风险协调控制算法，得到了基于全局的复杂装备风险协调控制方法，并对其进行了实证分析。也有学者认为协同研制风险的预警是防范风险的有效方法，并对此进行了相关研究。其中，彭灿和李璐（2006）在前人提出的三维风险分析模型的基础上，构建了新的三维风险预警指标体系和基于该三维风险预警指标体系的风险分析层次递阶结构模型。顾晓辉和赵有守（2002）在分析各种风险分析与估计方法的基础上，给出了风险的数学表述方法和风险分布的概率估计，并通过对险度函数研制风险的分析为风险决策提供了量化的决策依据。

6.1.2 复杂装备战略供应商协同研制风险分析

1. 风险的概念与分类

由于各领域对风险的关注焦点有所不同，因此对于风险并没有统一的定义，但是综合学者对风险的相关研究，风险定义的基本元素包括不确定性、概率性、客观性与主观性、损害的可能性。美国学者威雷特认为"风险是对不愿发生的事件发生的不确定性的客观体现",这种定义认为存在不确定性的事件即风险事件。这种定义包含了两个方面:风险会造成损失、风险发生存在不确定性。还有其他一些学者认为风险产生会对项目目标产生一定的消极影响,使得实际结果偏离预期结果。同时,也有学者指出,风险产生消极影响的程度取决于它发生的概率以及由此带来的后果。

由上述分析可知,风险的定义包括了以下两个基本条件:一是,风险事件是一类客观存在的、不以人的意志为转移的随机事件;二是,风险事件的发生会产生一定的损失,这种损失的大小取决于风险发生的概率以及风险带来的后果。不同学者从不同角度对风险进行了认识和理解,但是,不管是从哪一种角度,都应该认识到以下几点:风险除了是不确定性和产生损失的可能性,还是与预期目标的一种偏离程度;风险的存在同样可以表现为一种相对性和被认知性。

根据不同的标准,风险可划分为以下几类。

一是按风险发生的形态可分为静态风险和动态风险;二是按风险后果可分为纯粹风险和投机风险,纯粹风险的发生会造成损害,而投机风险的发生除了会造成损失,还可能带来利润;三是按风险发生的原因可分为主观风险和客观风险;四是按风险的管理性可分为可管理风险和不可管理风险;五是按风险的影响范围可分为局部风险和总体风险。

2. 复杂装备协同研制风险的概念及分类

协同研制的过程体现了供应商和主制造商利用知识创造新事物、新方法的能力,同时,该研制活动通常具有如下特征:研制活动实施的一次性;研制目标的明确性;研制组织的整体性;研制过程的不确定性;研制资源的有限性;研制活动的开放性。也就是说,协同研制活动具有明确的起点和结束的终点,在该过程中有许多计划完成的子任务。正是由于协同研制活动具有这些特点,其从立项到实施的过程都是建立在未知因素的基础之上的,在理想的技术和管理范围内,未知因素的变化都会导致协同研制活动偏离原来的计划,甚至导致协同研制活动的失败,我们将这些预先不能确定的各种干扰因素称为协同研制风险。由于协同研制活动非重复性的特点,其不确定性程度较其他活动要大得多,由此,协同研制风险的可预测性也较差。同时,协同研制的过程包含了许多的子系统,每个子系统又分为多个阶段,每个阶段都有不同风险产生的可能,随着研制活动的不断进行,风险的性质和状态又会发生改变。根据上述分析,结合协同研制的概念,本章将协同研制风险定义为:进行协同研制活动的各企业或组织对研制活动进行的决策以及客观条件的不确定性引起的结果与预期目标之间产生偏差的可能性。

复杂装备的协同研制不同于一般产品,从研制过程看,其研制系统复杂、研制任务繁多,因此,相对一般产品,复杂装备产生风险的来源众多,产生风险的原因错综复杂。从研制后果看，复杂装备协同研制前期投入的资金多、人力物力庞大，一旦产生风险，造成的损失相比一般产品更为严重。复杂装备的协同研制活动作为研究开发项目，由于具有不可借鉴性，在产品技术支持、过程中的资源投入、产品的性能以及产品未来的市场等方面都存在大量的不确定性和不可预测性，造成了产生风险的原因众多，导致了产生风险的概率增加。因此，从复杂装备协同研制的内部系统和外部环境可将风险分为：一是协同研制活动内部风险，包括技术风险、财务风险、生产风险和管理风险；二是协同研制活动外部风险，包括市场需求风险、政策风险。这些风险都有着各自的风险源，且随着协同研制活动的发展处于不断变化中。上述各类风险在复杂装备协同研制过程中的体现主要表现为以下几方面。

（1）技术风险主要是由于技术开发失败的可能性以及技术效果的不确定性而给协同研制活动带来的风险。而导致技术风险的来源主要体现在：研究方向选择错误，技术本身不成熟，技术发展飞速变化，生产制造能力有限。复杂装备新技术的研发是一类具有高技术附加值且生产技术密集程度高的活动，因此，其技术层次以及技术的不确定性程度比一般的创新活动都要高，一旦技术状态发生变化，复杂装备的协同研制活动就必须经历重新设计甚至中断，当技术水平的发展速度过快或者技术水平程度过高时，就会导致缺乏相应的技术水平支持，对材料的开发以及产品可靠性控制、故障性检测、维修等也会有一定影响。复杂装备的整个活动周期从项目论证到项目实施、项目完成经历了不同的阶段，每个阶段都存在着由上述技术原因所导致的创新产品达不到预期目标的问题。

（2）财务风险主要是由于协同研制活动过程中资金无法及时供应而导致整个活动终止、延迟或失败的可能性。在复杂装备协同研制的整个生命周期中，每个阶段都对应着大量的资金投入，各主体对协同研制活动所需的资金、筹资方式、融资成本以及资金的运用都无法做出准确的估计，导致资金投入和资金筹措产生很大的随机性，同时，随着协同研制活动的不断进行，这种不确定性和随机性产生累计，最后导致资金风险大大暴露出来。复杂装备协同研制活动本身缺乏相关的参照，对其资金需求的预估存在一定的困难，有时即使做出了造价预算，整个研制活动过程的变动也会使得整个预算发生较大的偏差，此外，由于我国风险投资机制建设不健全，在资金紧张的情况下进行风险投资也不容乐观。

（3）生产风险和管理风险都是研制活动过程中由于人为主观因素而导致的风险，生产风险主要是由于生产系统中的相关因素而导致研制活动失败的可能性，如生产周期问题、工艺问题、设备损坏问题、检测手段问题、产品质量等，管理风险是由于管理失误而造成研制活动失败的可能性，包括组织协调问题、部门配合问题、调研不充分等。复杂装备组织结构主要包括研制生产群体、使用群体和管理群体，其中，研制生产群体负责整个研制活动的技术层面；使用群体设定了研制产品的作战效能，即整个研制活动的目标；管理群体建立了整个研制活动的运行机制。在三个群体的协调作业下，协同研制活动经历从项目论证到项目完成的过程，在这样一个漫长的周期中，项目内部人员之间会在不同阶段针对不同问题产生意见分歧，从而导致人员精力分散，造成研制活动效率低下。同时，在整个研制活动的进展过程中，不断有人员退场和入场，由此产成的人员流动必然会造成相关部门的管理障碍，在没有深入了解人员的技术水平、素质以及工作能力的情况下无法发挥最佳使用效能，对生产也会造成一定的困难，所有这些因素都会给复杂装备协同研制活动的成效带来较高的不确定性。

（4）市场需求风险主要是由于新产品的相对竞争优势不确定而无法适应市场需求甚至无法被市场接受，从而导致研制活动失败的可能性。导致市场需求风险的因素众多，主要体现在：一是市场的变化，二是消费者偏好的变化，三是技术引进的冲击。复杂装备的协同研制过程必须经历一个漫长的周期，在这个时间段内市场环境会发生怎样的变化，以及对产品需求会造成何种程度的影响，这些都无法通过事前判断做出准确的预估，与此同时，新技术也在不断产生，新技术的出现必然会对市场需求动态产生一定的影响，所以，在协同研制过程中，需要时刻加强与用户的交流沟通，及时了解市场动态，把握用户需求的变化，并迅速做出方案调整，以最大限度地降低市场需求风险。

（5）政策风险是指由于社会政治、研制活动所处的经济环境的改变而导致研制失败的可能性，这种风险通常是研制主体无法预测和控制的。复杂装备有其特有的法律规章制度，首先，《中华人民共和国国防法》对发展武器装备有基本要求；其次，武器装备技术的开发以及装备的研制必须遵循国家规定的法律体系；最后，政府和军方制定的政策、条例对复杂装备发展都有一定的限制，包括国家发展战略、武器装备发展战略等。此外，项目之外的经济环境的变化对复杂装备的协同研制活动也会产生一定的影响，如利率、汇率的变动，以及产业结构和就业情况的变化等。

3. 复杂装备协同研制风险的特征

风险特征是指风险的本质及其发生规律的表现，在上述关于协同研制风险定义的前提下，风险的特征表现为以下几点。

1）风险的客观性

风险因素的存在造成了风险事件的发生，而风险因素可能包含了外界环境因素，如自然灾害，也包括了人们从事相关活动的人为因素，如技术问题。环境因素是客观存在的，并不以人的意志为转移，人类从事社会活动的过程中，产生风险的因素多种多样，且人类社会的运动规律也是客观存在的，由此可知，外部环境和内部系统都是客观存在的风险因素，只要风险因素出现，风险事件就会发生，因此，风险事件的发生同样具有客观性。

2）风险的随机性

风险的发生往往伴随着不确定性的损失，风险发生的时间、阶段及类型也都以某种偶然的形式呈现。因此，风险事件的客观性同样伴随着具体风险的偶然性和随机性。

3）风险的可变性与多样性

由于各种因素的影响，包括外界环境的变化、内部系统发展走势的变化，风险在性质以及产生的后果等方面都处于不断变化的过程。同时，项目活动在不同的阶段会产生相应不同种类的风险，包括资金风险、进度风险、质量风险等，因此，风险在具有可变性的同时又是多样性的。

4）风险的相对性

风险事件的大小以及产生损失的严重程度是因主体而异的，主要取决于主体对风险承受能力的大小，同样的风险对于不同的主体，以及不同的风险对于相同的主体，其产生的影响都不尽相同，因此，风险是具有相对性的。

5）风险的无形性

风险虽然是客观存在的，但是却无法确切地描绘和刻画，只能通过一定的数理方法或模型进行识别、评估和测定。风险的无形性、不确定性以及动态变化性，都增加了人们对于风险认知和管控的难度，因此，需要通过采用科学的风险管理方法，恰当地运用现代技术和工具对风险进行有效管理。

6）风险的可控性

虽然协同研制活动的过程受到许多未知因素以及不确定性因素的影响，这些因素可能会在一定程度上造成协同研制活动的失败或给协同研制活动带来一定的损失，但是，研制主体作为一个理性的群体，其主观能动性主导了整个研制活动的进程，该活动过程的随机性在某种程度上取决于管理者对各个阶段是否能进行理性的分析、评价、决策和实施。因此，协同研制的风险在某种程度是可以通过一定的方式进行控制的。

4. 协同研制风险产生的动因

主制造商和战略供应商在总体目标下建立技术协同创新联盟，进行协同研制活动，在共同目标下，以双方的技术和资源优势为基础，以信息共享为前提，进行相互协同研制，因此，目标、任务、信息和资源成为合作的关键点，如图 6.1 所示。

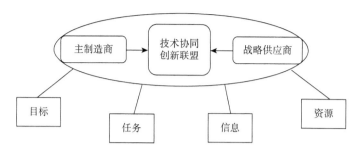

图 6.1　主制造商–战略供应商协同研制模式

　　主制造商和战略供应商的技术协同创新联盟建立在风险共担、利益共享、信息共享等基础之上，只有这样才能保障联盟体制的运行。在协同研制过程中首先是目标的共识，即以研制出满足客户需求的产品为最终目标，该目标是各主体进行协同研制的基础，也是所有活动开展的一切出发点。在协同研制过程中，信息共享是研制活动能否顺利开展的关键，该信息主要包括客户需求信息、产品数据信息、进度信息等。主制造商需要将客户需求信息进行不断的修正并准确传递给战略供应商，帮助其进行子系统或子任务的技术开发和研制，产品数据信息不仅可以使主制造商对产品有一个总体的把握，也是战略供应商将其研制的部件与整体进行协调的关键，技术开发和产品研制的进度信息是整个研制活动能够在规定时间内完成的关键，一旦主制造商失去了对整体进度的协调和把握，就会造成延期交货，从而对主制造商和战略供应商都会造成利益损失。任务是完成协同研制活动的保障，主制造商通过任务的分解降低了风险、成本，缩短了研制周期，但同时也对战略供应商提出了更为严格的要求，战略供应商必须确保自身负责的任务与整个供应链同步、协调，以确保模块对接的顺利展开。

　　资源是协同研制的物质基础，也是整个研制活动最为关键的因素。协同研制过程中，主制造商和战略供应商的技术支持、资金投入、设备提供以及人员投入等都对复杂装备的协同研制活动有着至关重要的作用，主制造商需要根据战略供应商的资源状况进行综合评价和任务的划分，而战略供应商在协同研制过程中的实际资源投入决定了研制活动能否顺利发展。因此，资源的共享能够促进双方的有效合作。然而，在共同目标下，战略供应商也是相对独立的实体，有其自身的技术和资源优势，也存在相应的利益诉求，在制订计划时也都是以自身利益最大化为出发点，战略供应商在协同研制过程中存在两部分的资源投入：一类是保障产品技术的基本固定性资源投入；另一类是提升产品质量、降低潜在风险的额外变动性资源投入，该投入通常是隐形部分，也就是说，在协同研制过程中，战略供应商资源投入并非完全公开化的，战略供应商能够掌握协同研制过程中其自身的实际资源投入信息，而处于主导地位的主制造商则处于信息劣势地位，无法完全清楚战略供应商的真实情况。根据风险的相对性分析可知，复杂装备协同研制过程中存在着不同类型的风险，每一种风险产生的原因可能来自系统外部环境的变化，也可能来自系统内部的研发过程。由此可知，在系统内部的研发过程中，战略供应商对资源投入的主观能动性会给整个协同研制活动带来潜在的风险。

根据上述分析，我们将由于战略供应商对控制资源投入的主观能动性而给协同研制活动带来的潜在的技术、财务、生产、管理等风险作为本章的风险研究对象。

5. 基于里程碑事件的协同研制风险演变规律

1）信息不确定性递减规律

在复杂装备协同研制过程中，随着主制造商和战略供应商之间合作的递进，各自了解的内部和外部信息也相应全面、准确，协同研制部分潜在的不确定性因素逐渐变为确定性因素，因此，部分灰色信息也转化为白化信息，从而使得协同研制的信息不确定性随着时间的推移和合作程度的加深而发生递减。

设 $y = f(t - t_0)$ 为信息不确定性函数，其中 y 为信息不确定性，t_0 为协同研制活动的时间起点，$t(t \geq t_0)$ 为协同研制过程的某个时刻，那么，有如下表达式成立：

$$y' = \frac{\mathrm{d}f}{\mathrm{d}t} \leq 0 \tag{6.1}$$

复杂装备协同研制的信息不确定性递减，主要原因如下：首先，随着技术的发展和引进，对于技术开发所需的信息和提供的支持越来越明朗化；其次，随着协同研制活动进程的推进，客户的潜在需求以及需求结构逐步明晰；最后，协同研制项目自身的信息也越来越丰富，包括技术难题、财务需求、生产和管理制度等情况，从而使得协同研制活动信息不确定性呈递减规律。

上述信息不确定性递减规律是针对协同研制某一个里程碑事件的整个运作过程而言的，同时以某个时间起点 t_0 作为参照，但是，从宏观角度来看，协同研制的风险或者不同里程碑事件系统之间的风险并不存在递减规律，例如，对于 t_1 和 $t_2 (t_1 \leq t_2)$ 两个不同的里程碑事件系统，t_1 时刻研制活动的信息不确定性和 t_2 时刻研制活动的信息不确定性之间并不存在相关性，两个里程碑事件系统的风险之间也不存在递减关系，每个里程碑事件系统的信息不确定性递减虽然在一定程度上降低了该系统潜在风险的发生概率，但是不同里程碑事件系统的风险发生由不同因素构成，且每个里程碑事件系统的信息需求量并不存在直接的传递，因此，不同时刻不同里程碑事件系统研制活动的风险大小不会随着时间的推移呈现递减规律。

2）风险损失递增规律

在协同研制活动过程中，资源的投入都是根据活动的不同进展分阶段进行的。

随着活动的进行，主制造商和战略供应商的投入累计越来越大，即资源投入量随着时间的增长而增长。在这种情况下，由研制活动风险带来的损失额度也会随着资源的累计而不断增长，也就是说，由于风险的产生而给协同研制活动造成的损失随着时间的推移不断增加。

设协同研制某个活动的时间段为 $[0, T]$，若在 $t(t \in [0, T])$ 时刻发生风险，那么由此带来的风险损失为：$F = F(t)$，该损失代表了在 t 时刻，风险的发生给前期累计资源投入造成的损失，且 F 是关于时间递增的函数，即

$$\frac{\mathrm{d}F(t)}{\mathrm{d}t} \geqslant 0 \tag{6.2}$$

若在 t 时刻没有相应的措施对风险进行控制，那么意味着对后期活动的实施和开展存在着潜在损失，记为 $P = P(t)$，它也是关于时间的递增函数，即

$$\frac{\mathrm{d}P(t)}{\mathrm{d}t} \geqslant 0 \tag{6.3}$$

由此风险带来的总损失为：$C(t) = F(t) + P(t)$，结合式（6.2）和式（6.3）可知，$C(t)$ 也随着时间的增加而不断增长。因此，在风险发生前，识别风险可控因素，并采取适当的措施，可以避免潜在风险的发生给协同研制活动带来的损失，而在风险发生之初就对风险采取有效的应对方案，可以降低由于时间的推移和风险的演变而给协同研制活动带来损失的程度。

3）风险的叠加和累积规律

复杂装备协同研制的过程中，在每个里程碑事件下都存在可能产生的潜在风险。由 1）中的分析可知，在某个里程碑事件下风险虽然随着时间呈现出递减的规律，但是风险水平的大小只能通过人为的手段得到一定的控制，并不能完全消除。由 2）中的分析可知，后期随着协同研制活动的推进，上一个里程碑事件的风险同样会对后期活动的实施和开展带来潜在的损失，也就是说上一个里程碑事件的风险以某种方式传递至下一个里程碑事件，由此，整个研制过程的里程碑事件风险产生了叠加和累积。

设 r_t 为某一个里程碑事件的风险水平，$r = f(r_t)$ 为研制活动的最终风险水平，则有如下表达式成立：

$$r' = \frac{\mathrm{d}f(r_t)}{\mathrm{d}t} \geqslant 0 \tag{6.4}$$

因此，通过把握风险在里程碑事件中的叠加和累积规律，可以有效地帮助协同研制主体在研制过程中通过适当的手段，针对不同里程碑事件的不同风险状态进行合理的风险控制和风险控制资源投入，从而避免分不清风险控制里程碑事件主次的现象产生，避免产生过多的成本投入。

6.1.3   协同研制风险控制的委托-代理关系分析

1. 协同研制风险控制的委托-代理基本理论

委托-代理理论最早起始于 20 世纪 60 年代末 70 年代初,委托-代理的实质是"一个人或一些人（委托人）委托一个人或者一些人（代理人）根据委托人的利益从事某些活动,并相应地授予代理人某些决策权的契约关系"。复杂装备协同研制的过程,实际上是主制造商委托各级供应商根据研制项目的目标而进行协同创新和生产的过程。在该过程中通过设计关键的风险参数,可以诱导战略供应商在实现自身利益最大化的同时,积极主动地保证装备研制的最优风险水平。在协同研制过程中,主制造商处于核心地位,其他各级供应商处于从属地位,其中战略供应商与主制造商秉承着风险共担、利益共享的原则,两者有着密不可分的合作伙伴关系,且战略供应商的数量较其他供应商少,战略供应商各个里程碑事件的风险控制对主制造商系统集成的产品整体质量有着关键性的作用。因此,战略供应商的风险控制研究更为有意义。

在复杂装备战略供应商协同研制过程中,主制造商向战略供应商提出研制活动的风险控制要求,从而确保研制活动的成功率,并获得高质量的产品进行组装,最后通过推广将产品销售给客户。若研制过程中某个里程碑事件的风险控制不当,由于风险的传递和累积,将会造成后续里程碑事件的风险水平大幅度上升,从而导致整个研发活动的失败。如果主制造商试图通过新的产品在激烈的市场竞争中占据优势,就必须严格控制整个研制活动的风险水平,以避免研发失败给整个供应链带来的前期投入增加以及后期市场占有减少等损失。

在主制造商和战略供应商的合作关系中,战略供应商在研发过程中需要投入一定的资源用于保证各里程碑事件的风险水平,而主制造商负责产品的最终组装以及产品的市场开拓和销售、售后服务,双方投入的资源量分别决定了风险水平和最终市场利润。在协同研制的实际过程中,往往存在着信息不对称的情况,战略供应商在里程碑事件的风险水平达到一定标准的情况下,考虑到成本因素,并不会主动投入更多的资源将风险水平控制到最优状态,同时,主制造商并不能准确地观察到供应商实际的资源投入量,这样,主制造商就会面临由供应商的"行为动机"带来的研发风险。所以,信息不对称下的双方主体协同研制过程,对于主制造商而言是道德风险,对于战略供应商而言是逆向选择问题,主制造商需要在该环境下设计系列风险水平控制和激励策略去诱导战略供应商主动控制各里程碑事件的最优风险水平,以提高研制活动成功的概率。

2. 基于委托-代理的主制造商-战略供应商协同研制风险控制契约曲线

在复杂装备的研制过程中，基于委托-代理契约，主制造商将一定的任务分配给战略供应商，希望战略供应商能够有效地控制整个活动的风险水平，以提高整体研制活动成功的概率。为了进一步降低里程碑事件的风险水平，主制造商需要给予更多的利润分配，战略供应商需要投入更多的风险水平控制资源。随着各里程碑事件风险水平的降低，复杂装备整体研制的风险水平得到一定改善，提高了整体研制活动的成功率，带来了一定的潜在收益。根据边际效用递减规律可知，随着风险水平的进一步降低，复杂装备的边际收益呈下降趋势，然而战略供应商的风险控制难度以及风险控制成本却呈上升趋势，主制造商和战略供应商的协同研制收益也会随之减少，因此，在复杂装备的协同研制过程中，主制造商和战略供应商需要探寻互利互惠的"风险水平优化程度-收益"有效配置点，实现风险水平控制的均衡。

如图 6.2 所示，Edgeworth box 模型用于描述复杂装备主制造商-战略供应商协同研制风险控制关系，该模型右上方顶点代表战略供应商 S_i，左下方顶点代表主制造商 M，长分别代表了主制造商和战略供应商的风险控制收益，宽代表了双方的风险水平优化程度，合作各方均存在着一系列凸向的无差异曲线 U，这条曲线用于表示在各自风险控制收益与研制活动风险水平优化程度之间的边际技术替代率。主制造商的无差异曲线 U_M 和战略供应商的无差异曲线 U_S 之间的切点便组成了双方交易的契约曲线 l。契约曲线上的点均是双方可实现交易的"风险水平优化程度-收益"均衡点，即在该曲线的各点上，双方能够通过确定合理的风险水平优化程度和风险控制收益，实现双方协同研制风险控制的均衡。

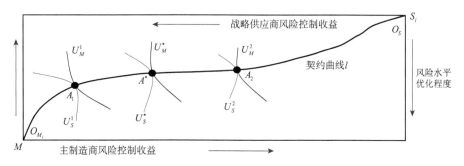

图 6.2　主制造商-战略供应商协同研制的 Edgeworth box 模型示意图

在图 6.2 中，主制造商和战略供应商的风险控制收益和风险水平优化程度之间形成的无差异曲线 U_M 和 U_S，相交于多个切点 A。在切点 A 处，协同研制双方均可以实现各自风险控制收益与里程碑事件风险水平优化程度的有效配置。契约曲线连接的多个有效配置点 A 为有可能实现均衡的点。同时，主制造商需要从这些均衡点中确定最优均衡点，实现自身利益的最大化。即对主制造商而言，存在这样一个 A^*，可以使得主制造商实现协同研制风险控制的收益最大化。若在配置点 $A_k \in l_i$ 处，主制造商的合作收益为 $P_M(A_k)$，主制造商需要确定最优的"风险水平优化程度-收益"配置点 A^*，使得 $P_M(A^*) \geqslant P_M(A_k), A_k \in l_i$。因此为了保障双方协同研制的风险控制能够在最优配置点处实现，主制造商需要设计一系列激励策略，引导战略供应商在寻求自身利益最大化的同时，主动地投入更多的资源来实现风险水平的优化，以达到风险水平的最优控制。

6.2　基于里程碑事件的复杂装备主制造商–供应商协同研制风险控制优化建模

6.2.1　基于里程碑事件的风险控制优化模型构建

1. 风险控制优化模型的假设与描述

1）模型相关假设

在复杂装备协同研制的过程中，主制造商根据研制的总体方案，将一定的研制任务委托给战略供应商，并对其研制活动的风险水平有一定的要求。在战略供应商的风险水平偏离最优风险水平的情况下，需要对其进行一定程度的风险控制优化。本章做出如下假设。

假设 6.1　协同研制过程中存在一个主制造商 M 和一个战略供应商 S，主制造商负责对产品进行设计、总装、营销、售后服务以及部分零部件的生产等，其利用自身的信息优势和主导地位对整个研制过程进行有效的计划和协调；战略供应商按照主制造商的要求进行研制、提供零部件和相关服务。

假设 6.2　主制造商负责复杂装备最终的销售，因此，其投入是研制活动最终利益函数的关键变量，其他外生因素对利益的影响以随机变量的形式呈现。本节假定主制造商的自身投入是某一固定值。

假设 6.3　风险水平的优化需要战略供应商额外的资源投入，且风险控制水平越低，额外的资源投入就越高，因此，主制造商对供应商的风险控制给予一定的激励措施，如对其成本承担一定的比例，同时假设主制造商和供应商的风险偏好都是中性的。

2）模型相关参数

r：代表战略供应商的风险水平，若 $0 < r < 0.3$，则为低风险状态；若 $0.3 < r < 0.6$，则为中风险状态；若 $0.6 < r < 1$，则为高风险状态。且协同研制活动的成功率与风险水平满足：$p = 1 - r$。

$x(r)$，y：分别为战略供应商初始风险控制投入和主制造商在供应商研制活动成功的基础上进行的资源投入，其中 y 影响最终研制活动的利益，我们根据柯布-道格拉斯生产函数反映复杂装备协同研制成果输出，假设：$M(y) = k \times y^{\varepsilon} + \Delta$，其中，$k$ 为收益系数，ε 为收益弹性，假设 $\varepsilon < 1$，Δ 是其他对利益产生影响的外生因素。

x_S：表示战略供应商风险水平最优控制的额外资源投入。

t：表示主制造商对战略供应商风险控制优化投入资源所承担的比例系数，主制造商的激励程度（即承担金额）与战略供应商的投入成正比关系，即承担金额 $= t \times x_S$。

β_i：代表风险敏感系数，$\dfrac{1}{\beta_i}$ 为风险敏感度，通常情况下，战略供应商的资源投入越多，风险水平越低，创新成功率就越高，同时，战略供应商资源投入的边际成本递增。因此，假设风险控制的初始投入、额外投入与风险水平间满足如下关系：$(1 + t) \times x_S - x = \beta_i \times (r_i - r_i')^2$。

p_M，p_S：分别代表主制造商和战略供应商最终利益的分配比例，且满足 $p_M + p_S = 1$。

$\pi_M(r)$，$\pi_S(r)$：分别表示主制造商和战略供应商风险控制优化前的期望收益函数。

$\pi_M'(r)$，$\pi_S'(r)$：分别表示主制造商和战略供应商风险控制优化后的期望收益函数。

2. 基于里程碑事件的协同研制风险传递分析

根据前面的分析可知，复杂装备主制造商-战略供应商协同研制的活动由若干个里程碑事件构成，在每个里程碑事件下又存在着多个子事件，值得注意的是，某个里程碑事件的子事件构成的总风险同样是该里程碑事件的风险。每个里程碑事件以递进关系进行风险传递，因此，下一个里程碑事件风险在上一个里程碑事件实现的基础上，由上一个里程碑事件的风险、该里程碑事件的初始风险以及风险优化程度所决定。而多个子事件构成了相应的里程碑事件，这些多个子事件之间存在着递进关系、互补关系以及并进关系，在递进关系下，子事件的风险传递类似于里程碑事件的风险传递；在互补关系下，由于只要其中一个或多个子活动完成就能触发下一个里程碑事件，因此，完成的子事件风险构成了该里程碑事件风险，并以递进关系传递至下一里程碑事件；在并进关系下，多个子活动协同完成才能促使下一个里程碑事件的进行，因此，多个了活动的风险累积构成了该里程碑事件的风险，并以递进关系传递至下一个里程碑事件。为了方便定量化研究，现对模型参数做如下分析。

$r(t)$，p_t：分别代表第 t 个里程碑事件的最终风险水平以及第 t 个里程碑事件实现的概率，其中 $t=1,2,\cdots,N$。

r_i^t：代表第 t 个里程碑事件中子事件 i 的最终风险水平，其中 $t=1,2,\cdots,N$；$i=1,2,\cdots,n$。

K，$p_{t+1/t}$：分别代表里程碑事件的风险传递系数以及在第 t 个里程碑事件实现的基础上第 $t+1$ 个里程碑事件实现的概率。

K_t，$p'_{i+1/i}$：分别代表第 t 个里程碑事件中子事件的风险传递系数以及在第 i 个子活动实现的基础上第 $i+1$ 个子事件实现的概率。

$\Delta r_i(t)$，$s_i(t)$：分别代表第 t 个里程碑事件中子事件 i 风险控制的优化程度以及子事件 i 的初始风险水平。

$\Delta r(t)$，$s(t)$：分别代表第 t 个里程碑事件风险控制的优化程度以及第 t 个里程碑事件的初始风险水平。

$x(t)$，$x_S(t)$：分别代表第 t 个里程碑事件战略供应商风险控制的初始投入以及风险控制优化的资源投入。

$x_S^i(t)$，$p_i(t)$：分别代表第 t 个里程碑事件子事件 i 风险控制优化的资源投入以及该子活动实现的概率。

根据上述分析，我们可以得到，在递进关系下，多个子事件的风险传递具体表示如下：

$$r_{i+1}^t = \prod_{i=1}^{n} p'_{i+1/i} \left[K_t r_i^t p_i(t) - a\Delta r_i(t) + bs_i(t) \right], \quad a,b \text{均为风险水平系数} \quad (6.5)$$

在互补关系下，多个子事件的以如下的方式构成了某个里程碑事件的风险：

$$r_t = \min_{i=1}^{n} \{r_i^t\} \left[1 - \prod_{i=1}^{n} (1 - p_i(t)) \right] \quad (6.6)$$

在并进关系下，多个子事件的风险构成的某个里程碑事件的风险可表示如下：

$$r_t = \sum_{i=1}^{n} r_i^t p_i(t) \quad (6.7)$$

各里程碑事件之间由于存在着递进关系，因此，各里程碑事件的风险传递可表示如下：

$$r(t+1)=p_1\prod_{t=1}^{N}p'_{i+1/i}\left[Kr(t)-c\Delta r(t)+ds(t)\right], \quad c,d均为风险水平系数 \quad (6.8)$$

3. 风险控制优化的模型设计

在上述风险传递分析的基础上，现对协同研制过程中各里程碑事件的风险控制优化构建以下模型。

在复杂装备协同研制过程中，主制造商与战略供应商通过合作研制推进复杂装备的升级换代，这也使得战略供应商资源投入的变化会对其风险控制的优化程度产生一定的影响，从而对双方的收益产生影响，本节将这种影响在函数中的反映表述为主制造商和战略供应商的收益受到战略供应商的资源投入和风险水平的影响。在利益实现的基础上，主制造商和战略供应商按照一定的分配比例共享创新成果，则主制造商和战略供应商风险控制优化的期望收益函数分别为

$$\pi'_M(r)=(1-r)\times\left[p_M\times M(y)-y\right]-t\times x_i \quad (6.9)$$

$$\pi'_S(r)=(1-r)\times p_S\times M(y)-x-x_s \quad (6.10)$$

由式（6.9）和式（6.10）可知，风险造成的主制造商和战略供应商的损失和为

$$J_L=r(t)\times\left[M(y)-y\right] \quad (6.11)$$

根据风险控制与成本的函数关系可知由风险控制带来的成本增量为

$$J_C=\beta\Delta r^2(t)+x \quad (6.12)$$

则总的损失代价为

$$J_N=J_L+J_C=\sum_{t=1}^{N}r(t)\times\left[M(y)-y\right]+\beta\Delta r^2(t)+x \quad (6.13)$$

将式（6.8）代入（6.13）可得到如下表达式：

$$\begin{aligned} J_N &= \sum_{t=0}^{N-1}r(r+1)\times\left[M(y)-y\right]+\beta\Delta r^2(t)+x \\ &= \left\{\sum_{t=0}^{N-1}p_1\prod_{t=1}^{N}p_{t+1/t}\left[Kr(t)-c\Delta r(t)+ds(t)\right]\left[M(y)-y\right]+\beta\Delta r^2(t)+x\right\} \end{aligned} \quad (6.14)$$

考虑研制活动初始的风险为 0，结合式（6.8）和式（6.14）可得到该研制活动风险控制优化系统的状态方程和初始条件如下：

$$\begin{cases} r(r+1)=p_1\prod_{t=1}^{N}p_{t+1/t}\left[Kr(t)-c\Delta r(t)+ds(t)\right] \\ r(0)=0 \end{cases} \quad (6.15)$$

由此可知，整个研制活动的风险控制优化过程实质是在上述状态方程的基础上，求解式（6.15），得到取最小值的 $\Delta r(t)=r(t)-r$，根据 t 的一系列取值可得到每个里程碑事件的 Δr，由此可得到每个里程碑事件的风险优化程度以及主制造商和战略供应商的风险控制投入。

6.2.2 基于里程碑事件的风险控制优化模型求解

根据经济控制论的思想，考虑到状态方程关于状态和风险优化程度都是线性的，而目标函数属于 $\Delta r(t)$ 的二次型问题，因此，该问题的求解属于线性二次型（linear-quadratic）问题，简称 LQ 问题。

1. LQ 问题的基本求解思路

给出如下线性系统：

$$\begin{cases} r(r+1)=A(t)r(t)+B(t)\Delta r(t)+w(t), \quad t=0,1,\cdots,N \\ r(0)=r^0=0 \end{cases} \quad (6.16)$$

其中，$r(t)$ 为状态向量；$\Delta r(t)$ 为控制向量；$w(t)$ 为已知向量；$A(t)$、$B(t)$ 分别为 $n\times n$、$n\times m$ 的已知矩阵；N 为给定的正整数。

目标函数为 $r(t)$、$\Delta r(t)$ 的标准二次型为

$$\begin{aligned} J_N &= r^{\mathrm{T}}(N)Fr(N)+h^{\mathrm{T}}r(N)+g+\sum_{t=0}^{N-1}\Big[r^{\mathrm{T}}(t)Q(t)r(t)+r^{\mathrm{T}}(t)S(t)\Delta r(t) \\ &\quad +\Delta r^{\mathrm{T}}(t)R(t)\Delta r(t)+d^{\mathrm{T}}(t)r(t)+e^{\mathrm{T}}(t)\Delta r^{\mathrm{T}}(t)+f(t)\Big] \end{aligned} \quad (6.17)$$

其中，F、$Q(t)$ 为 $n\times n$ 的半正定矩阵；$R(t)$ 为 $m\times m$ 的正定矩阵；$S(t)$ 为 $n\times m$ 的已知矩阵；h、$d(t)$ 为 n 维列向量；$e(t)$ 为 m 维列向量；g、$f(t)$ 为已知标量。

在给定的上述系统（6.16）和目标函数（6.17）下，该协同研制过程中各里程碑事件的风险控制优化程度为

$$\Delta r^*(t)=-\big[K(t)r(t)+v(t)\big] \quad (6.18)$$

目标函数的最小值为

$$J_{\min} = r^{\mathrm{T}}(0)p(0)r(0)+Q^{\mathrm{T}}(0)r(0)+l(0) \quad (6.19)$$

其中，$K(t)$、$v(t)$、$p(t)$、$Q(t)$、$l(t)$ 的求解如下：

$$
\begin{cases}
K(t) = \tilde{R}^{-1}(t)\left[\dfrac{1}{2}S^{\mathrm{T}}(t) + B^{\mathrm{T}}(t)p(t+1)A(t)\right] \\[2mm]
v(t) = \tilde{R}^{-1}(t)\left[\dfrac{1}{2}e^{\mathrm{T}}(t) + \dfrac{1}{2}B^{\mathrm{T}}(t)Q(t+1) + B^{\mathrm{T}}(t)p(t+1)w(t)\right] \\[2mm]
p(t) = R(t) + B^{\mathrm{T}}(t)p(t+1)B(t)
\end{cases}
\tag{6.20}
$$

$$
\begin{cases}
p(t) = Q(t) + A^{\mathrm{T}}(t)p(t+1)A(t) - K^{\mathrm{T}}(t)\tilde{R}(t)K(t) \\[2mm]
p(N) = F
\end{cases}
\tag{6.21}
$$

$$
\begin{cases}
Q(t) = d(t) + A^{\mathrm{T}}(t)Q(t+1) + 2A^{\mathrm{T}}(t)p(t+1)w(t) - 2K^{\mathrm{T}}(t)\tilde{R}(t)v(t) \\[2mm]
Q(N) = h
\end{cases}
\tag{6.22}
$$

$$
\begin{cases}
l(t) = l(t+1) + f(t) + w^{\mathrm{T}}(t)p(t+1)w(t) + w^{\mathrm{T}}(t)Q(t+1) - v^{\mathrm{T}}(t)\tilde{R}(t)v(t) \\[2mm]
l(N) = g
\end{cases}
\tag{6.23}
$$

$$t = 1, 2, \cdots, N-1$$

2. 基于里程碑事件的风险控制优化模型求解过程

将式（6.14）展开为如下表达式：

$$
J_N = x(t) + \sum_{t=0}^{N-1}
\begin{cases}
\beta\Delta r^2(t) + p_1\prod_{t=1}^{N}p_{t+1/t}\big[M(y) - y\big]Kr(t) \\[3mm]
-cp_1\prod_{t=1}^{N}p_{t+1/t}\big[M(y) - y\big]\Delta r + dp_1\prod_{t=1}^{N}p_{t+1/t}\big[M(y) - y\big]s(t)
\end{cases}
\tag{6.24}
$$

在复杂装备战略协同研制过程初始，首个活动的上一个里程碑事件以风险水平为 0 的状态传递至该里程碑事件，即 $r(0) = 0$，通常，主制造商规定研制过程中最终里程碑事件的风险水平上限，即 $r(N) \leqslant r'$。因此，根据式（6.8）可知：

$$
\Delta r(N-1) = \frac{p_1\prod_{t=1}^{N}p_{t+1/t}\big[Kr(N-1) + ds(N-1)\big] - r'}{cp_1\prod_{t=1}^{N}p_{t+1/t}}
\tag{6.25}
$$

$$
r(N) = p_1\prod_{t=1}^{N}p_{t+1/t}\big[Kr(N-1) - c\Delta r(N-1) + ds(N-1)\big]
$$

将式（6.25）代入式（6.24）得

$$J_N = x + \beta\Delta r^2(N-1) + p_1\prod_{t=1}^{N}p_{t+1/t}\big[M(y)-y\big]Kr(N-1) - p_1\prod_{t=1}^{N}p_{t+1/t}\big[M(y)-y\big]\Delta r(N-1)$$

$$+ p_1\prod_{t=1}^{N}p_{t+1/t}\big[M(y)-y\big]s(N-1) + \sum_{t=0}^{N-2}\Big\{\beta\Delta r^2(t) + p_1\prod_{t=1}^{N}p_{t+1/t}\big[M(y)-y\big]Kr(t)$$

$$- cp_1\prod_{t=1}^{N}p_{t+1/t}\big[M(y)-y\big]\Delta r(t) + dp_1\prod_{t=1}^{N}p_{t+1/t}\big[M(y)-y\big]s(t)\Big\}$$

$$= \Big(p_1\prod_{t=1}^{N}p_{t+1/t}\Big)^2 K^2r^2(N-1) + \Big[2\Big(p_1\prod_{t=1}^{N}p_{t+1/t}\Big)^2 Kds(N-1) - 2p_1\prod_{t=1}^{N}p_{t+1/t}r'K\Big]r(N-1)$$

$$+ \Big(p_1\prod_{t=1}^{N}p_{t+1/t}\Big)^2 d^2s^2(N-1) - 2p_1\prod_{t=1}^{N}p_{t+1/t}r'ds(N-1) + (r')^2 + x + \sum_{t=0}^{N-2}\Big\{\beta\Delta r^2(t)$$

$$+ p_1\prod_{t=1}^{N}p_{t+1/t}\big[M(y)-y\big]Kr(t) - cp_1\prod_{t=1}^{N}p_{t+1/t}\big[M(y)-y\big]\Delta r(t) + dp_1\prod_{t=1}^{N}p_{t+1/t}\big[M(y)-y\big]s(t)\Big\}$$

$$（6.26）$$

根据上述表达式可知： $F = \Big(p_1\prod_{t=1}^{N}p_{t+1/t}\Big)^2 K^2$， $h = \Big[2\Big(p_1\prod_{t=1}^{N}p_{t+1/t}\Big)^2 Kds\times$

$(N-1) - 2p_1\prod_{t=1}^{N}p_{t+1/t}r'K\Big]$， $g = \Big(p_1\prod_{t=1}^{N}p_{t+1/t}\Big)^2 d^2s^2(N-1) - 2p_1\prod_{t=1}^{N}p_{t+1/t}r'ds\times(N-1)$

$+ (r')^2 + x$， $Q(t) = 0$， $S(t) = 0$， $R(t) = \beta$， $d(t) = p_1\prod_{t=1}^{N}p_{t+1/t}\big[M(y)-y\big]Kr(t)$，

$e(t) = -cp_1\prod_{t=1}^{N}p_{t+1/t}\big[M(y)-y\big]$， $f(t) = dp_1\prod_{t=1}^{N}p_{t+1/t}\big[M(y)-y\big]s(t)$。

由式（6.16）可知：

$$A(t) = Kp_1\prod_{t=1}^{N}p_{t+1/t}，\quad B(t) = -cp_1\prod_{t=1}^{N}p_{t+1/t}，\quad w(t) = dp_1\prod_{t=1}^{N}p_{t+1/t}s(t)$$

将该一系列表达式代入式（6.20）~式（6.23）可得到如下表达式：

$$K(t) = \frac{-cK\Big(p_1\prod_{t=1}^{N}p_{t+1/t}\Big)^2 p(t+1)}{\beta + c^2\Big(p_1\prod_{t=1}^{N}p_{t+1/t}\Big)^2 p(t+1)} \qquad （6.27）$$

$$v(t) = \frac{-cp_1\prod_{t=1}^{N}p_{t+1/t}\big[M(y)-y\big] - cp_1\prod_{t=1}^{N}p_{t+1/t}Q(t+1) - 2c\Big(p_1\prod_{t=1}^{N}p_{t+1/t}\Big)^2 ds(t)p(t+1)}{2\Big[\beta + \Big(p_1\prod_{t=1}^{N}p_{t+1/t}\Big)^2 p(t+1)\Big]}$$

$$（6.28）$$

$$\begin{cases} p(t)=\dfrac{\beta K^2\left(p_1\prod\limits_{t=1}^{N}p_{t+1/t}\right)^2 p(t+1)}{\beta+\left(cp_1\prod\limits_{t=1}^{N}p_{t+1/t}\right)^2 p(t+1)} \\[4mm] p(N)=\left(p_1\prod\limits_{t=1}^{N}p_{t+1/t}\right)^2 K^2 \end{cases} \tag{6.29}$$

$$Q(t)=Kp_1\prod_{t=1}^{N}p_{t+1/t}\big[M(y)-y\big]+Kp_1\prod_{t=1}^{N}p_{t+1/t}Q(t+1)$$

$$+2dK\left(p_1\prod_{t=1}^{N}p_{t+1/t}\right)^2 s(t)p(t+1)+cK\left(p_1\prod_{t=1}^{N}p_{t+1/t}\right)^2\times p(t+1)$$

$$+\dfrac{-cp_1\prod\limits_{t=1}^{N}p_{t+1/t}\big[M(y)-y\big]-cp_1\prod\limits_{t=1}^{N}p_{t+1/t}Q(t+1)-2cd\left(p_1\prod\limits_{t=1}^{N}p_{t+1/t}\right)^2 s(t)p(t+1)}{\beta+\left(p_1\prod\limits_{t=1}^{N}p_{t+1/t}\right)^2 p(t+1)}$$

$$\tag{6.30}$$

$$Q(N)=2\left(p_1\prod_{t=1}^{N}p_{t+1/t}\right)^2 Kds(N-1)-2p_1\prod_{t=1}^{N}p_{t+1/t}r'K$$

$$l(t)=l(t+1)+dp_1\prod_{t=1}^{N}p_{t+1/t}\big[M(y)-y\big]s(t)$$

$$+\left(p_1\prod_{t=1}^{N}p_{t+1/t}\right)^2 s^2(t)p(t+1)+dp_1\prod_{t=1}^{N}p_{t+1/t}s(t)Q(t+1)$$

$$-\dfrac{\left[-cp_1\prod\limits_{t=1}^{N}p_{t+1/t}\big[M(y)-y\big]-cp_1\prod\limits_{t=1}^{N}p_{t+1/t}Q(t+1)-2cd\left(p_1\prod\limits_{t=1}^{N}p_{t+1/t}\right)^2 s(t)p(t+1)\right]^2}{4\left[\beta+\left(p_1\prod\limits_{t=1}^{N}p_{t+1/t}\right)^2 p(t+1)\right]}$$

$$\tag{6.31}$$

$$l(N)=\left(p_1\prod_{t=1}^{N}p_{t+1/t}\right)^2 d^2 s^2(N-1)-2p_1\prod_{t=1}^{N}p_{t+1/t}r'ds(N-1)+(r')^2+x$$

通过上述求解，将式（6.27）、式（6.31）代入式（6.18）、式（6.19）即可得到 $\Delta r^*(t)$ 以及 $J_{\min}$。

6.2.3 算例研究

针对某型号飞机，主制造商和战略供应商协同研制零部件，考虑该研制过程有若干个里程碑事件，由于复杂装备协同研制过程的周期较长，协同研制里程碑事件多而复杂，因此，选取前 4 个里程碑事件进行数据的计算和分析，即取 $N=4$。在研制活动初始状态，首个里程碑事件的 $r(0)=0$，根据主制造商的计划要求，第四个里程碑事件末的风险水平需要控制在 0.3 以内，即 $r(4) \leqslant r'=0.4$。在协同研制过程中，通过对战略供应商各里程碑事件的风险指数的检测，得到风险传递系数 $K=0.8$，以及前四个里程碑事件以及子事件的相关参数取值，如表 6.1 所示，在该协同研制过程中，前四个里程碑事件以及子事件的关系如图 6.3 所示。

表 6.1　某型号飞机各里程碑事件及子事件的参数取值

里程碑事件			子事件		
$s(0)=0.28$	$x(0)=0.17$	$p_0=0.83$	$s_1(0)=0.23$	$x_1(0)=0.09$	$p_1(0)=0.82$
			$s_2(0)=0.21$	$x_2(0)=0.08$	$p_2(0)=0.79$
$s(1)=0.35$	$x(1)=0.16$	$p_{1/0}=0.98$	$s_1(1)=0.22$	$x_1(1)=0.08$	$p_1(1)=0.84$
			$s_2(1)=0.24$	$x_2(1)=0.096$	$p_2(1)=0.89$
$s(2)=0.4$	$x(2)=0.12$	$p_{2/1}=0.93$	—	—	—
$s(3)=0.2$	$x(3)=0.2$	$p_{3/2}=0.97$	—	—	—

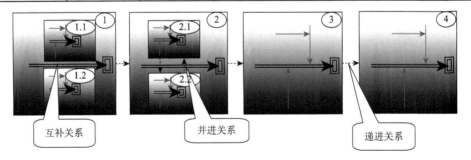

图 6.3　某型号飞机协同研制阶段的风险传递

将数据代入式（6.24），目标函数为

$$J_4 = x(t) + \sum_{t=0}^{3}\left[3\Delta r^2(t) + 2.205r(t) - 2.756\Delta r(t) + 2.756s(t)\right] \quad (6.32)$$

将数据代入式（6.25）得到

$$\Delta r(3) = \frac{0.584r(3) - 0.193}{0.73} = 0.8r(3) - 0.264 \quad (6.33)$$

将式（6.33）代入式（6.26）得到

$$J_4 = 0.2 + 3\Delta r^2(3) + 2.205r(3) - 2.756\Delta r(3) + 2.756s(3)$$

$$+ \sum_{t=0}^{2}\left[3\Delta r^2(t) + 2.205r(t) - 2.756\Delta r(t) + 2.756s(t)\right]$$

$$= 1.92r^2(3) + 1.192 + x(t) + \sum_{t=0}^{2}\left[3\Delta r^2(t) + 2.205r(t) - 2.756\Delta r(t) + 2.756s(t)\right]$$

$$(6.34)$$

根据式（6.27）~式（6.31）并结合上述数据得到

$$\begin{cases} p(2) = 0.488 \\ K(2) = -0.203 \\ Q(2) = 2.133 \\ v(2) = -0.044 \\ l(2) = 2.436 \end{cases} \quad \begin{cases} p(1) = 0.124 \\ K(1) = -0.052 \\ Q(1) = 3.309 \\ v(1) = -0.089 \\ l(1) = 2.428 \end{cases} \quad \begin{cases} p(0) = 0.041 \\ K(0) = -0.017 \\ Q(0) = 4.077 \\ v(0) = -0.049 \\ l(0) = 1.666 \end{cases}$$

由式（6.19）可知：

$$J_{\min} = r^{\mathrm{T}}(0)p(0)r(0) + Q^{\mathrm{T}}(0)r(0) + l(0)$$

$$J_{\min} = 1.666$$

由式（6.8）可知：

$$r(t+1) = p_1 \prod_{t=1}^{N} p_{t+1/t}\left[Kr(t) - c\Delta r(t) + ds(t)\right] \quad (6.35)$$

由式（6.18）得

$$\Delta r^*(0) = -\left[K(0)r(0) + v(0)\right] = 0.049$$

由式（6.35）得

$$r(1) = 0.169$$

同理可得

$$\Delta r^*(1) = -\left[K(1)r(1) + v(1)\right] = 0.098$$

$$r(2) = 0.318$$

$$\Delta r^*(2) = -\left[K(2)r(2) + v(2)\right] = 0.109 \quad (6.36)$$

$$r(2) = 0.362$$

将式（6.36）代入式（6.33）得到

$$\Delta r^*(3) = 0.8r(3) - 0.264 = 0.0552$$

各里程碑事件风险控制优化结果如表6.2所示。

表6.2 各里程碑事件风险控制优化结果

各里程碑事件	风险优化程度	最优风险水平
里程碑事件1	0.049	0.169
里程碑事件2	0.098	0.318
里程碑事件3	0.109	0.362
里程碑事件4	0.0552	0.399

6.3 基于里程碑事件的复杂装备主制造商–供应商协同研制风险控制优化激励

6.3.1 风险控制优化激励模型构建

在通常情况下，主制造商无法观测到战略供应商的实际风险控制投入 x 和风险优化的具体情况，因此，为了提高战略供应商风险优化的积极性、努力降低风险水平，可以采取多种激励措施，如本章所研究的承担战略供应商风险控制优化成本的激励措施。具体的激励措施如下：当战略供应商额外投入资源 x_s 时，主制造商将会额外承担 t 比例的风险控制成本，即投入 $t \times x_s$ 的资源。通常情况下战略供应商投入资源越多，风险水平就越低，创新成功率就越高，利益实现的概率将会越大，在主制造商激励的情况下，若战略供应商的风险水平无法控制在最优水平，将对其进行一定的惩罚，惩罚额度大于由于战略供应商减少资源投入而获得的额外利润，在利益实现的基础上，主制造商和战略供应商按照一定的分配比例共享创新成果，则主制造商和战略供应商风险控制的期望收益函数分别如下。

风险控制优化前：

$$\pi_M(r) = (1-r) \times \left[p_M \times M(y) - y \right] - y \tag{6.37}$$

$$\pi_S(r) = (1-r) \times p_S \times M(y) - x \tag{6.38}$$

风险控制优化后：

$$\pi'_M(r) = (1-r) \times \left[p_M \times M(y) - y \right] - t \times x_i \tag{6.39}$$

$$\pi'_S(r) = (1-r) \times p_S \times M(y) - x - x_s \tag{6.40}$$

为了建立并维持双方的合作关系，需要考虑以下约束。

1. 参与约束

在参与约束的作用下，可以确保主制造商和战略供应商之间建立稳定的合作关系，其具体意义是指结合战略供应商的能力和声誉情况，确保其参与协同研制的利润不低于在市场中的机会收益。若战略供应商的机会收益为 $\overline{\pi_S}$，则风险控制优化模型的参与约束可以表示为：$\pi'_S(r) \geqslant \overline{\pi_S}$。

2. 激励相容约束

激励相容约束表现为战略供应商在协同研制过程中根据自身利益最大化选择行动。因此，其将根据最大化利益 $\pi'_S(r^*)$ 来实现各里程碑事件的风险优化。由此，战略供应商的激励相容约束可如下表示：$\pi'_S(r^*) \geqslant \pi_S(r), \forall r$。

因此，复杂装备主制造商与战略供应商协同研制风险控制优化的激励模型可表示如下：

$$\max \pi'_M(r)$$
$$\text{s.t.} \begin{cases} \pi'_S(r) \geqslant \overline{\pi_S} \\ \pi'_S(r^*) \geqslant \pi_S(r) \end{cases} \quad (6.41)$$

主制造商通过激励的手段使战略供应商实现主制造商希望的风险优化程度，将里程碑事件的风险控制在最优水平 r^*，此时，主制造商的最优收益为 $\pi'_M(r^*)$，该模型的均衡解为 r^*、$x_S(r^*)$ 和 $t(r^*)$。

6.3.2　风险控制优化激励均衡分析

在复杂装备协同研制过程中，各主体间的交易是通过相互的利益来维持的，任何一个主体不可能进行永远没有利益的交易，在一种长期、稳定的交易关系系统中，各博弈主体间有着一种稳定、均衡的利益博弈关系。主制造商根据自身利益最大化选择适当的风险控制投入承担比例，当主制造商对战略供应商的风险控制投入承担一定比例时，战略供应商会选择最优的投入以最大化自己的利益，此时战略供应商之间相互博弈，最终可实现博弈均衡。

定理 6.1　在复杂装备战略供应商协同研制过程中，无论风险敏感系数 β_i 为何值，主制造商承担的最优风险控制优化投入比例系数为

$$t^* = \frac{p_M \times M(y) - y}{p_S \times M(y)} - 1 \quad (6.42)$$

证明　主制造商根据式（6.39）确定承担的最优比例系数 t 以最大化自身

利益，则

$$\frac{\partial \pi'_M(r)}{\partial y} = 0$$

$$\frac{\partial \pi'_M(r)}{\partial t} = \frac{1}{2} \times \frac{[p_M \times M(y) - y] \times x_S}{\sqrt{\beta_i[(1+t) \times x_S - x]}} - x_S = 0 \qquad (6.43)$$

由式（6.43）可得

$$t^* = \frac{[p_M \times M(y) - y]^2}{4 \times \beta_i \times x_S} + \frac{x}{x_S} - 1 \qquad (6.44)$$

战略供应商根据主制造商确定的 t^* 选择 x_S 以最大化自身利益，则 $\partial \pi'_S / \partial x_S = 0$：

$$\frac{\partial \pi'_S}{\partial x_S} = \frac{1}{2} \times \frac{1+t}{\sqrt{\beta_i[(1+t) \times x_S - x]}} \times p_S \times M(y) - 1 = 0 \qquad (6.45)$$

由式（6.45）可得

$$x_S^* = \frac{(1+t) \times p_S^2 \times M(y)^2}{4 \times \beta_i} + \frac{x}{1+t} \qquad (6.46)$$

将式（6.46）代入式（6.44）可得

$$t^* = \frac{[p_M \times M(y) - y]^2 (1+t^*) + 4\beta_i xy - (1+t^*)^2 p_S^2 M(y)^2}{(1+t^*)^2 p_S^2 \times M(y)^2 + 4x\beta_i}$$

化简上式得到

$$t^* = \frac{p_M M(y) - y}{p_S M(y)} - 1 \qquad (6.47)$$

证毕。

定理 6.2 在复杂装备战略供应商协同研制过程中，战略供应商的风险控制优化投入与风险敏感系数 β_i 成反比，战略供应商的风险控制优化投入与分配比例 p_S 成正比。

证明 将式（6.47）代入式（6.46）可得

$$x_S^* = \frac{[p_M \times M(y) - y] \times p_S \times M(y)}{4 \times \beta_i} + \frac{p_S \times M(y) \times x}{p_M \times M(y) - y} \qquad (6.48)$$

将式（6.48）分别关于 β_i 和 p_S 求偏导得到

$$\begin{cases} \dfrac{\partial x_S^*}{\partial \beta_i} = -\beta_i^{-2} \dfrac{[p_M \times M(y) - y] \times p_S \times M(y)}{4} < 0 \\ \dfrac{\partial x_S^*}{\partial p_S} = \dfrac{[p_M \times M(y) - y] M(y)}{4\beta_i} + \dfrac{M(y) \times x}{p_M \times M(y) - y} > 0 \end{cases}$$

证毕。

在风险敏感系数较大（即风险敏感度较低）的情况下，较少的投入并不能使风险水平产生明显的优化效果，而过多的投入又会造成供应商的成本投入增加，因此，在同等投入情况下，战略供应商会更加倾向于将资源投入到风险敏感度较大的风险因素中，以期实现风险水平最大程度的优化。

定理 6.3 复杂装备战略供应商协同研制过程中，在主制造商给予最优的激励程度和战略供应商实施最优资源投入的情况下，战略供应商的最终利润分配比例一定时，战略供应商风险控制优化程度与风险敏感度成正比，即风险敏感度越大，战略供应商风险控制水平也就越高。

证明 由风险和投入之间满足的函数关系 $(1+t) \times x_S - x = \beta_i \times (r_i - r_i')^2$ 可知：

$$r_i' = r_i - \sqrt{\frac{(1+t) \times x_S - x}{\beta_i}} \tag{6.49}$$

将式（6.47）、式（6.48）代入式（6.49）可得

$$r_i' = r_i - \sqrt{\frac{\dfrac{p_M \times M(y) - y}{p_S \times M(y)} \times \left\{ \dfrac{[p_M \times M(y) - y] p_S M(y)}{4\beta_i} + \dfrac{p_S \times M(y) \times x}{p_M \times M(y) - y} \right\} - x}{\beta_i}}$$

化简上式得到

$$r_i' = r_i - \frac{p_M \times M(y) - y}{2\beta_i} \tag{6.50}$$

证毕。

定理 6.4 在复杂装备战略供应商协同研制过程中，主制造商的激励程度对战略供应商的风险控制优化效果起决定作用，主制造商的激励程度越大，战略供应商风险控制优化效果就越好，即风险水平就越低，主制造商承担的投入比例激励程度越小，战略供应商风险控制优化效果就越差，即风险水平也就越高。

证明 由式（6.47）可知：在其他变量一定的情况下，主制造商对风险控制投入成本的分摊比例系数 t^* 越大，主制造商获得的最终利益分配比例 p_M 就越大，结合式（6.50）可知，p_M 越大，风险控制水平 r_i' 就越低，即风险控制优化效果越差，反之，则亦然。

证毕。

6.4 算 例 研 究

6.4.1 数值分析

根据 6.2.3 节中的算例分析，可求解到各里程碑事件的风险优化程度，在此算例的基础上，结合 6.3 节中的风险控制优化激励模型，可继续求解得到各子事件的风险优化程度，以及各里程碑事件和子事件的风险控制优化激励程度、资源投入（单位为千万元）等，因此，仍沿用 6.2.3 节算例的相关数据。此外，据相关数据统计，得到风险控制优化激励模型的参数取值，如表 6.3 所示。

表 6.3 风险控制优化激励模型的参数取值

参数	k	ε	Δ	$\overline{\pi_s}$	$x(r)$	r	y	p_s	β_i
取值	4	0.4	0.6	0.3	0.2	0.6	1.4	0.3	3

根据 6.3.1 节中关于激励模型的分析可知：$(1+t) \times x_s(t) - x(t) = \beta_i \times \Delta r(t)^2$，由此可以得到各里程碑事件的额外风险控制优化投入：

$$x_s = \frac{\beta_i \times \Delta r^2 + x}{1+t} \qquad (6.51)$$

根据 6.3.1 节中关于风险控制优化激励模型的均衡分析，将表 6.3 中的数据代入式（6.47）得

$$t^* = 0.43$$

将上述 $\Delta r^*(t)$ 代入式（6.51），可得到在各里程碑事件中，战略供应商风险控制优化的资源投入以及主制造商的激励程度，如表 6.4 所示。

表 6.4 各里程碑事件风险控制优化的资源投入情况

各里程碑事件	战略供应商的资源投入	主制造商的激励程度	总的资源投入
里程碑事件 1	0.124	0.053	0.177
里程碑事件 2	0.132	0.057	0.189
里程碑事件 3	0.109	0.047	0.156
里程碑事件 4	0.141	0.061	0.202

由图 6.3 可知，里程碑事件 1 由两个互补的子事件构成，由式（6.6）可知：

$$r_t = \min_{i=1}^{2} \left\{ r_i^1, r_i^2 \right\} \left[1 - \prod_{i=1}^{2} \left(1 - p_i^1\right) \right] \qquad (6.52)$$

根据表 6.2 可知,里程碑事件 1 的最优风险水平为 0.169,将该数据代入式（6.52），并结合激励模型的均衡分析，求解得到在里程碑事件 1 中，各子事件的风险控制优化程度、最优风险水平以及风险优化的资源投入情况，如表 6.5 所示。

表 6.5　子事件 1.1 和 1.2 的风险控制优化结果及资源投入情况

各里程碑事件	风险控制优化程度	最优风险水平	战略供应商的资源投入	主制造商的激励程度	总的资源投入
子事件 1.1	0.038	0.192	0.066	0.028	0.094
子事件 1.2	0.034	0.176	0.058	0.025	0.083

里程碑事件 2 由两个并进的子事件构成，由式（6.7）可知：

$$r(2) = r_1^2 p_1(2) + r_2^2 p_2(2) \qquad (6.53)$$

根据表 6.2 可知，里程碑事件 2 的最优风险水平为 0.318，由表 6.4 可知战略供应商对于里程碑事件 2 的风险控制优化的资源投入量为 0.132，将上述数据代入式（6.53）并结合激励模型的均衡分析求解，可得到在里程碑事件 2 中，各子事件的风险控制优化程度、最优风险水平以及风险优化的资源投入情况，如表 6.6 所示。

表 6.6　子事件 2.1 和 2.2 的风险控制优化结果及资源投入情况

各里程碑事件	风险控制优化程度	最优风险水平	战略供应商的资源投入	主制造商的激励程度	总的资源投入
子事件 2.1	0.043	0.177	0.06	0.026	0.086
子事件 2.2	0.049	0.191	0.072	0.031	0.103

综合上述分析及求解结果，并结合目标函数，可得到研制活动前四个里程碑事件的风险控制优化情况及利润结果，如表 6.7 所示。

表 6.7　风险控制优化情况及利润结果

各里程碑事件	风险控制优化后					风险控制优化前		
	最优风险水平	风险控制优化程度	风险优化的总资源投入	风险及风险优化成本损失	供应链总利润	风险水平状态	风险及风险优化成本损失	供应链总利润
子事件 1.1	0.192	0.038	0.094	1.666	2.11	0.23	2.45	1.316
子事件 1.2	0.176	0.034	0.083			0.21		
子事件 2.1	0.177	0.043	0.086			0.22		
子事件 2.2	0.191	0.049	0.103			0.24		
里程碑事件 3	0.362	0.109	0.156			0.499		
里程碑事件 4	0.399	0.0552	0.202			0.437		

6.4.2 灵敏度分析

下面对激励模型的主要参数进行灵敏度分析，研究战略供应商利益分配比例 p_S 和风险敏感系数 β_i 的变化对主制造商成本分担系数 t、战略供应商的风险控制优化投入 x_S、风险控制优化程度 Δr 以及各主体风险控制前后利润差的影响，其中，β_i 分别取值 3、4、6，在 β_i 不同的取值下，考虑到实际情况，p_S 在 0.1～0.5 的范围内取值，具体结果见表 6.8～表 6.10 和图 6.4～图 6.7。

表 6.8 战略供应商利益分配比例 p_S 对各主体参数的影响 (β_i=3)

p_S	$t \times x_S$	x_S	Δr	$\Delta \pi_M$	$\Delta \pi_S$
0.1	0.910	0.172	0.542	0.857	0.108
0.125	0.805	0.210	0.521	0.826	0.127
0.15	0.701	0.245	0.498	0.796	0.142
0.175	0.604	0.279	0.477	0.766	0.153
0.2	0.513	0.312	0.456	0.738	0.160
0.225	0.424	0.342	0.434	0.711	0.164
0.25	0.340	0.371	0.412	0.685	0.163
0.275	0.260	0.400	0.391	0.661	0.158
0.3	0.184	0.427	0.370	0.639	0.184
0.325	0.110	0.454	0.348	0.619	0.132
0.35	0.040	0.481	0.327	0.602	0.112
0.375	−0.025	0.508	0.306	0.589	0.085
0.4	−0.091	0.537	0.286	0.579	0.051
0.425	−0.159	0.568	0.263	0.575	0.009
0.45	−0.222	0.602	0.244	0.577	−0.04
0.475	−0.295	0.643	0.221	0.587	−0.10
0.5	−0.373	0.691	0.198	0.609	−0.17

表 6.9 战略供应商利益分配比例 p_S 对各主体参数的影响 (β_i=4)

p_S	$t \times x_S$	x_S	Δr	$\Delta \pi_M$	$\Delta \pi_S$
0.1	0.725	0.137	0.406	0.601	0.073
0.125	0.640	0.167	0.389	0.579	0.085
0.15	0.564	0.197	0.374	0.559	0.093
0.175	0.487	0.225	0.358	0.540	0.099

续表

p_S	$t \times x_S$	x_S	Δr	$\Delta \pi_M$	$\Delta \pi_S$
0.2	0.415	0.252	0.341	0.522	0.101
0.225	0.346	0.279	0.326	0.505	0.102
0.25	0.279	0.305	0.310	0.490	0.096
0.275	0.215	0.330	0.293	0.476	0.088
0.3	0.153	0.355	0.277	0.464	0.076
0.325	0.092	0.380	0.261	0.454	0.059
0.35	0.034	0.406	0.245	0.448	0.038
0.375	−0.021	0.434	0.230	0.444	0.011
0.4	−0.078	0.463	0.214	0.445	−0.02
0.425	−0.138	0.495	0.197	0.451	−0.06
0.45	−0.196	0.532	0.183	0.463	−0.11
0.475	−0.264	0.575	0.166	0.484	−0.17
0.5	−0.338	0.627	0.148	0.516	−0.24

表 6.10　战略供应商利益分配比例 p_S 对各主体参数的影响 $(\beta_i = 6)$

p_S	$t \times x_S$	x_S	Δr	$\Delta \pi_M$	$\Delta \pi_S$
0.1	0.540	0.102	0.271	0.344	0.038
0.125	0.479	0.125	0.259	0.333	0.043
0.15	0.423	0.148	0.248	0.323	0.045
0.175	0.370	0.171	0.238	0.314	0.045
0.2	0.317	0.193	0.227	0.306	0.042
0.225	0.267	0.215	0.216	0.300	0.037
0.25	0.218	0.238	0.206	0.294	0.029
0.275	0.169	0.260	0.195	0.291	0.018
0.3	0.121	0.283	0.184	0.289	0.004
0.325	0.074	0.307	0.174	0.290	−0.01
0.35	0.027	0.332	0.163	0.293	−0.03
0.375	−0.017	0.359	0.153	0.300	−0.06
0.4	−0.066	0.389	0.143	0.311	−0.09
0.425	−0.118	0.423	0.132	0.327	−0.13
0.45	−0.170	0.462	0.123	0.349	−0.18
0.475	−0.233	0.508	0.111	0.380	−0.23
0.5	−0.304	0.563	0.099	0.422	−0.30

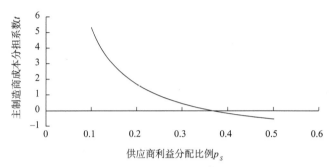

图 6.4　供应商利益分配比例与主制造商成本分担系数关系图

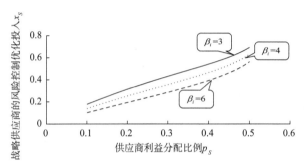

图 6.5　供应商利益分配比例与战略供应商的风险控制优化投入关系图

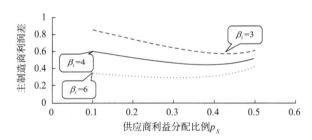

图 6.6　供应商利益分配比例与主制造商利润差关系图

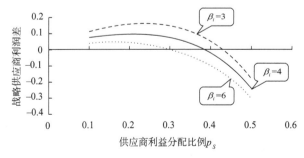

图 6.7　供应商利益分配比例与战略供应商利润差关系图

由表 6.8 ~ 表 6.10 结合图 6.4 ~ 图 6.7 可得到以下结论。

（1）战略供应商的利益分配阈值随着风险敏感系数的增加而降低，且在固定的利益分配比例下，战略供应商的风险控制优化投入与风险敏感系数成反比，主制造商和战略供应商利润差与其同样成反比，风险控制优化程度与其成反比。

由表6.8～表6.10可知，在风险敏感系数 $\beta_i = 3$、$\beta_i = 4$ 时，战略供应商合理的利益分配阈值为0.35，当风险敏感系数 $\beta_i = 6$ 时，战略供应商合理的利益分配阈值为 0.325。风险敏感系数增加时，风险敏感度逐步减小，需要主制造商提供更高的激励程度，此时，主制造商需要获得更高的利益分配比例。由定理6.2可知，随着风险敏感系数的增加，战略供应商的风险控制优化投入越来越小。在主制造商风险控制成本分担比例不变时，战略供应商的投入越小，风险优化程度就越小，风险水平就越大，总利润也就越小，主制造商和战略供应商的利润差也就越小。

（2）随着战略供应商最终利益分配比例 p_S 的增加，主制造商的激励程度逐步降低。

在共享研制成果的基础上，随着战略供应商获得的利润比例越来越大，主制造商最终所得利润的分配会逐步降低，结合式（6.47）可知，主制造商的利益分配比例 p_M 与 t 成正比，当 p_M 减小时，t 也随之减小。

（3）战略供应商的风险控制优化投入 x_S 与其最终利益分配比例 p_S 成正比，且战略供应商的风险控制优化程度与其最终利益分配比例 p_S 成反比。

显而易见，当战略供应商最终获得的利润越来越多时，其更容易倾向于投入较多的资源进行风险控制优化，只有在风险水平较低的情况下，协同研制的成功率才能得到提升，战略供应商才能共享最终的成果。同时，随着主制造商利益分配比例的减少，战略供应商的风险控制优化程度逐步降低，最优风险控制水平逐渐提高，虽然，战略供应商在获得较多利润的同时提高了对风险控制的资源投入，但是结合定理6.4可知，主制造商的激励程度对风险控制优化有着决定性的作用，由此，尽管战略供应商加大了资源投入，但是风险控制优化程度呈下降趋势。

（4）在合理利益分配阈值范围内，随着战略供应商最终利益分配比例 p_S 的增加，主制造商的利润差越来越小，战略供应商的利润差先增大后减小。

当战略供应商利润分配越来越多时，主制造商获得利润就越来越少，因此其利润差逐步减小，同时 t 也会逐步减小，由定理6.4和式（6.47）可知，主制造商的激励程度决定了最终风险控制优化的程度，当战略供应商获得利益分配比例越来越大时，其利润差首先呈现上升趋势，当比例超过某个临界时，由于风险控制优化效果在逐步降低，风险水平在逐步增大，此时，由于风险水平的增加而带来的损失并不足以弥补战略供应商由于利益分配比例的增加而带来的收入，因此呈现出下降趋势。所以，对于战略供应商而言，利益分配比例并不是越大越好，而是应该控制在一个恰当的范围内。

　　根据上述敏感性分析可知，在风险敏感系数一定的情况下，主制造商可进行适当的利益分配比例协调，确定风险控制优化的激励程度，在一定的利益分配比例情况下，主制造商还需要结合实际研制活动的风险敏感系数，确定合理的激励契约。

参 考 文 献

陈芳, 眭纪刚. 2015. 新兴产业协同创新与演化研究: 新能源汽车为例[J]. 科研管理, 36(1): 26-33.

陈洪转, 庄雪松. 2016. 航空复杂装备协同研制供应商参与模式决策研究[J]. 工业工程, (4): 146-152.

陈劲, 景劲松, 童亮. 2005. 复杂装备系统创新项目风险因素实证研究[J]. 研究与发展管理, (6): 62-69.

程永波, 陈洪转, 庄雪松, 等. 2017. 供应商参与航空复杂装备协同研制的实施策略[J]. 系统工程理论与实践, 37(6): 1568-1580.

党兴华, 李雅丽, 张巍. 2010. 资源异质性对企业核心性形成的影响研究——基于技术创新网络的分析[J]. 科学学研究, 28(2): 299-306.

杜漪, 马庆江, 何丽君. 2009. 复杂装备协同研发项目最优工期的优化与选择[J]. 科技管理研究, 29(5): 519-520.

冯泰文. 2012. 新产品开发中的客户参与和供应商参与前沿研究述评与未来展望[J]. 外国经济与管理, 34(7): 75-79.

顾晓辉, 赵有守. 2002. 基于险度函数的研制风险度量研究[J]. 系统工程理论与实践, (12): 54-60.

哈肯 H. 1984. 协同学引论[M]. 徐锡申, 陈式刚, 陈雅深, 等, 译. 北京: 原子能出版社: 241-245.

哈肯 H. 1994. 协同学和信息: 当前情况和未来展望, 熵、信息与交叉科学——迈向 21 世纪的探索和运用[M]. 喻传赞, 彭匡鼎, 张一方, 等, 译. 昆明: 云南大学出版社: 1-42.

洪勇. 企业要素创新协同模式研究[J]. 管理案例研究与评论, 2010, 3(5): 386-394.

黄波, 陈晖, 黄伟. 2015. 引导基金模式下协同创新利益分配机制研究[J]. 中国管理科学, 23(3): 66-75.

黄俊, 刘静, 李传昭. 2007. 供应商早期参与新产品开发的实证研究[J]. 科研管理, 28(1): 167-172.

李随成, 姜银浩, 朱中华. 2009. 基于供应商参与的制造企业突破性产品创新研究[J]. 软科学, 23(1): 70-74.

李新军, 达庆利. 2007. 随机需求条件下产品退货政策协调与优化[J]. 中国管理科学, 15(3): 56-60.

李旭宇. 2004. 复杂机电耦合系统的并行设计方法研究[D]. 长沙: 中南大学: 44-59.

李卓群, 严广乐. 2016. 不确定需求下带约束供应链系统复杂动态行为分析[J]. 控制与决策,

31（1）：173-179.

林廷宇，杨晨，谷牧，等. 2016. 面向航天复杂产品的云制造应用技术[J]. 计算机集成制造系统，22（4）：884-898.

刘晓东，宋笔锋. 2004. 复杂工程系统概念设计决策理论与方法综述[J]. 系统工程理论与实践，（12）：72-78.

柳键，马士华. 2004. 供应链合作及其契约研究[J]. 管理工程学报，18（1）：85-87.

马文建，刘伟，李传昭. 2008. 并行产品开发中设计活动间重叠与信息交流[J]. 计算机集成制造系统，14（4）：23-27.

毛蕴诗，汪建成. 2006. 基于产品升级的自主创新路径研究[J]. 管理世界，（5）：114-120.

莫蓉，李伟刚，常智勇. 2003. 复杂产品协同开发支撑环境的研究与实现[J]. 计算机集成制造系统，（12）：10-14.

欧庭高，肖斌. 2006. 论技术创新的社会生成[J]. 科学学与科学技术管理，（7）：67-70，156.

潘会平，陈荣秋. 2005. 供应链合作的利润分配机制研究[J]. 系统工程理论与实践，（6）：87-93.

彭灿，李璐. 2006. 技术创新风险的预警指标体系与模糊综合评价[J]. 科学学研究，（24）：633-641.

彭纪生，吴林海. 2000. 论技术协同创新模式及建构[J]. 研究与发展管理，（5）：12-16.

生延超. 2007. 技术联盟的产生与发展——一个共生学的解释框架[J]. 中国科技论坛，（1）：90-93.

时茜茜，朱建波，盛昭瀚. 2017. 重大工程供应链协同合作利益分配研究[J]. 中国管理科学，25（5）：42-51.

苏敬勤，王鹤春. 2010. 企业资源分类框架的讨论与界定[J]. 科学学与科学技术管理，（2）：158-161.

苏越良，张卫国. 2008. 基于全局的复杂装备开发项目风险协调控制方法[J]. 系统工程理论与实践，（5）：70-76.

孙红霞，张强. 2017. 基于多线性扩展的模糊双合作博弈的支付分配策略模型[J]. 系统工程理论与实践，37（4）：990-998.

王翯华，朱建军，张明. 2017. 基于灰关联寻优的协同研制供应链风险评估[J]. 科技管理研究，37（11）：65-70.

王建军，向永清，赵宁. 2018. 基于精益协同思想的航天器系统工程研制管理平台[J]. 系统工程与电子技术，40（6）：1310-1317.

王颖. 2011. 制造商主导的虚拟物流资源整合机制研究[D]. 广州：华南理工大学.

徐晓燕，李四杰. 2005. 单周期产品两层供应链的合作行为分析[J]. 系统工程学报，20（5）：478-484.

许庆瑞，蒋键，郑刚. 2004. 供应商参与技术创新研究——基于宝钢集团的案例分析[J]. 中国地质大学学报（社会科学版），4（6）：6-9.

晏双生，章仁俊. 2005. 企业资源基础理论与企业能力基础理论辨析及其逻辑演进[J]. 科技进步与对策，（5）：125-128.

姚树俊，盛兆美. 2018. 考虑协同服务的供应链知识风险动态演进控制研究[J]. 重庆理工大学学报（社会科学版），32（4）：62-67.

叶飞，李怡娜，徐学军. 2006. 供应商早期参与新产品开发的动机与模式研究[J]. 研究与发展管理，18（6）：51-55.

叶健青. 2012. 供应商协同参与产品开发模式的研究[D]. 上海：上海交通大学.

于维生, 于羽. 2013. 基于伯川德推测变差的有限理性动态寡头博弈的复杂性[J]. 数量经济技术
    经济研究, 2（30）：126-137.

喻小军, 江涛. 2006. 复杂装备系统的技术创新及其风险分析[J]. 科技进步与对策,（9）：31-33.

张方华. 2006. 资源获取与技术创新绩效关系的实证研究[J]. 科学学研究,（4）：635-640.

张旭梅, 刘朝艳, 金亮. 2010. 基于风险共担的复杂产品制造商与供应商协同研制管理研究[J].
    科技管理研究,（2）：107-109.

张震宇, 陈劲. 2008. 基于开放式创新模式的企业创新资源构成、特征及其管理[J]. 科学学与科
    学技术管理,（11）：61-65.

张子健, 刘伟, 张婉君. 2008. 基于不确定条件下的供应商参与协同设计决策分析[J]. 中国管理
    科学, 16（3）：95-98.

周永务, 冉翠玲. 2006. 需求信息不对称下供需双方的博弈[J]. 系统工程与电子技术, 28（1）：
    69-71.

Akomode O J, Lees B, Irgens C. 1999. Evaluating risks in new product development and assessing
    the satisfaction of customers through information technology[J]. Product Planning & Control,
    10（1）：35-47.

Antonio K W L. 2011. Supplier and customer involvement on new product performance：Contextual
    factors and an empirical test from manufacturer perspective[J]. Industrial Management & Data
    Systems, 111（6）：910-942.

Balachandra R, Friar J H. 1997. Factors for success in R&D projects and new product innovation：
    A context framework[J]. IEEE Transactions on Engineering Management, 44（3）：276-287.

Ben D, Raz T. 2001. An integrated approach for risk response development in project planning[J].
    Journal of the Operational Research Society, 52：14-25.

Brown S L, Eisenhardt K M. 1998. Competing on the Edge [M]. Boston：Harvard Business School
    Press：20-27.

Browning T R, Eppinger S D. 2002. Modeling impacts of process architecture on cost and
    schedule risk in product development[J]. IEEE Transactions on Engineering Management, 49（4）：
    428-442.

Cachon G P, Lariviere M A. 2005. Supply chain coordination with revenue-sharing contracts：
    Strengths and limitations[J]. Management Science, 51（1）：30-44.

Carr A S. 2008. Supplier dependence：Impact on supplier's participation and performance[J].
    International Journal of Operations & Production Management, 28（9）：899-916.

Casey C. 2001. Corporate valuation, capital structure and risk management：A stochastic DCF
    approach[J]. European Journal of Operational Research, 135：311-325.

Chang J. 2017. The effects of buyer-supplier's collaboration on knowledge and product innovation
    [J]. Industrial Marketing Management, 65：129-143.

Chauhan S S, Proth J M. 2005. Analysis of supply chain partnership with revenue sharing[J].
    International Journal of Production Economics, 97：44-51.

Childerhouse P, Hermiz R, Masonjones R, et al. 2003. Information flow in automotive supply chains

- Identifying and learning to overcome barriers to change[J]. Industrial Management & Data Systems, 103 (7): 491-502.

Cho K R, Gerchank Y. 2005. Supply chain coordination with downstream operating costs: Coordination and investment to improve downstream operation efficiency[J]. European Journal of Operation Research, 162: 762-772.

Coppendale J. 1995. Manage risk in product and process development and avoid unpleasant surprises[J]. Engineering Management Journal, 2: 35-38.

Cornford S L, Dunphy J, Feather M S. 2002. Optimizing the design of end-to-end spacecraft systems using risk as currency[C]. IEEE Aerospace Conference Proceedings, Big Sky.

Davis C R. 2002. Calculated risk: A framework for evaluating product development[J]. MIT Sloan Management Review, 43 (4): 71-77.

Ding Q Y, Zhang X Y. 2005. Analysis of chaos phenomena in supply chain management[C]. Proceedings of the 11th International Conference on Industrial Engineering and Engineering Management in the Global Economy. Beijing: 164-166.

Duca J V, van Hoose D D. 1998. Goods-market competition and profit sharing: A multisector macro approach[J]. Journal of Economics and Business, 50: 525-534.

Eisenhardt K, Tabrizi B N. 2000. Accelerating adaptive processes: Product innovation in the global computer industry[J]. Administrative Science Quarterly, 40 (1): 84-110.

Gann D M, Salter A J. 2000. Innovation in project-based, service-enhanced firms: The construction of complex products and systems[J]. Research Policy, 29 (7): 955-972.

Giannoccaro I, Pontrandolfo P. 2004. Supply chain coordination by revenue sharing contracts[J]. International Journal of Production Economics, (89): 131-139.

Gilbert S M, Ballou R H. 1999. Supply chain benefits from advanced customer commitments[J]. Journal of Operations Management, 18 (1): 61-73.

Guido V, Karl I. 2012. Supply chain coordination with information sharing in the presence of trust and trustworthiness[J]. IIE Transactions, 44 (8): 637-654.

Guo Y, Ma J. 2013. Research on game model and complexity of retailer collecting and selling in closed-loop supply chain[J]. Applied Mathematical Modelling, 37 (7): 5047-5058.

Hwarng H B, Yuan X. 2014. Interpreting supply chain dynamics: A quasi-chaos perspective[J]. European Journal of Operational Research, 233 (3): 566-579.

Imai K, Nonaka I, Takeuchi H.1985. Managing the new product development process: How Japanese companies learn and unlearn// Hayes R, Clark K, Lorenz C. The Uneasy Alliance: Managing the Productivity-Technology Dilemma[M]. Boston: Harvard Business School Press.

Jamshidi A, Rahimi S A, Ruiz A, et al. 2016. Application of FCM for advanced risk assessment of complex and dynamic systems[J]. IFAC Papersonline, 49 (12): 1910-1915.

Kato W, Arizono I, Takemoto Y. 2018. A proposal of bargaining solution for cooperative contract in a supply chain[J]. Journal of Intelligent Manufacturing, (1): 1-9.

Keizer J A, Halman J I M, Song M. 2002. From experience: Applying the risk diagnosing methodology[J]. The Journal of Product Innovation Management, 19 (3): 213-232.

Kostogryzov A, Stepanov P, Grigoriev L, et al. 2017. Improvement of existing risks control concept for complex systems by the automatic combination and generation of probabilistic models and forming the storehouse of risks predictions knowledge[C]. Proceedings of 2017 2nd International Conference on Applied Mathematics, Simulation and Modelling (AMSM 2017), Phuket.

Krishnan V, Eppinger S D, Whitney D E. 1995. Accelerating product development by the exchange of preliminary product design information[J]. Journal of Mechanical Design, 117(4): 491-498.

Krishnan V, Eppinger S D, Whitney D E. 1999. A model-based framework to overlap product development activities[J]. Management Science, (43), 4: 437-451.

LaBahn D W, Krapfel R. 2000. Early supplier involvement in customer new product development-A contingency model of component supplier intentions [J]. Journal of Business Research, 47(3): 173-190.

Lee H L, So K C, Tang C S. 2000. The value of information sharing in a two-level supply chain[J]. Management Science, 46(5): 626-643.

Littler D, Leverick F, Bruce M. 2000. Factors affecting the process of collaborative product development: A study of UK manufacturers of information and communications technology products[J]. Journal of Product Innovation Management, 12, 3: 16-32.

Luthardt S, Mörchel J. 2000. The impact of different types of innovations on industrial networks[C]. Proceedings of 16th IMP Conference, Bath.

Ma J, Pu X. 2013. The research on Cournot-Bertrand duopoly model with heterogeneous goods and its complex characteristics[J]. Nonlinear Dynamics, 72(4): 895-903.

Ma J, Zhang J. 2012. Research on the price game and the application of delayed decision in oligopoly insurance market[J]. Nonlinear Dynamics, 70(4): 2327-2341.

Miotti L, Sachwald F. 2003. Co-operative R&D: why and with whom?: An integrated framework of analysis[J]. Research Policy, 32(8): 1481-1499.

Mohan V T, Stephen R R. 2000. Successful execution of product development projects: Balancing firmness and flexibility in the innovation process[J]. Journal of Operations Management, 18(4): 401-425.

Morasch K. 2000. Strategic alliances as Stackelberg cartels-concept and equilibrium alliance structure[J]. International Journal of Industrial Organization, 18: 257-278.

Mosekilde E, Sterman J, Thomsen J S. 1991. Experimental evidence of deterministic chaos in human decision making behavior[D]. Cambridge: MIT.

Nagarajan M, Sosic G. 2008. Game-theoretic analysis of cooperation among supply chain agents: Review and extensions[J]. European Journal of Operational Research, 187(3): 719-745.

Nyaga G N, Whipple J M, Lynch D F. 2010. Examining supply chain relationships: Do buyer and supplier perspectives on collaborative relationships differ? [J]. Journal of Operations Management, 28(2): 101-114.

Paul R J, Nieho B P, Tunley W H. 2000. Empowerment, expectations, and the psychological contract-managing the dilemmas and gaining the advantages[J]. Journal of Socio-Economics,

29: 471-485.

Serdarasan S. 2013. A review of supply chain complexity drivers[J]. Computers & Industrial Engineering, 66 (3): 533-540.

Shih S C, Hsu S H Y, Zhu Z, et al. 2012. Knowledge sharing-A key role in the downstream supply chain[J]. Information & Management, 49 (2): 70-80.

Smith P G. 1999. Managing risk as product development schedules shrink[J]. Research Technology Management, 42 (5): 25-33.

Teece D J. 2007. Explicating dynamic capabilities : The nature and microfoundations of (sustainable) enterprise performance[J]. Strategic Management Journal, (28): 1319-1350.

Terwiesch C, Loch C H. 1999. Measuring the effectiveness of overlapping development activities[J]. Management Science, 45 (4): 455-465.

van Echtelt F E A, Wynstra F, van Weele A J, et al. 2010. Managing supplier involvement in new product development: A multiple-case study[J]. Erim Report, 25 (2): 180-201.

Verjus H, Pourraz F. 2007. A formal framework for building, checking and evolving service oriented architectures[C]. Fifth European Conference on Web Services (ECOWS'07), Halle: 245-254.

Wu C H. 2016. Collaboration and sharing mechanisms in improving corporate social responsibility[J]. Central European Journal of Operations Research, 24 (3): 681-707.

Wu J J, Fu X D, Liu L, et al. 2017. Profit division of web services communities based on cooperative game[J]. Transducer & Microsystem Technologies, 36 (1): 56-60.

Wynstra F, ten Pierick E. 2000. Managing supplier involvement in new product development: A portfolio approach[J]. European Journal of Purchasing and Supply Management, 6 (1): 49-57.

Yan T, Ribbink D, Pun H. 2018. Incentivizing supplier participation in buyer innovation : Experimental evidence of non-optimal contractual behaviors [J]. Journal of Operations Management, 57: 36-53.

Yassine A A, Chelst K R, Falkenburg D R. 1999. A decision analytic framework for evaluating concurrent engineering[J]. IEEE Transactions on Engineering Management, 46 (2): 144-157.

Yeniyurt S, Henke J W, Yalcinkaya G. 2014. A longitudinal analysis of supplier involvement in buyers' new product development: Working relations, inter-dependence, co-innovation, and performance outcomes[J]. Journal of the Academy of Marketing Science, 42 (3): 291-308.

Yu L Y, Dou Y S. 2007. Application of fuzzy cooperative game theory to the optimal configuration of supply chain[C]. Proceedings of the Second International Conference on Game Theory and Applications, Qingdao: 249-251.

Yu Z, Sun L, Zhang L, et al. 2016. Research on risk assessment of a large scale test system based on grey target decision[J]. Technology Supervision in Petroleum Industry, 2016, 32 (3): 43-44, 56.

Zsidisin G A, Smith M E. 2005. Managing supply risk with early supplier involvement: A case study and research propositions[J]. Journal of Supply Chain Management, 41 (4): 44-57.